新世纪会计学专业精品教材

ENTERPRISE
INTERNAL CONTROL

企业内部控制学

（第四版）

郑洪涛　张颖　著

东北财经大学出版社·大连
Dongbei University of Finance & Economics Press

图书在版编目（CIP）数据

企业内部控制学 / 郑洪涛，张颖著. —4版. —大连：东北财经大学出版社，2018.8（2019.5重印）
（新世纪会计学专业精品教材）
ISBN 978-7-5654-3134-0

Ⅰ. 企… Ⅱ. ①郑… ②张… Ⅲ. 企业内部管理-高等学校-教材 Ⅳ. F272.3

中国版本图书馆CIP数据核字（2018）第080283号

东北财经大学出版社出版
（大连市黑石礁尖山街217号 邮政编码 116025）
网 址：http：//www.dufep.cn
读者信箱：dufep@dufe.edu.cn
大连雪莲彩印有限公司印刷 东北财经大学出版社发行

幅面尺寸：170mm×240mm 字数：287千字 印张：14 插页：1
2018年8月第4版 2019年5月第11次印刷

责任编辑：李智慧 李 栋 周 慧 王 玲 责任校对：惠恩乐
封面设计：张智波 版式设计：钟福建

定价：32.00元

教学支持 售后服务 联系电话：（0411）84710309

如有印装质量问题，请联系营销部：（0411）84710711

第四版前言

《企业内部控制学》自2009年出版以来，至今已经推出第四版。在这9年时间里，本书得到了广大师生和读者的认可和厚爱，在2015年被评为东北财经大学出版社的畅销教材，对此我们深表谢意。根据企业内部控制法规的变化，以及我国内部控制实务的发展，本书在保持第三版内容框架的基础上，对部分内容进行修订。此次修订突出了实用性和可操作性，主要体现在以下三方面：

第一，增加了我国企业内部控制行业指南[①]的相关内容，并贯穿在内部控制五要素的讲解中。

第二，第七章增加一节，补充内部控制公司层面和业务层面设计的相关内容。

第三，更新并补充了多个案例。这些案例与内部控制的相关理论紧密联系，可以帮助读者更好地理解本书的内容。

本书既可作为会计、财务管理、审计、工商管理等专业的本科教材，也可作为相关专业研究生“内部控制”课程的参考教材。

由于编者能力和时间有限，本书可能存在错误与疏漏之处，恳请各位专家、学者和其他广大读者批评指正。

编著者

2018年6月

---

① 企业内部控制行业指南是指一系列针对行业特点所发布的相关指南，是各行业内部控制操作指南的统称。目前已经颁布的有《石油石化行业内部控制操作指南》和《电力行业内部控制操作指南》。

第一版前言

不以规矩，无以成方圆。内部控制正是企业安身立命的规矩。管理实践证明，企业的生产经营和管理工作，都是从建立和健全内部控制开始的；企业的一切活动，都无法游离于内部控制之外；企业的所有员工，都不可凌驾于内部控制之上。内部控制还是一种特殊的黏合剂，它将企业各种要素和资源整合在一起，并将其有机组合和协调，使人尽其才，物尽其用，从而有力地推动企业健康、持续地发展。内部控制更是一道防火墙，它使企业具有过滤功能和免疫能力，从而有效地抵御各种风险，巍然立于不败之地。

现代内部控制概念最早由美国注册会计师协会于20世纪30年代提出。在七十多年的发展历程中，内部控制经历了由模糊到清晰、由零星到系统、由分散到统一的过程。从欧美发达市场经济国家来看，以美国反虚假财务报告委员会下属的COSO委员会于1992年发布的《内部控制——整合框架》（简称COSO框架）为集大成者。COSO框架堪称内部控制发展史上的里程碑，是对构建统一内部控制平台的卓有成效的尝试。COSO框架建立了一个满足各方需求的通用的内部控制定义，从而为投资者、债权人、监管机构等企业各方利益相关者提供了有效的沟通平台。2004年，COSO委员会在吸收COSO框架经验的基础上，再次发布了《企业风险管理——整合框架》（简称ERM框架）。与COSO框架相比，ERM框架将内部控制的焦点转向企业风险管理领域，为人们提供了充分关注风险的更有力、更广泛、更清晰的原则和概念。ERM框架因其全面性和广泛适用性，受到了相关各方的认可并得以应用。

从我们国家的情况来看，近几年企业内部控制受到前所未有的重视，内部控制理论和实务发展迅速。1997年，中国注册会计师协会发布的《独立审计具体准则第9号》首次提出了"内部控制"一词[①]，在此后的十多年里，财政部、中国注册会计师协会、审计署、证监会、中国人民银行及银监会相继发布了内部控制规范。例如，从2003年起，财政部陆续颁布了《内部会计控制规范——基本规范》和17项具体会计控制规范，形成了完整的内部会计控制规范体系。2006年6月，国务院国资委发布了《中央企业全面风险管理指引》，要求中央直属企业应围绕经营目

---

① 尽管我国1985年颁布的《中华人民共和国会计法》对会计核算、会计监督、会计机构和会计人员、法律责任等作出了规定，从法律高度奠定了会计内部控制的内容，但是并未明确提出"内部控制"的概念。

标，建立、健全全面风险管理体系。综观我国内部控制法律法规，不难发现，它们具有很强的行业特点和部门特点。换言之，我国内部控制法律法规尽管不乏共同之处，但更多地表现出各自为政的特色，缺乏统一、规范、协调的内部控制框架。有鉴于此，财政部组织各方专家成立了内部控制标准委员会，试图通过搭建统一的组织体系，来建立具有中国特色的内部控制框架。目前，这一尝试已初见成效。2008年6月28日，财政部等五部委联合发布了《企业内部控制基本规范》，随后又发布了《企业内部控制应用指引》（征求意见稿）、《企业内部控制评价指引》（征求意见稿）等。本书以财政部等五部委发布的《企业内部控制基本规范》为蓝本，借鉴内部控制的最新理论研究成果，如ERM框架等，结合国内外企业内部控制的实践经验，期望为广大读者提供内部控制的系统思想、理论和方法。

本书注重理论阐述和实践经验相结合，每一部分均配有相应的案例，深入浅出，具有较强的可读性。

在本书的写作过程中，参阅了大量的文献和资料，在此，对所有企业内部控制研究领域的专家和学者致以诚挚的谢意。囿于作者水平，本书必有不足之处，敬请各位读者批评指正。

编著者

2009年2月

目　录

第一部分　内部控制总论

第二部分　内部控制框架

第一部分

内部控制总论

第一章　内部控制概述

第一节　内部控制的产生与发展

在3 000多年以前，内部控制的思想已经在人们的日常经济生活中得到了运用。经过人类历史的漫长发展，现代内部控制作为一个完整概念，于20世纪40年代被首次提出。此后，内部控制理论不断完善，逐渐被人们了解和接受。具体来说，内部控制理论和实务经历了大致五个发展阶段。

一、内部牵制制度阶段

早在美索不达米亚文明时期，就已经出现了内部控制的初级形式。在当时极为简单的财物管理活动中，经手钱财的人用各种标志来记录财物的生产和使用情况，以防止其丢失和挪用。例如，经手钱财者要为付出款项提供付款清单，并由另一记录员将这些清单汇总报告。

到15世纪末，随着资本主义经济的初步发展，内部牵制也发展到了一个新的阶段。以在意大利出现的复式记账方法为标志，内部牵制渐趋成熟。它以账目间的相互核对为主要内容并实施一定程度的岗位分离。18世纪产业革命以后，企业规模逐渐扩大，公司制企业开始出现，特别是公司内部稽核制度因收效显著而为各大企业纷纷效仿。

20世纪初期，随着股份有限公司的规模迅速扩大以及企业所有权与经营权逐渐分离，企业为了提高运营效率、防范错弊，并且用以解决两权分离中的信息不对称的矛盾，美国的一些企业逐渐摸索出组织、调节、制约和检查企业生产经营活动的办法，特别是“内部牵制制度”。“内部牵制制度”基于两个主观假设：第一，两个或两个以上的人或部门无意识犯同样错误的可能性很小；第二，两个或两个以上的人或部门有意识地合伙舞弊的可能性大大低于一个人或一个部门舞弊的可能性。基于此，人们建立了“内部牵制制度”，规定有关经济业务或事项的处理不能由一个人或一个部门总揽全过程。

二、内部控制制度阶段

20世纪40年代至70年代初，内部控制制度的概念在内部牵制思想的基础上产生，它的形成是传统的内部牵制思想与古典管理理论相结合的产物。在社会化大生产、企业规模扩大、新技术的应用以及公司股份制形式形成等因素的推动下，以账户核对和职务分工为主要内容的内部牵制，从20世纪40年代开始逐步演变为由组织结构、岗位职责、人员条件、业务处理程序、检查标准和内部审计等要素构成的较为严密的内部控制系统。

1949年，美国注册会计师协会（AICPA）所属的审计程序委员会发表了一份题为《内部控制：系统协调的要素及其对管理部门和独立公共会计师的重要性》（Internal Control：Elements of a Coordinated System and its Importance to Management and the Independent Public Accountant）的特别报告，首次正式提出了内部控制的定义："内部控制包括一个企业内部为保护资产、审核会计数据的正确性和可靠性、提高经营效率、坚持既定管理方针而采用的组织计划以及各种协调方法和措施。这个定义有可能比这个术语所包括的意义要广一些。它承认内部控制制度超过了与财会部门直接相关的事项。"由此可见，内部控制制度的概念已经突破了与财务会计部门直接有关的控制的局限，它还包括成本控制、预算控制、定期报告经营情况、进行统计分析并保证管理部门所制定政策方针的贯彻执行等内容。

1958年，该委员会发布的第29号审计程序公报《独立审计人员评价内部控制的范围》（CAP No.29，Scope of the Independent Auditors Review of Internal Control）将内部控制分为内部会计控制（Internal Accounting Control）和内部管理控制（Internal Administrative Control）两类。前者涉及与财产安全和会计记录的准确性、可靠性有直接联系的方法和程序，后者主要是与贯彻管理方针和提高经营效率有关的方法和程序。这一分类是现在我们所熟知的内部控制"制度二分法"的由来。

内部控制的"制度二分法"，使得审计人员有可能在研究和评价企业内部控制制度的基础上来确定实质性测试的范围和方式。但是，由于管理控制的概念显得比较空泛和模糊，而且在实际业务中，管理控制与会计控制的界限也难以明确划清，因此，1972年12月美国AICPA所属审计准则委员会（ASB）在其公布的《审计准则公告第1号》（Statement of Auditing Standards No.1）中，重新阐述了内部管理控制和内部会计控制的定义：

管理控制包括（但不限于）组织规划及与管理部门业务授权决策过程有关的程序和记录。这种授权是直接与达到组织目标的责任相联系的管理职能，是对经济业务建立会计控制的出发点。

会计控制包括组织规划和涉及保护资产与财务记录可靠性的程序和记录，并为以下各项内容提供合理保证：

（1）根据管理部门的一般授权或特殊授权处理各种经济业务；

（2）经济业务的记录对使财务报表符合一般公认会计原则或其他适用的标准和保持对资产的经管责任都是必不可少的；

（3）只有经过管理部门的授权才能接近资产；

（4）每隔一段时间，要将账面记录的资产和实有资产进行核对，并对有关差异采取适当的措施。

三、内部控制结构阶段

进入20世纪80年代，内部控制的理论研究又有了新的进展，人们对内部控制的研究重点逐步从一般含义向具体内容深化。其标志是美国AICPA于1988年5月发布的《审计准则公告第55号》（SAS55）。在此公告中，“内部控制结构”的概念取代了“内部控制制度”。该公告指出：“企业内部控制结构包括为提供取得企业特定目标的合理保证而建立的各种政策和程序。”该公告认为，内部控制结构由下列三个要素组成：

（1）控制环境（Control Environment），是指对建立、加强或削弱特定政策与程序的效率有重大影响的各种因素，包括管理者的思想和经营作风，组织结构，董事会及其所属委员会，特别是审计委员会发挥的职能，确定职权和责任的方法，管理者监控和检查工作时所使用的控制方法，包括经营计划、预算、预测、利润计划、责任会计和内部审计，人事工作方针及其执行等，影响企业业务的各种外部关系，如由银行指定代理人的检查等。

（2）会计制度（Accounting System），是指为认定、分析、归类、记录、编报各项经济业务，明确资产与负债的经管责任而规定的各种方法，包括鉴定和登记一切合法的经济业务，对各项经济业务按时和适当地分类，作为编制财务报表的依据，将各项经济业务按照适当的货币价值计价，以便列入财务报表，确定经济业务发生的日期，以便按照会计期间进行记录，在财务报表中恰当地表述经济业务及对有关的内容进行揭示。

（3）控制程序（Control Procedure），是指企业为保证目标的实现而建立的政策和程序，如经济业务和经济活动的适当授权；明确各个人员的职责分工，如指派不同的人员分别承担业务批准、业务记录和财产保管的职责，以防止有关人员对正常经济业务图谋不轨和隐匿各种错弊；账簿和凭证的设置、记录与使用，以保证经济业务活动得到正确的记载，如出厂凭证应事先编号，以便控制发货业务；资产及记录的限制接触，如接触电脑程序和档案资料要经过批准；已经登记的业务及其记录与复核，如常规的账面复核，存款、借款调节表的编制，账面的核对，电脑编程控制，以及管理者对明细报告的检查等。

四、内部控制框架阶段

（一）COSO内部控制整合框架

1985年，由美国注册会计师协会（AICPA）、美国会计学会（AAA）、财务经理人协会（FEI）、内部审计师协会（IIA）、美国管理会计师协会（IMA）联合创建了反虚假财务报告委员会（通称Treadway委员会），旨在探讨财务报告中的舞弊产生的原因，并寻找解决之道。2年后，基于该委员会的建议，其赞助机构成立了COSO委员会（Committee of Sponsoring Organization），专门研究内部控制问题。

1992年9月，COSO委员会经过充分研究，对公司行政总裁、其他高级执行官、董事、立法部门和监管部门的内部控制进行高度概括，形成并发布了指导内部控制实践的纲领性文件《内部控制——整合框架》（Internal Control—Integrated Framework），简称COSO报告，并于1994年进行了增补。这份报告堪称内部控制发展史上的里程碑。由于COSO报告提出的内部控制理论和体系集内部控制理论和实践发展之大成，因此，在业内备受推崇，在美国甚至全球得到了广泛的推广和应用。

COSO委员会指出："内部控制是由企业董事会、经理阶层以及其他员工实施的，旨在为财务报告的可靠性、经营活动的效率和效果、相关法律法规的遵循性等目标的实现提供合理保证的过程。"COSO报告提出了内部控制要素（Internal Control Components）的概念，即内部控制整合框架包含了五个相互联系的要素：

（1）控制环境（Control Environment），包括员工的忠实和职业道德、人员胜任能力、管理哲学和经营作风、董事会及审计委员会、组织机构、权责划分、人力资源政策及执行。

（2）风险评估（Risk Appraisal），包括经营环境的变化、新技术的应用及企业改组等。

（3）控制活动（Control Activity），包括职务分离、实物控制、信息处理控制、业绩评价等。

（4）信息与沟通（Information and Communication），包括确认记录有效的经济业务、采用恰当的货币价值计量、在财务报告中恰当揭示。

（5）监控（Monitoring），包括日常的管理监督活动、内部审计及与外部团体进行信息交流的监控。

（二）COSO内部控制新框架

自COSO报告发布以来，二十多年过去了，企业面临的商业和运营环境发生了巨大变化。例如，人们更加关注风险以及基于风险的管理方法；法律法规的要求和复杂程度不断提高；市场和经营全球化成为大势所趋；科学技术日新月异；组织结构更为复杂。与此同时，治理和内部控制失效事件频繁发生，给企业乃至资本市场带来了不小的破坏性影响。这些变化迫切要求企业加强和完善内部控制。在此背景下，COSO委员会本着持续改进的原则，于2013年5月14日发布了《内部控制——整合框架》（以下简称COSO新框架）。COSO新框架并不是对COSO报告的否定，而是一种更新和升级，以更好地适应环境变化，提升企业内部控制质量。

COSO新框架保留了COSO报告关于内部控制的核心定义和"三维"立体结构等内容，但对内部控制五要素和内部控制有效性等方面加以完善和提升。

（1）细化提出用于支持五大要素的17项原则。COSO报告中仅有五个要素，对企业如何操作没有提供具体、明确的方法，而COSO新框架突出"原则导向"，则在五大要素的基础上提炼出17项原则，这17项原则适用于所有的组织，包括营利组织、非营利组织、政府机构等。在17项原则基础上又进一步提炼出82个代表相关原则的主要特征和重点关注点的要素。17个原则和82个要素为企业内部控制建设和评价提供了明确的标准。

（2）明确"目标设定"在内部控制中的作用。COSO报告指出，目标设定作为一个管理过程，是风险评估要素的前提条件。COSO新框架保留这一概念性观点，但强调目标设定不是内部控制的组成部分。

（3）扩大报告目标范畴。COSO报告中的“报告目标”仅局限于财务报告，旨在确保对外提供可靠的财务报告。COSO新框架从报告对象和报告内容两个方面拓展了报告目标。在报告对象方面，既包括外部报告，又包括内部报告。在报告内容方面，不仅有财务报告，还有诸如市场分析报告、资产使用状况分析等非财务报告。

（4）强调“企业自身的判断”。首先，COSO新框架指出，一个有效的内部控制制度不仅仅要求严格遵守政策和流程，更多的是要求管理层和董事会有自己的判断，根据自身企业的状况来自行部署适合本企业发展的内部控制制度。其次，在企业内部控制制度建设的某些方面并没有强制性的要求，企业可以灵活处理。最后，新框架中提到，因企业规模、行业等的不同，企业可以有不同的内部控制建设模式，应根据自身的特点来选择相应的方式。①

（5）强化公司治理的概念。新框架更为深入地讨论董事会及其下属各专业委员会，包括审计委员会、薪酬委员会和治理委员会。其目的在于强调董事会的监督对于内部控制有效性至关重要。

（6）充实反舞弊和反欺诈的相关内容。新框架增加了许多反舞弊和反欺诈的内容，并将其作为17项原则之一加以重点讨论。

五、风险管理阶段

2003年，COSO委员会发布了《企业风险管理框架（草稿）》，2004年9月，COSO委员会正式公布了该报告的最终稿《企业风险管理——整合框架》（Enterprise Risk Management—Integrated Framework），简称ERM框架。ERM框架在COSO报告的基础上进行了补充和拓展。

第一，该框架指出，管理的重点应由单纯的控制转向全面风险管理。在外延上，后者涵盖前者；在内涵上，后者更加强调风险的识别与管理，从而提供一个更为有力的管理工具。

第二，ERM框架增加了一个目标和三个要素。一个目标为战略目标，三个要素分别为目标设定、事项识别和风险应对。ERM框架指出，风险管理应贯穿于战略目标的制定、分解和执行，从而为战略目标实现提供合理保证。目标设定、事项识别、风险评估和风险应对四个要素环环相扣，共同构成完整的风险评估全过程。

第三，ERM框架提出了风险组合观以及风险偏好和风险容忍度（亦称风险容量）两个概念。风险偏好是指企业在实现其目标的过程中愿意接受的风险程度。风险容忍度是指在企业目标实现的过程中对差异的可接受程度，是企业在风险偏好的基础上设定的对相关目标实现过程中所出现的差异的可容忍限度。ERM框架要求企业管理者以风险组合的观点看待风险，对相关的风险进行识别并采取措施，以便使企业所承担的风险在风险偏好的范围内。对企业内每个单位而言，其风险可能落

---

① 黄娟，余佳，美国《内部控制——整合框架（2013版）》的新动态及其启示［J］. 财会学习，2013（8）：67.

在该单位的风险容忍度范围内，但从企业总体来看，总风险可能超过企业总体的风险偏好范围。因此，应从企业总体的风险组合的观点看待风险。

六、超越风险管理阶段

2017年9月6日COSO委员会发布正式版《企业风险管理框架》（以下简称“2017版风险管理框架”），全面阐述了风险管理的概念、要素、原则以及实践。同以前版本相比，2017版风险管理框架发生了巨大变化。

第一，重新定义企业风险管理。

在2017版风险管理框架中，企业风险管理是指“组织在创造、保持和实现价值的过程中，结合战略制定和执行，赖以进行管理风险的文化、能力和实践。[①]”从第一版风险管理框架开始，风险管理一直被定义为“流程或程序”，而此次被提升到“文化、能力和实践”的高度，并且其目标也从“合规、报告、经营”转向“创造、保持和实现价值”。这就意味着，企业风险管理要兼顾“风险”和“机遇”两方面事项，与企业战略与绩效有机融合。

第二，重新定位企业风险管理工作。

在以往版本中，风险管理作为一项独立的工作，与其他工作一样都是为了实现企业战略和绩效。2017版企业风险管理框架则真正实现了风险管理工作与企业战略和绩效管理的融合，它强调风险管理以提升主体的价值和业绩为目标，嵌入企业管理业务活动和核心价值链，而不再是围绕战略开展风险管理。通俗地讲，风险管理应成为企业的内在基因，企业的各项管理工作，例如公司治理、企业文化、战略管理、绩效管理、高效沟通都是基于风险的理念开展的，而且日趋标准化和科学化。因此，企业风险管理工作由原来的侧重于控制转向侧重于管理。从某种意义上讲，这是一种全新的管理视角，唯有如此，风险管理才可能直接为企业价值创造提供服务。

第三，更新风险管理要素。

风险管理定义与性质的变化必然引起要素的显著变化，换言之，风险管理框架由“控制框架”转变为“管理框架”，必须通过要素得以落地实施。原来的八大要素简化为五大要素，分别是治理和文化、战略和目标制定、绩效、审阅和修订、信息、沟通和报告。从名称上看，要素中的“风险”一词均被去掉，这恰恰体现了风险管理从围绕企业战略和绩效，变成了贯穿融入企业战略、绩效和价值提升，不再是强调风险视角下的企业治理及管理要素，而是直接从企业治理和管理的角度将风险管理内容嵌入，为风险管理工作真正融入治理与管理打下了基础。

第四，明晰风险管理与内部控制的关系

2017版风险管理框架对风险管理和内部控制关系作出了明确界定。两个体系不是相互代替或取代的，而是侧重点各不相同、相互补充的。内部控制主要聚焦在主体的运营和对于相关法律法规的遵从性上。风险管理则聚焦于战略实现和绩效管理。

---

① 孙友文．首次全面解析2017COSO正式版《企业风险管理框架》．[EB/OL]．（2019-02-13）．http://sh.qihoo.com/pc/9219408298fe5c821?cota=4&tj_url=so_rec&sign=360_e39369d1&refer_scene=so_1.

第二节 内部控制的概念

一、内部控制的含义及特征

从内部控制的演进过程看，注册会计师首次提出了内部控制的定义，并且推动其不断发展。这是因为注册会计师在对财务报告进行审计时离不开对内部控制的评价。20世纪以来，企业面临的环境更加不确定，比如消费者需求的多样化、技术的不断更新、组织结构的更加复杂，企业规模的不断扩大，再加上经济全球化趋势的加强，这一切都迫使企业对各个层次的管理者进行更多的授权，以对环境的变化作出灵活、及时的反应。同时，企业迫切需要加强内部控制，以降低企业分权管理带来的潜在风险，提高企业的经营管理水平，最终有利于战略目标和组织目标的实现①。由此，内部控制的内涵得以丰富，外延得以拓展。内部控制从仅仅局限于会计控制转向关注管理控制和治理控制，从“局部控制”扩展为“全部控制”。

伴随着内涵和外延的拓展，内部控制的概念也在不断加以修订。1992年，COSO委员会在《内部控制——整合框架》中，首次将内部控制定义为“由企业董事会、经理阶层以及其他员工实施的，旨在为财务报告的可靠性、经营活动的效率和效果、相关法律法规的遵循性等目标的实现提供合理保证的过程。”此后COSO框架两度修订，都延续了这一概念。2008年6月，我国财政部、审计署、证监会、银监会和保监会五部委联合发布《企业内部控制基本规范》，吸收COSO报告的精髓，把内部控制定义为：企业所有成员参与的，包括董事会、经理层和所有员工，为企业实现如下目标提供合理保证的过程：确保企业遵循法律法规、确保信息真实和可靠，提高经营活动的效率和效果、促使战略有效实施。上述关于内部控制的定义，差别不大。它们都共同体现了内部控制的本质特征：制衡性、流程化和标准化。

1.制衡性

内部控制作为一种制度规范，不同于职业道德规范和法律法规，具有独特的理论体系和方法体系。它通过治理结构、权责分配和机制设计形成相互制约和相互监督，从而实现控制风险的目标。完善的法人治理结构通过董事会和经理层的分开设置形成对大股东、小股东和经理之间责任、权力和利益的制衡机制。完善的机构设置和权责分配通过不相容职务相互分离，实现在业务流程中各岗位之间的相互监督。完善的机制设计通过权责安排和奖惩机制的有效结合，使员工目标与企业目标趋于一致，实现经营目标乃至战略目标。

2.流程化

部门导向的管理制度存在部门制度之间的真空地带，而内部控制以流程为导向的设计方法有效地解决了这一问题，真正实现了控制的全过程和全方位。内部控制

① 刘永泽，池国华．企业内部控制制度设计操作指南［M］．大连：大连出版社，2011．

基于业务流程，通过对流程中各环节的风险进行分析，确定关键风险点，进而采取不相容职务相互分离、授权审批等控制方法。

3.标准化

内部控制作为一种管理制度，不仅体现在总体的机制层面，还体现在具体的操作层面。内部控制通过与各项业务的有机融合，对业务流程中每个作业和每个岗位做出详细的规定，从而使内部控制成为员工的操作手册。内部控制的贯彻实施，可以保证企业对各个组织层级的业务实现有效监督。

二、内部控制的分类

从不同角度、按照不同标准可以将内部控制划分为若干不同类型。

（一）按内部控制主体分类

内部控制从组织内部的控制主体角度可分为董事会控制、管理者控制、员工控制，从而形成三个层级的内部控制：一是以董事会为主体的公司治理控制；二是以管理者为主体的管理控制；三是以员工为主体的任务控制或作业控制。[①]

（二）按控制实施方式分类

内部控制从控制实施方式的角度可分为正式控制和非正式控制，委托型控制和直接型控制。根据制度设计和实施方式不同，划分为正式控制和非正式控制。正式控制是指通过正式的组织结构和制度程序加以实施控制。非正式控制是通过正式控制以外的，诸如信任、奖励、交谈、文化等途径实施控制。根据权力集中程度不同，划分为委托型控制和直接型控制。委托型控制是指委托人与受托人之间是一种信任与被信任关系的控制。在此控制类型中，委托人给受托人设定一个活动的框架，受托人在这个框架内可以充分发挥自己的能动作用，受托人的行为主要靠信托责任和合约来约束。

（三）按控制目标分类

内部控制从控制目标的角度可分为遵循相关法规的控制、保证报告可靠性的控制、实现经营效率和效果的控制和促进实现企业战略目标的控制。

三、内部控制与法人治理及内部审计

（一）内部控制与法人治理[②]

所谓法人治理，是指由所有者、董事会和经理层（即高级经理人员）三者组成的一种组织结构。在这种结构中，上述三者之间形成了一定的制衡关系。通过这一结构，所有者将自己的资产交由公司董事会托管。公司董事会是公司的决策机构，拥有对高级经理人员的聘用、奖惩和解雇权。高级经理人员受雇于董事会，组成董事会领导下的执行机构，在董事会的授权范围内经营企业。其主要治理机制有董事会选举规则及程序、代理人之争、外部董事、报酬激励机制等。

---

① 张先治. 内部管理控制论［M］. 北京：中国财政经济出版社，2004：2.

② 陈文辉. 寿险公司内部控制评价工作手册［M］. 北京：中国财政经济出版社，2007.

1.内部控制与法人治理的区别

法人治理解决的是股东大会、董事会、经理层及监事会之间责权利划分的制度安排问题，更多的是法律层面的问题。而内部控制则是管理层（董事会及经理层）建立的内部管理制度，是管理层对企业生产经营和财务报告产生过程的控制，属于内部管理层面的问题。

从目标上看，法人治理的目标与内部控制的目标存在一定的差异。内部控制的目标是实现企业的目标，提高经营效率是内部控制最基本的目标，防弊目标也是为了保障企业目标的实现。而法人治理结构的目标是在股东大会、董事会、监事会和经理层之间合理配置权限，公平分配利益以及明确各自职责，建立有效的激励、监督和制衡机制，实现所有者、管理者和其他利益相关者之间的制衡。其侧重点是实现各相关主体责权利的对等。

2.内部控制与法人治理的联系

法人治理与内部控制虽然在目标上有所不同，但从两者的发展来看，法人治理已有融入内部控制的趋势，两者关系紧密。一方面，法人治理是促使内部控制有效运行，保证内部控制功能发挥的前提和基础，是实行内部控制的制度环境。另一方面，内部控制在法人治理中又担任内部管理监控系统的角色。两者的联系具体表现在：

第一，法人治理与内部控制都统一于实现企业的目标。如前所述，内部控制的主要目标是减少虚假会计信息、保护资产的安全和完整等，其基本目标仍是保证企业目标的实现。而法人治理的目标是保证企业运行在正确的轨道上，防止董事、经理等代理人损害股东的利益。健全的法人治理是企业目标得以实现的保证。只有实现企业目标，企业价值最大化才能实现。因此，内部控制和法人治理都统一于企业目标的实现。

第二，良好的内部控制将促进法人治理的完善。有效的内部控制可以规范公司的各项经营活动，保证会计资料真实、完整，堵塞漏洞，消除隐患，防止并及时发现、纠正错误及舞弊行为，保证资产的安全、完整，确保有关法律、法规和单位内部规章、制度的贯彻执行。企业各利益相关主体可以依据可靠的会计信息对企业的董事和经理阶层的业绩作出恰当的评价，从而决定是否更换他们，以此来推动公司治理的不断完善。

第三，健全的法人治理又是内部控制有效运行的保证。法人治理是内部控制的制度环境，只有在完善的法人治理环境中，一个良好的内部控制系统才能真正发挥作用，提高企业的经营效率。反之，法人治理如果失败的话，不管内部控制设计得如何完美，都必将流于形式而难以取得既定效果。

因此，内部控制与法人治理之间既存在差异，又相互影响、相互促进。健全的法人治理是内部控制有效运行的保证，良好的内部控制又是完善法人治理所不可或缺的重要手段。一方面，加强和完善企业内部控制应从完善法人治理出发，完善企业内部控制环境，防止少数人操纵公司经营和财务报告系统；另一方面，在完善法人治理的同时，管理层应建立、健全内部控制，提高经营效率，防止舞弊行为。

【资料1-1】 OECD公司治理与内部控制

1999年，经济合作与发展组织（OECD）发布了《OECD公司治理原则》

(OECD Principles for Corporate Governance)。《OECD公司治理原则》对公司的治理结构主要规定了五个方面的内容，分别是：

(1) 股东权利。强调治理结构框架应保护股东权利。

(2) 对股东的平等待遇。强调治理结构框架应当确保所有股东，包括小股东和外国股东得到平等待遇。如果他们的权利受到损害，他们应有机会得到有效补偿。

(3) 利益相关者在公司治理结构中的作用。强调公司治理结构的框架应当确认利益相关者的合法权利，并且鼓励公司和利益相关者在创造财富和工作机会以及为保持企业财务健全方面积极地进行合作。

(4) 信息披露和透明度。强调治理结构框架应保证及时准确地披露与公司有关的任何重大问题，包括财务状况、经营状况、所有权状况和公司治理状况的信息。

(5) 董事会责任。治理结构的框架应确保董事会对公司的战略性指导和对管理人员的有效监督，并确保董事会对公司和股东负责。

OECD又在2002年开始重新考察最新的公司治理发展状况，对准则进行重审和修订，并公布了2004年版的公司治理准则。2004年版的公司治理准则从更倾向于公司内部权利关系的授予、监控、制约安排向注重内外部的各种利益相关因素的协调转变，从更倾向于公司高层的权术安排游戏开始向企业员工和债权者等原来被忽略的因素倾斜，将公司员工的参与问题提高到OECD所称的员工具有“重要且合法的非所有者权利”的高度。也就是说，在公司治理中，如何在关注股东与管理层之间、董事会与高管之间的博弈关系的同时，不至于将“提高员工参与程度的机制”简单地划入企业内部的管理问题，而将它从公司治理的视野中剔除。另外，OECD把对债权人的看法提升到“债权人在公司治理中扮演着重要的角色，它们能够对公司运作起到外部监管者的作用”这样的高度。这是一个巨大的转变，大大扩展了所谓“利益相关者”的定义范围和对它的重视。在参与公司治理的问题上，OECD把它从笼统的“利益相关者”明确为“员工”。OECD在“董事会的责任”一节中将“董事会应该保证遵守适当的法律，并充分考虑到股东的利益”修改为“董事会应该具有很高的伦理标准，它应该考虑到利益相关者的利益”。我们如果从中仔细体味一下前后的差别，就可以发现OECD的苦心：公平不仅仅应该体现在股东、董事会和管理层的授权监控和制约之间，更应该在对企业的全体利益相关者之间的关系处理和结构机制安排上体现出来。在企业追逐利益的过程中，应当通过形式上的治理结构安排和切实的运作行为让所有的人看得到企业的社会责任和道德伦理之所在。

(二) 内部控制与内部审计[①]

内部控制与内部审计之间存在着一种相互依赖、相互促进的内在关系，如图1-1所示。内部审计和内部控制都同样来自企业内部，是一种根源上的、紧密联系的、互动的本质关系。内部控制、内部审计都属于企业微观管理范畴，目标一致、服务对象一致，两者的交汇点是把各种风险降低到最低。

① 廖桂花. 现代内部审计职能定位研究 [D]. 长沙：湖南大学，2007.

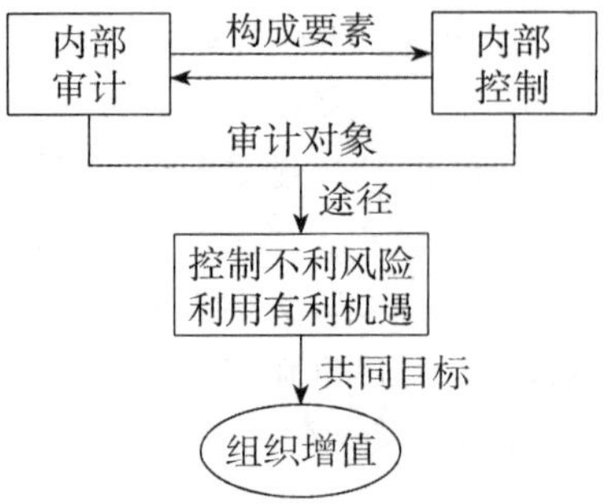

图 1-1 内部控制与内部审计的关系

第一，随着内部控制的发展，内部审计在内部控制中的作用越来越重要。在内部牵制阶段，内部控制制度很不成熟，内部审计对内部控制的认识也比较肤浅，在内部控制中所起的作用也很微弱。内部控制发展到内部控制制度、内部控制结构、内部控制整合框架阶段，内部审计在内部控制中起着极其重要的作用。内部审计通过对内部控制的评价，发现、纠正内部控制的不足，使内部控制不断完善。内部控制发展到企业风险管理框架阶段，虽然内部审计的重点转向企业重大风险领域，但内部审计也同样需要揭示内部控制中存在的重大风险，完善内部控制。

第二，内部控制是内部审计的审计对象。从内部牵制到现代的风险管理框架，内部审计随着内部控制的发展而发展。在内部审计的整个发展历程中，始终离不开对内部控制的审计。在内部财务审计基础上发展起来的经营管理审计，正是以内部控制为中心的审计，内部控制的性质决定着内部审计的性质。内部审计的符合性测试、分析性审计研究、实质性审查等内容也伴随着这种控制思想的演变而大量涌现。从以控制制度为基础的审计活动，过渡到以控制结构、控制风险为基础的各项审计业务，内部控制思想引导着内部审计人员的工作态度和观念，内部控制目标决定了内部审计人员的工作行为和工作程序，一切审计活动都紧紧围绕内部控制展开。

第三，内部审计与内部控制相互交融发展。一方面，随着企业间竞争的日益激烈，传统内部审计仅仅局限于以查错防弊为目标的管理要求已经不能适应企业生存的需要。审计理论和实践都日益强调依赖内部控制的功效和成果，关注企业的风险。另一方面，有效的内部控制早就融入了有关审计或会计的信息传送、传导这些自我监控与自我评估的重要内容，并把审计机制和审计风险纳入了内部控制的综合体系。

第三节 内部控制的功能与局限性

一、内部控制的功能

（一）有效抵御风险，实现持续健康发展

在市场经济环境下，企业在生产经营过程中会遇到各种各样的风险。如果不能积极、有效地防范风险，轻则影响企业的发展，重则导致企业倒闭。而且，在风险

面前，不论企业规模大小，概莫能免。国内外这方面的案例有很多。

从国外来看，巴林银行——百年老店，由于疏于控制，小交易员里森酿成大祸，在14亿美元巨亏之下，巴林银行只有接受破产的命运；安然——能源巨鳄，财务报告舞弊无法长期掩盖经营的失败，最终公司倒闭，CEO和CFO成为阶下囚；雷曼兄弟——华尔街五大券商之一，漠视风险，大量投资次贷衍生金融产品，尽管曾经过大风大浪，但终究没能逃过次贷危机的影响。

从国内来看，中航油——昔日的明星企业，虽有完善的内部控制制度和《风险管理手册》，但不重视实施，期权投资失控，招致公司申请破产的命运；邯郸某银行缺少基本的内部控制制度，两位金库管理员“如同从自家菜园摘白菜一样”，转移金库资金近5 100万元。这些企业失败的原因尽管多种多样，但仔细分析，我们会发现，它们存在一个共同的问题——风险管理失效。可以说，正是由于缺乏有效的风险管理机制使企业走上了不归之路。

因此，企业为了长期生存，并且逐步发展壮大，就必须重视风险防范。古今中外成功的企业对于风险防范都非常重视，只是采用的防范手段不同而已。对于现代企业而言，防范风险最为有效的方法是建立一个健全而有效的内部控制制度。好的内部控制是一道有效的风险“防火墙”，它使企业的组织体系具有免疫力和过滤功能，从而有能力抵御各种风险，持续、健康地发展，实现基业长青。

首先，内部控制具有一个强有力的运行机制，为企业抵御风险，实现健康持续发展提供合理保证。内部控制由预防机制、纠错机制和激励机制三个运行机制共同组成。内部控制立足于预防机制，通过优化控制环境，奠定企业良好的风险管理基础，运用不相容职务相互分离、授权审批等方法建立相互制衡的控制体系，防止企业在生产经营中出现重大失误以及员工利用职务之便舞弊。由于内部控制固有的局限性以及其他人为、客观的原因，在实际执行中可能发生预防机制失效，此时内部控制将启动第二道防线——纠错机制。顾名思义，纠错机制能够对已经发生的失控事件及时地进行制止，并采用相应的补救措施以防类似事件再次发生。纠错机制主要通过监控要素实现。内部控制作为一种制度安排，其核心在于引导组织内不同目标的个体向企业的既定目标努力。为此，内部控制在预防机制和纠错机制之外，还必须对个体的行为结果进行奖励与惩罚，即建立激励机制。

其次，内部控制作为一种制度安排，可以将各种资源有机地整合在一起，为企业创造价值。企业所拥有的各种经济要素，如资金、设备、人员等，只有依靠一套完善的制度才能融合在一起并形成真正的生产能力。从这种意义上讲，内部控制制度就像一种黏合剂一样可以把这种生产要素有机、有序地组合在一起。假如没有内部控制制度，那么所有的生产要素都如同一盘散沙，只能是一种潜在的生产能力，无法在企业内部合理地安排和使用，当然，这样的企业也很难生存下去。

（二）保障资产安全、完整

资产，正如会计准则所定义的，是能够为企业带来经济利益流入的经济资源。资产是企业安身立命之所在，构成了企业生存和发展的物质基础。根据政治经济学，资产包括生产资料和生产工具。因此，如果企业没有资产，既不可能形成生产能力，也不可能运用生产能力，当然更不可能完成生产经营任务，无法实现经营目标。另外，资产也是企业经营成果的体现，是财富的表现形式。企业的重要目标之一是获取盈利。而盈利的表现形式无非是现金和实物等各种形式的资产。从这种意义上讲，企业生产经营是为了实现资产的保值和增值。

实现企业的资产安全和完整，可以有很多种能够选择的管理措施。总体上，有三条思路都可以实现这个目标。第一条思路是按照人治的思想来解决这个问题，即把资产交给最为可靠的人去保管。同时，不让有劣迹表现的人接触企业的财产和物资。在这种方式下只要保管员选择得当，企业的资产安全和完整基本上是有保证的。这里之所以说“基本上”是安全的，是因为这种方式下尽管保管员是可靠的、值得信赖的，不存在保管员监守自盗的问题，但是它却无法完全保证和避免其他人进入到保管室或仓库进行盗窃。尤其在保管室或仓库不是十分牢固的情况下，这种事件发生的概率将很高。第二条思路是按照技术思路来解决这个问题，即把保管室或仓库的门设计得很好，很坚实，或者把保管室或仓库的锁设计得很严密，用诸如密码锁、指纹锁等先进技术以防止无关人员进入保管室或仓库。在这种方式下，资产的安全性和完整性也会增强，但是同样也只能是“基本上”保证资产的安全和完整，因为这种偏好技术或者依靠技术手段解决资产失盗的做法，可以有效地防止保管员之外的人接触和盗窃企业的资产，但是无法避免保管员监守自盗。特别是当企业的保管员行为不端时，再坚实的门窗，再高级的门锁也是形同虚设。第三条思路是按照制度管理的思路来解决资产安全和完整的问题。按照这种管理方法，企业为了资产的安全和完整需要制定一系列管理制度，比如，制定资产交接制度、资产入库制度、资产出库制度、限制接近资产制度、资产的盘点清查制度、丢失资产的罚款制度、保管员的选聘制度、保管员的激励制度等，通过这些制度的有效实施来确保资产不被侵害和挪用。在上述三条解决问题的思路中，这种思路无疑是最全面、最可靠的，可以说是企业资产安全和完整的最重要的一道防线。因为：第一，它可以通过选聘制度、盘点制度和罚款制度解决保管员的监守自盗问题；第二，它可以通过限制接近制度、出入库制度等避免保管员之外的人员盗取资产。同时，保管员为了履行职责，避免资产在自己手上丢失而被处罚，也必然会积极主动地购置必要的保管设备和工具，从而使技术措施相应地得到落实。所以，技术设施和人治管理都只是补充，只有建立健全、有效的内部控制制度才是解决资产安全问题的根本之道。[①]

（三）提高会计信息质量

在市场经济环境中，会计信息具有十分重要的经济意义，这一点已逐渐被人们所认识。

1.会计信息是企业契约机制的核心内容

根据契约理论，企业是一系列契约的联合体。因此，企业可以被看作是理性主

---

① 李连华. 内部控制理论结构［M］. 厦门：厦门大学出版社，2007.

体之间的一组契约。这些理性主体，或者说企业所联结的契约关系人主要包括：①股东。股东向企业投入权益性资本，要求其权益性资本得以保全，并得到满意的投资回报。②债权人。债权人将资金提供给企业使用，要求企业按期还本付息。③经理。经理运用其丰富的管理知识和先进的管理技术对企业的生产经营活动进行管理，要求得到满意的工资、报酬等。④职工。职工为企业提供劳动，要求能够得到满意的工资和报酬。⑤政府。政府向企业提供公共物品，获得企业的社会贡献——税收。⑥外部审计人员。审计人员为企业提供审计服务，要求得到约定的审计收费。⑦顾客。顾客将款项交给企业，要求企业提供满意的产品和服务。⑧供应商。供应商向企业提供原材料、产品或劳务，要求得到相应的价款。根据契约，每个理性主体都要向企业提供一定的资源（资本、知识、技能、服务或信息），作为回报允许每个主体从企业中获得相应的利益。

在现代企业中，所有权和经营权的分离，使委托—代理成为普遍现象，管理者与股东之间形成的便是委托—代理契约。企业与其他利益相关者之间也构成委托—代理关系。由于一方面，委托者和受托者双方各自的利益不同，并且作为理性主体，双方都努力追求各自利益的最大化，另一方面，委托者和受托者之间存在信息不对称，因此，就会引发逆向选择和道德风险。

为了保证各方契约关系人的利益和契约的顺利实施，在契约条款中常常包括对各方行为的限制，涵盖了契约的谈判、制定、履行及监督。而这些限制需要以各种信息为依据，其中会计信息是最为重要的信息。不同的会计信息，会引发利益在各主体之间的不同分配。会计作为企业契约耦合体的内部游戏规则，可以确定企业组织内部代理人的权利，明确代理人业绩的评判标准及报酬支付方式，从而成为企业整体契约机制的核心内容。

2.会计信息是企业利益相关者进行决策的基础

从企业外部来看，投资者根据会计信息进行投资决策，决定是继续持有、增加还是出售投资，债权人根据会计信息进行信贷决策，国家以会计信息为依据，进行宏观经济调控、税费征收和监管等等。

从企业内部来看，企业管理当局在进行管理决策时，必然需要一定的信息。这些信息有一些是管理者自身积累和观察到的信息，这部分信息在很大程度上具有管理经验的性质。而另外一部分信息，尤其是过去的信息和管理者不能亲自观察到的信息，则必须依靠会计系统来提供。事实上，随着企业规模的扩大，集团公司乃至跨国公司的成立，管理当局在进行管理决策时，越来越依靠会计信息系统的支持。

3.会计信息是资本市场正常运转的必备条件

健康、高效的资本市场离不开真实、可靠的会计信息系统。众所周知，资本具有趋利性。那么，如何判断“利”之所在?当然必须以一定的会计信息为基础。从这个意义上讲，会计信息是引导资本流动的指示器。离开会计信息系统这个条件，我们无法正确判断企业的经营状况和经营成果，资本也就无法顺畅地流动。如果出现虚假会计信息，必然导致经济的混乱和经济决策的失误，以及社会资源的逆向流动，造成资源的浪费。因此，市场经济越发达，资本市场越发达，会计信息便越重要。

会计信息要发挥在企业管理、资本市场和社会经济中的作用，就必须具有一定的质量特征。所以，对会计信息提出质量要求，不仅是企业利益相关者的经济利益之所系，也是维持经济社会中的正常信任关系和保证社会经济系统顺利运行的重要基础之一。

会计信息要在各方利益相关者的决策中、社会经济和资本市场发展中发挥作用，必须满足一定的质量标准，而我国会计信息质量却不容乐观，会计信息舞弊现象普遍存在。"2011—2016年上市公司十大财务舞弊事件"可以说明问题的严峻性，见表1-1。该排行榜综合考虑了五个因素，分别是公司影响力、审计师影响力、报表粉饰可能性、报表粉饰性质及报表粉饰金额。

表1-1 2011—2016年上市公司十大财务舞弊事件①

序号	公司名称	审计事务所②	舞弊金额	舞弊事项
1	万福生科	中磊会计师事务所	2012年半年报中虚增营业收入1.88亿元、虚增营业成本1.46亿元、虚增利润4 023.16万元； 2008—2011年累计虚增收入7.4亿元左右，虚增营业利润1.8亿元左右	高估收入，虚增利润； 虚增应收账款和预付账款； 虚增在建工程
2	九好集团	利安达事务所	虚增收入2.65亿元； 虚构3亿元银行存款	通过虚构业务、改变业务性质等多种方式虚增服务费收入，通过资金循环虚增收入； 未披露3亿元借款及银行存款质押事项
3	山东墨龙	信永中和会计事务所	业绩大变脸： 虚增收入最高达1亿元，虚增利润最高达2.2亿元	由预计2016年全年盈利，到2017年2月预计亏损4.8亿元至6.3亿元； 虚增售价、少计成本
4	雅百特	众华会计师事务所	虚增收入5.8亿元，虚增利润2.6亿元	虚构承揽承接巴基斯坦某工程，合同金额3 250万美元； 虚构跨境资金循环、虚构建材出口、虚构境内建材贸易
5	佳电股份	大华会计师事务所	虚增利润1.98亿元	少计主营业务成本、销售费用
6	华锐风电	利安达事务所	虚增净利润1.77亿元	部分业务单据、相关数据、财务记录失实； 账务处理存在会计差错
7	键桥通讯	瑞华会计师事务所	虚增年利润总额： 2009年：1 391万元，占比29.35%； 2010年：447万元，占比9.01%； 2011年：551万元，占比12.34%； 2012年：926万元，占比14.36%	定期报告虚构营业收入、成本，虚构应收账款回款，少计提坏账准备
8	康芝药业	中审亚太会计师事务所	货币资金账面金额20 059.79万元，实为4 957.73万元	提前确认销售收入、应计未计期间费用； 虚增货币资金
9	上海物贸	立信会计师事务所	虚增利润总额达到了2.66亿元	少结转成本、虚增年末库存； 虚增利润、隐藏账面亏损
10	神开股份	立信会计师事务所	虚增利润： 2010年占比13.16%； 2011年占比0.06%； 2012年占比18.79%	全资子公司神开设备为客户预开销售发票，在预开发票但尚未实际发货的情况下即提前确认销售收入，并暂估成本入账

通过某种制度安排来规范企业的会计行为，防范无意的或有意的错误和舞弊，

① 资料来源为证监会网站发布的行政处罚公告书以及网络，经本书作者整理修订。
② 审计事务所是指上市公司被发现财务舞弊时负责其审计业务的审计事务所，此后有公司已更换事务所。

以此解决会计信息失真，提高会计信息的质量。这种方法从制度角度入手，通过企业内部某种制度机制的制定和实施，达到“想舞弊而无法舞弊”的目的。显然，内部控制是最佳解决方案。内部控制有助于解决会计信息失真问题。

大量案例表明，从国外或者国内情况来看，会计信息失真的发生，很大程度上并不是源于会计准则本身的问题，而是企业为了牟取私利，故意为之。对于这类虚假会计信息，只有通过建立、健全有效的内部控制制度才能够加以防范。这是会计信息质量得以保证的制度基础。因此，近几年来，我国政府和监管当局积极推动企业内部控制的建设，先后颁布多部内部控制规范。健全、有效的内部控制，可以通过以下控制机制遏制会计信息舞弊，提高会计信息质量：第一，它通过不相容岗位相互分离、授权审批、预算控制，可以防止虚假会计信息行为；第二，它通过审核、对账制度、资产清查制度等，可以发现虚假会计信息行为；第三，它通过绩效考核和惩罚机制等，可以惩处虚假会计信息的行为，同时防止其他人模仿。

作为企业而言，内部控制是企业各项管理工作的基础，是企业健康有序发展的基础。实践证明，企业一切管理工作都是从建立内部控制开始的，企业的一切活动都无法游离于内部控制之外。可以说，“控制则强、失控则乱、无控则亡”，切莫将内部控制当作可有可无的一纸空文。没有内部控制，由于道德和诚信的维系，可能一时不会出纰漏，但出了问题，必定会失控。

二、内部控制的局限性

（一）成本限制

由于内部控制受到成本-效益原则的制约，管理层在设计和实施某项内部控制制度时要权衡内部控制的利弊得失，如果增加控制环节过于降低工作效率，就可能会放弃实施这项内部控制制度。由于企业资源有限，对于很少发生或不经常发生的经济业务也不会制定控制制度，当这些经济业务发生时，企业的控制制度对于这些经济业务是无法控制的。

（二）人为错误

“智者千虑，必有一失”，内部控制制度的设计会受到设计人员经验和知识水平的限制而存在缺陷，同时，执行人员由于粗心、精力不集中、身体欠佳、判断失误或误解上级发出的指令等原因，内部控制制度也会失效。

（三）串通舞弊

内部控制制度达到控制目的的前提是公司员工按照制度的规定办事，但当员工合伙舞弊和内外串通共谋时，会导致内部控制的失灵。例如，出纳和会计合伙动用公司资金，保管员伙同财产记录人员舞弊，业务人员同顾客、供应商串谋。在这样的情况下，无论多么完善的控制制度都将显得苍白无力。

（四）滥用职权

各种控制程序是管理工具，但任何控制程序也不能发现和防止那些负责执行监督控制的管理人员滥用职权或不正当使用权力。管理当局的干预一直是导致许多重大舞弊发生和财务报告失真的一个重要原因。在某些情况下，对于担任控制职能的人员越权管理、滥用职权，即使具有良好设计的内部控制，也不能发挥其应有的作用。内部控制作为企业管理的组成部分，它理所当然地要按照管理人员的意图运行，尤其是企业负责人的决策更是起决定性的作用。决策出了问题，贯彻决策人意图的内部控制也就失去了应有的控制作用。

（五）制度失效

内部控制制度是针对制度制定时的经济业务，内部控制可能会因经营环境、业务性质的改变而削弱或失效，可能会对不正常的或未预料到的业务类型失去控制能力。现在企业处在经常变化的环境之中，为保持竞争能力，势必要经常调整经营策略，这就将导致原有的控制制度对新增的业务内容失去控制作用。

（六）非经常性事项

内部控制一般针对常规业务活动而设计。因此，一旦发生异常或未预计的经济业务，往往会发生内部控制失控或原有控制不适用的可能，从而降低内部控制的作用。

第四节　美国内部控制制度框架

进入21世纪后，美国先后爆发了安然、世纪通信、施乐等重大财务舞弊丑闻，监管当局意识到，原来只关注信息披露结果的监管思路存在问题，因而考虑转向结果和过程并重。与此同时，人们还逐渐认识到原来的内部控制框架中可能存在的缺陷，即原有的内部控制框架对于风险的防范和化解强调不够，无法满足企业对风险管理的需求。

基于以上背景，美国在2002年颁布了《萨班斯-奥克斯利法案》(Sarbanes-Oxley Act，简称“萨奥法案”)，这部法律扩充了长期持续的对公众公司保持内部控制制度的规定，要求管理当局证实，并由独立审计师鉴证这些制度。人们迫切需要一个能够提供关键原则和概念、通用语言以及明晰的方向和指南的企业风险管理框架。因此COSO委员会在1992年COSO报告的基础上，对萨奥法案的要求进行了扩展，于2004年9月29日发布了《企业风险管理——整合框架》。下面，我们重点讨论萨奥法案。

一、萨奥法案出台的背景

2001年开始，美国爆发出一系列的财务丑闻案，对美国的经济乃至世界经济产生了重大的影响，同时严重打击了投资者的信心。尤其是安然公司的财务丑闻，不仅对全球金融市场产生了巨大冲击，还导致百年企业——原五大会计师事务所之一的安达信倒闭。

安然（Enron）公司是一家能源公司，曾是美国第七大上市公司和全球最大的能源交易商。安然从1997年以来，主要通过“组织创新”、“交易设计”和“衍生工具”等方式，创立了近3 000家特殊目的实体（Special Purpose Entity，SPE），利用这些网络与安然公司进行不具有经济实质的关联交易。安然公司在1997年至2000年期间高估了至少4.99亿美元的利润、低估数十亿美元的负债。2001年12月2日，安然公司宣布申请破产保护时，其流通市值由最高时的680亿美元跌至不足2亿美元。安然公司自1985年成立以来，其财务报表一直由安达信审计。1997年至2000年出具的审计报告均为无保留意见。2000年度，安达信为安然公司出具了两份报告，一份是无保留意见加解释性说明段（对会计政策变更的说明）的审计报告，另一份是对安然公司管理当局声称其内部控制能够合理保证其财务报表的可靠性予以认可的评价报告。经过与安达信的磋商，安然公司2001年11月向SEC提交了8-K报告，对过去5年财务报表的利润、股东权益、资产总额和负债总额进行了重大的重新表述，并明确提醒投资者。1997年至2000年经过审计的财务报表不可信赖。

紧接安然公司破产案，世界通信公司（Worldcom）也爆出财务丑闻，2002年6月25日世通向媒体宣布，内部审计发现，2001年度以及2002年第一季度，世界通信虚增利润38.52亿美元。世界通信曾经以1 150亿美元股票市值成为美国第25大公司。2002年7月21日，世界通信向法院申请破产保护时，申报的资产总额高达1 070亿美元，成为美国有史以来最大的破产案。

正是在这一系列丑闻披露的背景下，美国前总统布什在2002年7月签署了萨奥法案。该法案对美国1933年《证券法》、1934年《证券交易法》做了不少修订，在会计职业监管、公司治理、证券市场监管等方面作出了许多新的规定。当时的美国总统布什在签署萨奥法案的新闻发布会上称："这是自罗斯福总统以来美国商业界影响最为深远的改革法案。"

萨奥法案出台后，美国政府要求所有在美国上市的海外企业于2006年7月15日起，要由独立的外部审计师遵照萨奥法案的要求出具审计报告，同时对上市公司披露的定期财务报告和内部控制报告提出了强制要求。

二、萨奥法案的主要内容

如前所述，萨奥法案对会计行业的监管、审计独立性、财务信息披露、公司责任、证券分析师行为、证券交易委员会的权利和职责、法律责任等诸多方面作出规定，包括：（1）专门成立由5人委员组成的公众公司会计监督委员会（Public Company Accounting Oversight Board，PCAOB），专事会计行业的注册、调查、监管、惩戒等；（2）限制会计师事务所向审计客户提供的非审计服务（如许多咨询服务）；（3）要求公司首席执行官（Chief Executive Officer，CEO）和首席财务官（Chief Financial Officer，CFO）对公司财务报告是否公允地反映了公司财务状况和经营成果作出保证；（4）对故意提供虚假财务报告，故意销毁、隐匿、伪造财务报告，证券欺诈等犯罪行为处以重罚（涉嫌财务报告的犯罪行为最高可处20年监禁，而涉嫌欺诈的犯罪行为则最高可处25年监禁）等。

萨奥法案中最重要的两个条款是302条款和404条款。302条款和404条款的制定对于公司建立完善的内部控制制度和公司治理结构起到了指导作用，通过建立一个完善的内部控制体系，企业随时监管自身的财务和生产经营状况。302条款要求公司的首席执行官和首席财务官在提交定期财务报告的时候，提交一份个人签署的书面认证文件和对财务报告的真实性负责的一份声明。404条款则是要求在提交定期财务报告之后，由公司出具一份内部控制评估报告。

三、萨奥法案的核心——404条款

萨奥法案的404条款如下：

1.规则要求

证券交易委员会应要求所有依照1934年《证券交易法》第13（a）或第15（d）条款编制的年度报告中都包含一份内部控制报告，这份内部控制报告应：

（1）表明公司管理层有建立和维持财务报告内部控制系统及相关控制程序充分效的职责。

（2）包含管理层在最近一个财政年度年底对财务报告内部控制系统及程序有效性进行评估的结果。

2.内部控制评估与报告

对公司财务报告进行审核的注册公共会计公司应对公司管理层内部控制评估进行鉴证，并出具鉴证报告。鉴证应执行SEC委员会发布或认可的准则。这种鉴证不应成为一种单独的业务。

404条款明确规定了管理层应承担设立和维持一个应有的内部控制结构的职责。该条款要求上市公司必须在年报中提供内部控制报告和内部控制评价报告，要求管理层除对内部控制系统的有效性进行报告外，还须负责保持内部控制系统的有效运行，上市公司的管理层和注册会计师都需要对企业的内部控制系统作出评价。404条款要求公司编制的内部控制报告包括：管理层建立和维护内部控制系统及相应控制程序充分有效的责任，管理层最近财政年度末对内部控制体系及控制程序有效性的评价；同时要求外部审计应当出具对管理层内部控制评价的评价报告。该条款貌似简单的规定背后蕴含着极其繁杂的具体工作，牵扯到整个内部控制框架体系和财务体系的重整以及部门单元层、业务流程层的梳理。首次遵循404条款的合规成本在人力、财力和物力方面的投入是巨大的，必须有企业内部人员（公司董事、管理层、404项目委员会及各职能部门的负责人）和外部人员（404项目顾问、外部审计师等）的积极支持和参与。

一般来讲，遵循404条款是一个分阶段、有侧重、逐步实现的过程，大体上可分为四个阶段：（1）分析评价公司的内部控制状况，按照萨奥法案的要求对照如COSO之类的内部控制整合框架体系对公司内部控制流程文档进行整理、优化；（2）记录控制措施的评估方式，特别是对控制缺陷的评估，以及将来被用于弥补控制缺陷的政策和流程；（3）完成内部控制的符合性测试工作，对公司内部控制的执行有效性进行测试，进而对公司整体内部控制有效性进行评价，并且确保控制措施和补救手段发挥预期作用；（4）将前述三个阶段的各项活动情况整理成为一份正式的报告，形成公司内部控制报告，同时发布并执行公司内部控制管理手册。

四、实务界执行萨奥法案的反馈

萨奥法案执行以来得到了较好的评价，比如，公司与投资者的关系大为改善、企业控制环境得以明显改观、企业风险得到较好控制、资本市场的吸引力得以增强等。404条款已揭示出许多上市公司有重大缺陷。上市公司为达到其要求，内部控制水平不断提高，揭示出重大缺陷的公司的数量在逐年下降，2003年有638家，2004年有502家，2005年有363家。①

然而，也有人指出，法案的方法很偏激，尤其是其中的404条款，因为执行该条款要花费巨大的人力和物力，404条款被称为萨奥法案中最昂贵的条款。404条款究竟有多昂贵？根据美国国际财务执行官组织（FEI）对321家企业的调查结果，每家需要遵守萨奥法案的美国大型企业第一年实施该条款的总成本将超过460万美元。这些成本包括35 000小时的内部人员投入、130万美元的外部顾问和软件费用以及150美元的额外审计费用（增幅达到35%）。全球著名的通用电气公司就表示，404条款致使公司在执行内部控制规定上的花费已经高达3 000万美元。②

2002年萨奥法案是自1933年《证券法》和1934年《证券交易法》颁布以来对上市公司和证券监管影响最大的法案，也是美国证监会由传统的信息披露监管转向信息披露和公司治理监管并重的转折点。

第五节 我国内部控制制度框架

一、我国内部控制制度框架体系

改革开放以来，企业改革如火如荼，但同时弊病凸显，内部控制的缺失是其中之一。近十年来，因内部控制无效导致企业发生巨额亏损的事件时有发生。在资本市场中，上市公司频繁爆出大股东侵占上市公司的资金、上市公司违规担保等问题，严重影响了资本市场的健康发展，打击了中小股东的投资信心，恶化了中国的金融环境。加强上市公司监管，完善上市公司内外治理，是建立现代企业制度的重要内容。

2006年7月15日，财政部牵头成立了我国"企业内部控制标准委员会"，研究制定了我国企业内部控制规范。2007年3月2日，财政部发布了《企业内部控制规范——基本规范》和17项具体规范（征求意见稿），向全国征求意见。

2008年，财政部、证监会、审计署、银监会、保监会（以下简称财政部等五部委）联合发布了《企业内部控制基本规范》，并于2009年7月1日在上市公司范围执行，这标志着中国版萨奥法案的正式启动。2010年4月15日，财政部等五部

① 孟焰，张军．萨班斯法案404条款执行效果及借鉴［J］．审计研究，2010（3）：96-100.
② 陈赛珍．解析404条款：萨班斯法案最大的挑战［J］．会计师，2005（7）．

委联合发布了《企业内部控制配套指引》。该配套指引包括18项《企业内部控制应用指引》、1项《企业内部控制评价指引》和1项《企业内部控制审计指引》，规定自2011年1月1日起在境内外同时上市的公司执行，2012年1月1日起在上交所、深交所主板上市公司执行。配套指引连同此前发布的规范，标志着适合我国企业的内部控制规范体系已基本建成。

2012年，针对基本规范和配套指引实施过程中出现的问题，财政部发布了解释公告第1号和第2号。随后为了对各类企业提供更具行业特点和更为具体的实务操作指南，财政部于2013年和2014年先后发布《石油石化行业内部控制操作指南》和《电力行业内部控制操作指南》。至此，我国已形成包含基本规范、配套指引、解释公告和操作指南三个层次的企业内部控制规范体系（如图1-2所示）[①]。

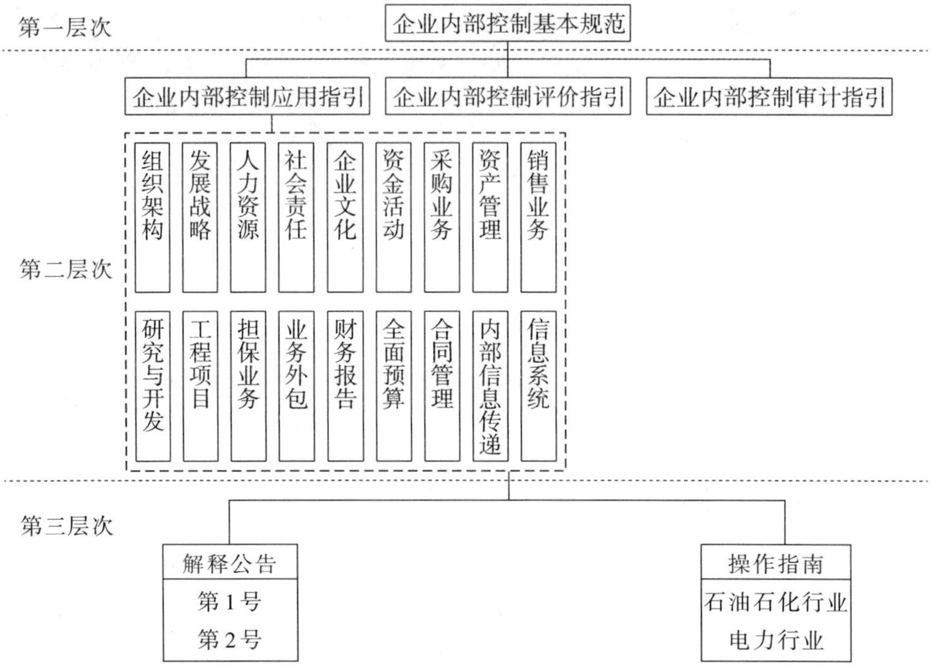

图1-2 我国企业内部控制规范体系

在我国企业内部控制规范体系中，《企业内部控制基本规范》属于最高层次，起统驭作用，是制定应用指引、评价指引和审计指引的基本依据。基本规范构建了企业内部控制的基本理论框架，规定了企业内部控制的定义、目标、原则、要素等。基本规范共七章五十条。第一章为总则，界定了内部控制的定义、目标、原则、要素等。第二至第六章分别为内部控制的五大要素，即内部环境、风险评估、控制活动、信息与沟通、内部监督。第七章为附则。

《企业内部控制应用指引》和《企业内部控制评价指引》适用于企业。其中，应用指引按照基本规范五要素，指导企业如何建立、健全企业内部控制制度体系，

① 陈汉文，池国华. CEO内部控制：基业长青的奠基石［M］. 北京：北京大学出版社，2015.

是内部控制的“建设标准”，在内部控制规范体系中占据主体地位。评价指引是为企业管理层对内部控制健全性和有效性进行自我评价提供的指引，是“评价标准”。《企业内部控制审计指引》为会计师事务所和注册会计师执行内部控制审计业务提供执业准则，是“执业标准”。这三类配套指引相互独立，又相互联系，各司其职，形成一个有机整体。

解释公告和操作指南是基本规范和配套指引必不可少的补充，体现了我国企业内部控制规范体系的可操作性，也是我国内控规范优于美国COSO报告之处。解释公告目的在于解释企业内部控制规范实施中出现的问题，统一各企业对内控规范的理解，以稳步推进企业内部控制规范体系贯彻实施。操作指南是为了满足不同行业的个性化需求，为各类企业建设实施内部控制提供更为具体的实务操作指导。

二、企业内部控制基本规范

《企业内部控制基本规范》为上市公司加强内部控制建设提供了权威的指引，是我国内部控制发展的一个里程碑。《企业内部控制基本规范》与萨奥法案的区别见表1-2。

表1-2　《企业内部控制基本规范》与萨奥法案的区别

项目	《企业内部控制基本规范》	萨奥法案
适用范围	上市公司、国资委监管的大型国有企业，鼓励非上市公司与其他大中型企业应用	仅限于上市公司
内控范围	全面内控	仅限于财务报告内控
法规内容	原则性规定	比较详细
处罚规定	没有规定未达标如何处罚	企业必须达到法案要求，否则要受到严厉的惩罚

根据《企业内部控制基本规范》，内部控制是由企业董事会、监事会、经理层和全体员工实施的，旨在实现控制目标的过程。内部控制的目标是合理保证企业经营管理合法合规、资产安全、财务报告及相关信息真实完整，提高经营效率和效果，促进企业实现发展战略。

（一）内部控制的目标

COSO、ERM、我国企业内部控制基本规范中控制目标的比较见表1-3。

表1-3　COSO、ERM、我国企业内部控制基本规范中控制目标的比较

项目	内部控制——整合框架（COSO）	企业风险管理——整合框架（ERM）	我国企业内部控制基本规范
目标	经营的效率效果性 财务报告的可靠性 法律和法规的遵从性	战略目标 经营目标 报告目标 合法目标	经营管理合法合规 资产安全 财务报告及相关信息真实完整 提高经营效率和效果 促进企业实现发展战略

（二）内部控制的要素

根据《企业内部控制基本规范》，内部控制包括下列五个要素：

1.内部环境

内部环境是企业实施内部控制的基础，一般包括治理结构、权责分配、内部审计、人力资源政策、企业文化等。

（1）治理结构及权责分配

规定了股东（大）会、董事会、监事会和经理层的职责。股东（大）会享有法律、法规和企业章程规定的合法权利，依法行使企业经营方针、筹资、投资、利润分配等重大事项的表决权。董事会对股东（大）会负责，依法行使企业的经营决策权。监事会对股东（大）会负责，监督企业董事、经理和其他高级管理人员依法履行职责。经理层负责组织实施股东（大）会、董事会决议事项，主持企业的生产经营管理工作。

董事会负责内部控制的建立、健全和有效实施。监事会对董事会建立与实施内部控制进行监督。经理层负责组织领导企业内部控制的日常运行。企业应当成立专门机构或者指定适当的机构具体负责组织协调内部控制的建立实施及日常工作。

企业应当在董事会下设立审计委员会。审计委员会负责审查企业内部控制，监督内部控制的有效实施和内部控制自我评价情况，协调内部控制审计及其他相关事宜等。审计委员会负责人应当具备相应的独立性、良好的职业操守和专业胜任能力。

（2）内部审计

内部审计机构应当结合内部审计监督，对内部控制的有效性进行监督检查。内部审计机构对监督检查中发现的内部控制缺陷，应当按照企业内部审计工作程序进行报告。对监督检查中发现的内部控制重大缺陷，有权直接向董事会及其审计委员会、监事会报告。

（3）人力资源政策

人力资源政策包括员工的聘用、培训、辞退与辞职，员工的薪酬、考核、晋升与奖惩，关键岗位员工的强制休假制度和定期岗位轮换制度，掌握国家秘密或重要商业秘密的员工离岗的限制性规定及其他政策。

企业应当将职业道德修养和专业胜任能力作为选拔和聘用员工的重要标准，切实加强员工培训和继续教育，不断提升员工素质。

（4）企业文化

企业应当加强文化建设，培养积极向上的价值观和社会责任感，倡导诚实守信、爱岗敬业、开拓创新和团队协作精神，树立现代管理理念，强化风险意识。董事、监事、经理及其他高级管理人员应当在企业文化建设中发挥主导作用。企业员工应当遵守员工行为守则，认真履行岗位职责。

2.风险评估

风险评估是企业及时识别、系统分析经营活动中与实现内部控制目标相关的风险，合理确定风险应对策略。

企业开展风险评估，应当准确识别与实现控制目标相关的内部风险和外部风险，确定相应的风险承受度。

企业识别内部风险，应当关注下列因素：

（1）董事、监事、经理及其他高级管理人员的职业操守、员工专业胜任能力等人力资源因素。

（2）组织机构、经营方式、资产管理、业务流程等管理因素。

（3）研究开发、技术投入、信息技术运用等自主创新因素。

（4）财务状况、经营成果、现金流量等财务因素。

（5）营运安全、员工健康、环境保护等安全环保因素。

（6）其他有关内部风险因素。

企业识别外部风险，应当关注下列因素：

（1）经济形势、产业政策、融资环境、市场竞争、资源供给等经济因素。

（2）法律法规、监管要求等法律因素。

（3）安全稳定、文化传统、社会信用、教育水平、消费者行为等社会因素。

（4）技术进步、工艺改进等科学技术因素。

（5）自然灾害、环境状况等自然环境因素。

（6）其他有关外部风险因素。

企业应当综合运用风险规避、风险降低、风险分担和风险承受等风险应对策略，实现对风险的有效控制。

风险规避是企业对超出风险承受度的风险，通过放弃或者停止与该风险相关的业务活动以避免和减轻损失的策略。

风险降低是企业在权衡成本—效益之后，准备采取适当的控制措施降低风险或者减轻损失，将风险控制在风险承受度之内的策略。

风险分担是企业准备借助他人力量，采取业务分包、购买保险等方式和适当的控制措施，将风险控制在风险承受度之内的策略。

风险承受是企业对风险承受度之内的风险，在权衡成本—效益之后，不准备采取控制措施降低风险或者减轻损失的策略。

企业应当结合不同发展阶段和业务拓展情况，持续收集与风险变化相关的信息，进行风险识别和风险分析，及时调整风险应对策略。

3.控制活动

控制活动是企业根据风险评估结果，采用相应的控制措施，将风险控制在可承受度之内。

控制措施一般包括：不相容职务分离控制、授权审批控制、会计系统控制、财产保护控制、预算控制、运营分析控制和绩效考评控制等。

4.信息与沟通

信息与沟通是指企业及时、准确地收集、传递与内部控制相关的信息，确保信息在企业内部、企业与外部之间进行有效沟通。

企业应当对收集的各种内部信息和外部信息进行合理筛选、核对、整合，提高信息的有用性。

企业可以通过财务会计资料、经营管理资料、调研报告、专项信息、内部刊物、办公网络等渠道，获取内部信息。

企业可以通过行业协会组织、社会中介机构、业务往来单位、市场调查、来信来访、网络媒体以及有关监管部门等渠道，获取外部信息。

企业应当将内部控制相关信息在企业内部各管理级次、责任单位、业务环节之间，以及企业与外部投资者、债权人、客户、供应商、中介机构和监管部门等有关方面之间进行沟通和反馈。信息沟通过程中发现的问题，应当及时报告并加以解决。

重要信息应当及时传递给董事会、监事会和经理层。

企业应当建立反舞弊机制，坚持惩防并举、重在预防的原则，明确反舞弊工作的重点领域、关键环节和有关机构在反舞弊工作中的职责权限，规范舞弊案件的举报、调查、处理、报告和补救程序。

企业至少应当将下列情形作为反舞弊工作的重点：

①未经授权或者采取其他不法方式侵占、挪用企业资产，牟取不当利益。

②在财务会计报告和信息披露等方面存在的虚假记载、误导性陈述或者重大遗漏等。

③董事、监事、经理及其他高级管理人员滥用职权。

④相关机构或人员串通舞弊。

5.内部监督

内部监督是指企业对内部控制建立与实施情况进行监督检查，评价内部控制的有效性，发现内部控制缺陷，应当及时加以改进。

内部监督分为日常监督和专项监督。日常监督是指企业对建立与实施内部控制的情况进行常规、持续的监督检查。专项监督是指在企业发展战略、组织结构、经营活动、业务流程、关键岗位员工等发生较大调整或变化的情况下，对内部控制的某一或者某些方面进行有针对性的监督检查。

专项监督的范围和频率应当根据风险评估结果以及日常监督的有效性等予以确定。

企业应当制定内部控制缺陷认定标准，对监督过程中发现的内部控制缺陷，应当分析缺陷的性质和产生的原因，提出整改方案，采取适当的形式及时向董事会、监事会或者经理层报告。

内部控制缺陷包括设计缺陷和运行缺陷。企业应当跟踪内部控制缺陷整改情况，并就内部监督中发现的重大缺陷，追究相关责任单位或者责任人的责任。

企业应当结合内部监督情况，定期对内部控制的有效性进行自我评价，出具内部控制自我评价报告。

内部控制自我评价的方式、范围、程序和频率，由企业根据经营业务调整、经营环境变化、业务发展状况、实际风险水平等自行确定。

三、应用指引

应用指引分为三大类：内部环境类指引、控制活动类指引、控制手段类指引。

（一）内部环境类指引

内部环境类指引是企业实施内部控制的基础，影响着员工实施控制活动和履行控制责任的态度、认识和行为。内部环境类指引包括组织架构、发展战略、人力资源、社会责任和企业文化几方面。

1.组织架构

组织架构是企业按照国家有关法律法规、股东（大）会决议和企业章程，结合本企业实际，明确股东（大）会、董事会、监事会、经理层和企业内部各层级机构设置、职责权限、人员编制、工作程序和相关要求的制度安排。企业要实施发展战略，必须要对组织架构进行科学设置，同时保证组织机构的有效运行。

2.发展战略

发展战略是指企业在对现实状况和未来趋势进行综合分析和科学预测的基础上，制定并实施的长远发展目标与战略规划。企业作为市场经济的主体，要想求得长期生存和持续发展，关键在于制定并有效实施适应外部环境变化和自身实际情况的发展战略。

3.人力资源

人力资源是指企业组织生产经营活动而录（任）用的各种人员，包括董事、监事、高级管理人员和全体员工。现代企业竞争的关键在于人力资源的竞争。人力资源对实现企业发展战略起着重要的智力支持作用，实现人力资源的合理配置，可以全面提升企业核心竞争力。如果人力资源缺乏或过剩、结构不合理、开发机制不健全，企业发展战略可能难以实现；如果人力资源激励约束制度不合理、关键岗位人员管理不完善，可能导致人才流失、经营效率低下；如果人力资源退出机制不当，又可能导致法律诉讼或企业声誉受损。

4.社会责任

社会责任是指企业在经营发展过程中应当履行的社会职责和义务，主要包括安全生产、产品质量、环境保护、资源节约、促进就业、员工权益保护等。在现代市场经济条件下，企业作为社会基本的经济组织，在追求股东价值最大化的同时，必须履行对劳动者、消费者、债权人等利益相关者以及对社区居民、自然环境和资源、国家安全和社会全面发展应当承担的社会责任，以促进企业与社会的协调发展。

5.企业文化

企业文化是指企业在生产经营实践中逐步形成的、被整体团队认同并遵守的价值观、经营理念和企业精神，以及在此基础上形成的行为规范的总称。企业文化是企业的灵魂，渗透于企业的一切经营管理活动之中，是推动企业持续发展的动力。

（二）控制活动类指引

控制活动类指引是对各项具体业务活动实施的控制。具体业务活动包括资金活动、采购业务、资产管理、销售业务、研究与开发、工程项目、担保业务、业务外包、财务报告等9项指引。

（1）资金活动。资金活动是企业筹资、投资和资金营运等活动的总称。资金是企业生产经营循环的血液，是企业生存和发展的基础，决定着企业的竞争能力和可持续发展能力。企业应从投资、筹资和资金营运三个方面对资金活动开展内部控制。

（2）采购业务。采购是指购买物资（或接受劳务）及支付款项等相关活动。采购过程中会存在许多风险。企业应当结合实际情况，全面梳理采购业务流程，完善采购业务相关管理制度，统筹安排采购计划，明确请购、审批、购买、验收、付款、采购后评估等环节的职责和审批权限，按照规定的审批权限和程序办理采购业务，建立价格监督机制，定期检查和评价采购过程中的薄弱环节，采取有效控制措施，确保物资采购满足企业生产经营的需要。

（3）资产管理。资产管理主要是对企业存货、固定资产和无形资产等资产的管理。加强各项资产的管理，保证资产安全完整，提高资产使用效率，有利于维持企业正常生产经营，有利于促进企业发展战略的实现。企业应当加强各项资产管理，全面梳理资产管理流程，及时发现资产管理中的薄弱环节，切实采取有效措施加以改进，并关注资产减值迹象，合理确认资产减值损失，不断提高企业资产管理水平。企业应当重视和加强各项资产的投保工作，采用招标等方式确定保险人，降低资产损失风险，防范资产投保舞弊。

（4）销售业务。销售是指企业销售商品（或提供劳务）及收取款项等相关活动。企业应当加强销售、发货、收款等环节的管理，采取有效的控制措施，规范销售行为，扩大市场份额，确保实现销售目标。企业应当结合实际情况，全面梳理销售业务流程，完善销售业务相关管理制度，确定适当的销售政策和策略，明确销售、发货、收款等环节的职责和审批权限，按照规定的权限和程序办理销售业务，定期检查分析销售过程中的薄弱环节，采取有效控制措施，确保实现销售目标。

（5）研究与开发。研究与开发是指企业为获取新产品、新技术、新工艺等所开展的各种研发活动，是企业进行自主创新的重要手段。企业应当重视研发工作，根据发展战略，结合市场开拓和技术进步要求，科学制订研发计划，强化研发全过程管理，规范研发行为，促进研发成果的转化和有效利用，不断提升企业自主创新能力。

（6）工程项目。工程项目是企业自行或者委托其他单位进行的建造、安装活动。工程项目通常与企业发展战略密切相关，周期较长，并涉及大额资金及物资的流转，存在较大的不确定性和风险。工程项目风险涉及的当事人包括工程项目的业主、项目法人等等。

（7）担保业务。担保是企业按照公平、自愿、互利的原则向被担保人提供一定方式的担保并依法承担相应法律责任的行为。企业应当依法制定和完善担保业务政策及相关管理制度，明确担保的对象、范围、方式、条件、程序、担保限额和禁止担保等事项，规范调查评估、审核批准、担保执行等环节的工作流程，按照政策、制度、流程办理担保业务，定期检查担保政策的执行情况及效果，切实防范担保业务风险。

（8）业务外包。业务外包是企业利用专业化分工优势，将日常经营中的部分业务委托给本企业以外的专业服务机构或其他经济组织（承包方）完成的经营行为。企业应当建立和完善业务外包管理制度，规定业务外包的范围、方式、条件、程序和实施等相关内容，明确相关部门和岗位的职责权限，强化业务外包全过程的监控，防范外包风险，充分发挥业务外包的优势。

企业应当权衡利弊，避免核心业务外包。

（9）财务报告。财务报告是企业财务信息对外报告的重要形式之一。对上市公司而言，财务报告是投资者进行决策的重要依据；对国有企业而言，财务报告则可能成为政府进行经济决策时关注的重要信息来源。财务报告编制、审核及分析利用过程中存在诸多风险。编制财务报告违反会计法律、法规和国家统一的会计准则，可能导致企业承担法律责任和声誉受损。财务报告审核不严格，可能误导财务报告使用者，造成决策失误，干扰市场秩序。财务报告分析利用不足将带来财务风险和经营风险，不能有效利用财务报表，难以及时发现企业经营管理中存在的问题，可能导致企业财务和经营风险失控。

（三）控制手段类指引

控制手段类指引涉及企业整体业务或管理，实施内部控制的手段和工具，包括全面预算、合同管理、内部信息传递和信息系统四项。

1.全面预算

全面预算是企业对一定期间经营活动、投资活动、财务活动等作出的预算安排。全面预算是一种全方位、全过程、全员参与编制和实施的预算管理模式。预算管理中的风险主要包括：一是不编制预算或预算不健全，可能导致企业经营缺乏约束或盲目经营；二是预算目标不合理、预算编制不科学，可能导致企业资源浪费或发展战略难以实现；三是企业预算执行和考核方面的风险，主要表现为预算缺乏刚性、执行不力、考核不严，可能导致预算管理流于形式。

2.合同管理

合同是企业与自然人、法人及其他组织等平等主体之间设立、变更、终止民事权利义务关系的协议。在市场经济环境下，合同已成为企业最常见的契约形式，甚至可以说，市场经济就是合同经济。然而，合同管理往往是企业内部控制中最易疏忽和最薄弱的环节之一。如果企业未订立合同、未经授权对外订立合同、合同对方主体资格未达要求、合同内容存在重大疏漏和欺诈，会导致企业合法权益受到侵害。如果合同未全面履行或监控不当，可能导致企业诉讼失败、经济利益受损。如果合同纠纷处理不当，则会损害企业利益、信誉和形象。

3.内部信息传递

内部信息传递是企业内部各管理层级之间通过内部报告形式传递生产、经营、管理信息的过程。企业如果没有建立起有效的内外部信息收集、分析、处理、传递和反馈体系，很难保证信息及时准确沟通，进而也无法促进内部控制体系有效运行、防范并控制经营风险。内部报告系统缺失、功能不健全、内容不完整，可能影响生产经营有序运行。内部信息传递不通畅、不及时，会导致决策失误、相关政策措施难以落实。内部信息传递中泄露商业秘密，可能削弱企业核心竞争力。

4.信息系统

信息系统是信息内部传递和信息对外报告的技术手段，是企业利用计算机和通信技术，对内部控制进行集成、转化和提升所形成的信息化管理平台。通过信息系统强化内部控制，有利于减少人为因素，提高控制的效率和效果。同时也应意识到，信息系统自身也存在风险，需要加强管理和控制。信息系统的风险主要有：信息系统缺乏或规划不合理，可能造成信息孤岛或重复建设、资源浪费，导致企业经营管理效率低下；信息系统开发不符合内部控制要求、授权管理不当，可能导致无法利用信息技术实施有效控制；信息系统运行维护和安全措施不到位，可能导致信息泄漏或毁损、系统无法正常运行等。

四、内部控制评价指引

内部控制评价是指企业董事会或类似权力机构对内部控制有效性进行全面评价、形成评价结论、出具评价报告的过程。内部控制评价指引的主要内容包括：内部控制评价的内容、内部控制评价的组织、内部控制缺陷的认定、内部控制评价报告、内部控制评价报告的披露或报送。

1.内部控制评价的内容

内部控制评价指引对内部控制评价内容的有关规定，是我国内部控制规范体系建设的一大创新。评价指引要求企业根据基本规范、应用指引以及本企业的内部控制制度，围绕内部环境、风险评估、控制活动、信息与沟通、内部监督等要素，对内部控制有效性（包括财务报告内部控制有效性和非财务报告内部控制有效性）进行全面评价。

2.内部控制评价的组织

内部控制评价工作能否有效实施，很大程度上取决于企业是否具备强有力的组织领导体制。评价指引专门就内部控制评价的组织领导体制作出了明确要求。基本规范及评价指引要求企业授权内部审计机构或者其他专门机构作为内部控制评价机构，负责内部控制评价的具体组织实施工作。

3.内部控制缺陷的认定

内部控制缺陷包括设计缺陷和运行缺陷。内部控制缺陷的认定，特别是非财务报告内部控制缺陷的认定，是企业内部控制评价工作中面临的重大挑战之一。财务报告内部控制缺陷，可由该缺陷可能导致财务报告错报的重要程度来确定，应当从定量和定性等方面进行衡量，判断是否构成内部控制缺陷，并按其影响程度分为重大缺陷、重要缺陷和一般缺陷。

4.内部控制评价报告

企业应当根据年度内部控制评价结果，结合内部控制评价工作底稿和内部控制缺陷汇总表等资料，按照规定的程序和要求，及时编制内部控制评价报告。评价报告应至少披露以下内容：一是董事会对内部控制报告真实性的声明；二是内部控制评价工作的总体情况，即概要说明；三是内部控制评价的依据，一般指基本规范、评价指引及企业在此基础上制定的评价办法；四是内部控制评价的范围，描述内部控制评价所涵盖的被评价单位以及纳入评价范围的业务事项；五是内部控制评价的程序和方法；六是内部控制缺陷及认定情况；七是内部控制缺陷的整改情况及重大缺陷拟采取的整改措施；八是内部控制有效性的结论，对不存在重大缺陷的情形，出具评价期末内部控制有效结论，对存在重大缺陷的情形，不得作出内部控制有效的结论。另外，可引入内部控制评价表，作为对内部控制评价报告的进一步补充。

5.内部控制评价报告的披露或报送

评价指引要求，内部控制评价报告应当报经董事会或类似权力机构批准后对外披露或报送相关部门。企业应当以12月31日作为年度内部控制评价报告的基准日，并于基准日后4个月内报出内部控制评价报告。对于基准日至内部控制评价报告报出日之间发生的影响内部控制有效性的因素，企业应当根据其性质和影响程度对评价结论进行相应调整。

五、内部控制审计指引

内部控制审计是指会计师事务所接受委托，对特定基准日内部控制设计与运行的有效性进行审计。审计指引的主要内容包括审计责任划分、审计范围、整合审计、利用被审计单位人员的工作、审计方法、评价控制缺陷、出具审计报告。

1.审计责任划分

该指引明确指出，建立健全和有效实施内部控制，评价内部控制的有效性是企业董事会的责任，但对内部控制的有效性发表审计意见，则是注册会计师的责任。

2.审计范围

该指引强调，注册会计师执行内部控制审计工作，应当获取充分、适当的证据，为发表内部控制审计意见提供合理保证。同时进一步指出，注册会计师应当对财务报告内部控制的有效性发表审计意见，并对内部控制审计过程中注意到的非财务报告内部控制的重大缺陷，在内部控制审计报告中增加“非财务报告内部控制重大缺陷描述段”予以披露，即注册会计师审计的范围应当覆盖企业内部控制整体而不局限于财务报告内部控制。但是，考虑到注册会计师在内部控制审计过程中的风险责任承担能力限制，对于注意到的非财务报告内部控制重大缺陷，则要求其增加描述段予以说明。

3.整合审计

该指引指出，注册会计师可以单独进行内部控制审计，也可以将内部控制审计与财务报表审计整合进行。整合审计可以提高效率，也是国际上普遍采用的方法。需要特别指出的是，此处所称的整合，不包括注册会计师对同一家企业既提供咨询服务又提供审计服务的情形。在《企业内部控制基本规范》中对此有明确的规定，即“为企业内部控制提供咨询的会计师事务所，不得同时为同一企业提供内部控制审计服务”。

4.利用被审计单位人员的工作

有效利用被审计单位人员的工作成果，尤其是自我评价结论，可以减少审计成本，但是，必须能够保持独立性。

5.审计方法

该指引要求注册会计师按照自上而下的方法实施审计工作，并将这种方法作为识别风险、选择拟测试控制的基本思路。同时，该指引强调，在实施审计工作时，将企业层面控制的测试和业务层面控制的测试结合起来进行。

6.评价控制缺陷

该指引对内部控制缺陷的划分与《企业内部控制评价指引》的规定是一致的。对于如何识别内部控制重大缺陷，该指引要求注册会计师先评价其所识别出的各项内部控制缺陷的严重程度，以此确定这些缺陷单独或组合起来是否构成重大缺陷，以便注册会计师进行职业判断。判断内部控制可能存在重大缺陷的迹象主要包括：（1）注册会计师发现董事、监事和高级管理人员舞弊；（2）企业更正已经公布的财务报表；（3）注册会计师发现当期财务报表存在重大错报，而内部控制在运行过程中未能发现该错报；（4）企业审计委员会和内部审计机构对内部控制的监督无效。

7.出具审计报告

注册会计师在完成内部控制审计工作后，应当出具内部控制审计报告。标准的内部控制审计报告应当包括下列要素：（1）标题；（2）收件人；（3）引言段；（4）企业对内部控制的责任段；（5）注册会计师的责任段；（6）内部控制固有局限性的说明段；（7）财务报告内部控制审计意见段；（8）非财务报告内部控制重大缺陷描述段；（9）注册会计师的签名和盖章；（10）会计师事务所的名称、地址及盖章；（11）报告日期。

该指引要求注册会计师出具的审计报告涉及财务报告内部控制和非财务报告内部控制两大方面，同时，提供了四种内部控制审计报告参考格式，分别是标准内部控制审计报告、带强调意见段的无保留意见内部控制审计报告、否定意见内部控制审计报告和无法表示意见内部控制审计报告。

六、解释公告和操作指南

（一）解释公告

《企业内部控制基本规范》及配套指引在上市公司中分两步执行，2011年1月1

日首先在境内外同时上市的公司和部分在境内主板上市的公司实施，2012年1月1日以后在境内主板上市的公司全面实施。在执行过程中，先后出现了一些问题。为此，财政部等五部委对这些问题进行了认真研究，并征求了有关上市公司、咨询机构和有关部门的意见，形成了《企业内部控制规范体系实施中相关问题解释第1号》（简称"解释公告1号"）和《企业内部控制规范体系实施中相关问题解释第2号》（简称"解释公告2号"）。

解释公告1号对与基本规范及配套指引相关的十个基本问题做出解释，具体包括：规范体系强制性与指导性的关系、规范体系的实施范围、规范体系与其他管理部门规定的关系、内部控制与风险管理的关系、规范体系未涉及领域的处理、内部控制的成本与效益、内部控制与其他管理体系的关系、内部控制缺陷的认定标准、内部控制的组织机构设置、内部控制评价报告的编制与披露。

解释公告2号进一步对企业内部控制规范实施中的十个重要的新问题作出解释，具体包括：内控组织实施、内控实施的进度与重点、内控人才队伍培养、集团企业内部控制评价、中介机构选择、内控评价组织形式、内控缺陷处理、会计师事务所内控审计独立性、内控审计时间安排、小型企业内控建设。

（二）操作指南

配套指引为我国企业常见的18种业务流程内部控制的建立与实施提供具体指引，但它只是针对一般制造类企业加以规范。而执行内部控制规范体系的企业数量众多，分布于各类行业，因此有必要结合行业特点对规范体系的具体应用加以规范。2013年财政部启动分行业的内部控制操作指南的编制工作，为各类企业实施规范体系提供更具操作性的具体指导。必须说明的是，操作指南属于参考性文件，而非强制性要求，其目的在于为企业开展内部控制体系的建立、实施、评价与改进工作提供指引。各企业应根据内外部环境、发展阶段、业务规模等因素，建立并实施符合企业实际的内控操作手册。

2013年12月28日财政部发布《石油石化行业内部控制操作指南》。该操作指南依据《企业内部控制基本规范》及《企业内部控制应用指引》、《企业内部控制评价指引》和《企业内部控制审计指引》，借鉴《中央企业全面风险管理指引》等相关规定编制而成。该操作指南采用基本规范中内控五要素的框架结构，系统分析石油石化行业全产业链中企业公司层面和业务层面的风险，构建内控体系。操作指南分为七章，包括总论、内部环境建设、风险评估、主要业务控制活动、信息系统内控控制的应用与保障、信息与沟通、内部控制的检查与评价。

2014年12月23日财政部发布《电力行业内部控制操作指南》。该操作指南科学规划了电力企业内部控制体系建设路线图及实施方案。在总结发电、输配电、变电、电力建设、电力设计和其他电力辅助产业等全产业链管理经验的基础上，操作指南系统提出了建立以内部控制环境建设为基础，以风险管理控制为导向，以控制活动为手段，以信息与沟通为桥梁，以内部监督为促进的闭环运行的电力企业内部控制体系。操作指南分为七章，包括电力行业基本情况与内部控制建设背景、内部控制体系建设与运行、内部环境、风险评估、控制活动、信息与沟通、内部监督。

【案例1-1】 内部控制制度的国际比较

随着贸易壁垒的打破、资本国际化和金融市场的一体化，内部控制已成为世界各国共同关注的话题。在保证企业运营的安全和高效、资本市场的正常运转乃至国民经济的稳定方面，内部控制发挥着越来越重要的作用。由于经济、政治以及法律等背景的差异以及各领域发展的不均衡，不同组织和机构从不同角度对内部控制加以规范。本书选取了三个最具代表性的内部控制制度。

一、COSO报告

目前，现代内部控制最具有权威性的框架当属美国COSO委员会发布的《企业风险管理——整合框架》(即ERM框架)。ERM框架将全面风险管理定义为：全面风险管理是一个由企业的董事会、管理层和其他员工共同参与的，应用于企业战略制定和企业内部各个层次和部门的，用于识别可能对企业造成潜在影响的事项并在其风险偏好范围内管理风险的，为企业目标的实现提供合理保证的过程。

在这个定义中，全面风险管理具有多目标驱动、全员、全过程、合理保证的特性。风险管理受一个或多个不同类型但相互交叉的目标驱动，由董事会、管理层和组织中各个层级的人员共同实施，持续应用于生产经营活动的全过程，通过识别影响主体的潜在不利事项，采取恰当政策和方法将风险控制在风险容量以内，从而为目标实现提供合理保证。

根据ERM框架，内部控制包括三个维度：第一个维度是企业的目标，第二个维度是全面风险管理要素，第三个维度是企业的各个层级。第一个维度企业的目标有四个，即战略目标、经营目标、报告目标和合规目标；第二个维度全面风险管理要素有八个，即内部环境、目标设定、事件识别、风险评估、风险应对、控制活动、信息和交流、监控；第三个维度企业的各个层级包括企业层面、各职能部门、各条业务线及下属各子公司。ERM三个维度的关系如下：全面风险管理的八个要素都是为企业的四个目标服务的；企业各个层级都要坚持同样的四个目标；每个层次都必须从以上八个方面进行风险管理。

ERM框架从公司治理的角度对内部控制进行研究。内部控制包括两个层面：第一个层面是公司层面，即所有者对经营者的控制，通过一套有效的制衡机制，对经营者进行激励和约束，促使经营者科学决策、努力经营，减少逆向选择和道德风险；第二个层面是业务层面，即经营者对生产经营活动的控制，通过对业务过程中的业务流、资金流、信息流和人员流进行监控，提高管理效益和效率，实现既定目标。

二、加拿大COCO委员会的控制指南

加拿大特许会计师协会（CICA）下属的控制规范委员会（Criteria of Control Board，COCO委员会）专门对控制系统的设计、评估和报告进行研究，并发布相关指南。COCO委员会于1995年发布的《控制指南》(Guidance on Control)（简称

COCO指南)，将“内部控制”的概念扩展到“控制”，其定义为“控制是一个企业中的要素集合体，包括资源、系统、过程、文化、结构和任务等，这些要素结合在一起，支持达成该企业的目标”。

COCO指南明确指出，控制的性质具有四个特点：(1) 控制需要企业内所有成员的参与，包括董事会、管理层和所有其他员工；(2) 控制对达成企业目标只能提供合理的保证，而不是绝对的保证；(3) 控制的终极目的是创造价值，而不只是单纯地控制成本；(4) 有效的控制需要保持独立和整体、稳定和适应变化之间的平衡。

根据COCO指南，控制由四个基本要素构成：目标、承诺、能力、学习与监督。目标是指明确企业发展的方向及发展过程中的风险和机遇，包括任务、前景和战略计划。承诺是指企业应培育互相信任的氛围，建立和沟通以诚信为基石的伦理价值观。企业的人力资源政策、权力和职责的界定应与企业的伦理价值观和目标一致。能力要素强调，员工应拥有设计和执行控制活动所必需的知识、资源、技术和工具，以增强企业的竞争力。学习与监督着眼于企业的发展，指从工作中持续学习和自我检查。COCO指南进一步从上述四个方面提出有效控制的二十个规范标准。

与COSO报告相比，COCO指南提供了更为广泛、更具前瞻性的内部控制概念。例如，COCO指南强调对内部控制的评估应着眼于与未来业绩、机会与风险相关的信息，认为追求机会的能力与必要时快速灵活地作出反应的能力对组织发展十分必要。

三、巴塞尔委员会的内部控制

巴塞尔委员会发布的《银行组织内部控制系统框架》(Framework for Internal Control Systems in Banking Organizations, FICSBO)，简称《巴塞尔框架》，是银行内部控制研究的历史性突破。此框架一经发表便为各国银行监管当局承认和接受，目前已经成为建立与评价银行内部控制的权威依据。《巴塞尔框架》并没有对内部控制作出明确定义，而是规定了内部控制的五个构成要素：管理监督和控制文化、风险识别和评价、控制活动和职责分离、信息与沟通、监管和缺陷纠正，并基于五个要素提出十三条原则。这些原则明确指出，董事会和高管人员对内部控制建立和执行的有效性负有最终责任，要求银行对经营中的风险进行有效识别和持续评估，特别强调银行应实行恰当的职责分离制度，要求银行建立有效的信息系统与沟通渠道。

《巴塞尔框架》吸收和借鉴了COSO报告的内容精髓，因此，两者在整体结构上十分相似，但同时也存在一定差异。《巴塞尔框架》的内容更加具体，更具有可操作性。通过针对每一个要素制定相关内部控制建立和评估的原则，明确了主要的控制点和控制流程。《巴塞尔框架》还明确了董事会、管理层、业务部门和内部审计部门在内部控制系统中的责任。

【案例1-2】 中国联通萨奥法案通关之路①

美国萨奥法案404条款规定：在美国上市的企业必须保证公司管理层建立和维护内部控制系统及相应控制程序充分有效的责任体系，同时提供管理层最近财务年度对内部控制体系及控制程序有效性的证明及内部控制机制评价的报告。如此苛刻和严厉的404条款几乎成了所有在美上市公司的一个“坎”，中国联通作为在美国、中国内地和中国香港同时上市的公司也不例外。为此，自2005年年末开始，中国联通着手进行内部控制建设，财务报告的真实性及完整性更是重中之重。经过一年多的实践，中国联通结合公司特点和控制重点，逐步建立、健全了内部控制体系，并于2007年顺利通过了外部审计师对中国联通的内部控制审计。

一、完善制度建设，推进内部控制有效实施

1.梳理业务流程，制定《中国联通内部控制制度规范》

在诸多繁杂的工作中，流程梳理无疑是第一步。联通公司将各项业务进行了认真研究和梳理，制定了《中国联通内部控制制度规范》，内容涵盖公司的经营管理、IT系统控制、投融资管理、财务监控、法律法规监督等，涉及资本性支出、收入、成本费用、资金及资产、财务及信息披露、其他等6个方面共351个业务流程，并用文字、流程图、风险控制文档等多种形式，将各业务和事项的风险类型、控制目标、关键控制点、控制措施、控制频率加以规定和说明，形成与经营管理制度有机结合的内部控制。

2.制定《中国联通基本会计制度》，提高会计核算的准确性

为了满足公司内、外部对会计信息的需求，实现各级次财务报表自动统一生成，保证会计核算的准确性，中国联通根据《企业会计准则》以及《企业会计准则——应用指南》制定了《中国联通基本会计制度》。制度明确了中国联通的会计科目及使用说明，使用范围涉及境内外的联通集团及各分、子公司，并作为中国联通公司会计核算的强制性标准贯彻执行。

3.制定《中国联通财务与信息披露关键控制》，防范与控制财务报告风险

为规范和统一各分、子公司财务及信息披露的流程，满足公司内部管理、会计核算和对外信息披露的需求，防范与控制财务报告风险，中国联通制定了《中国联通财务与信息披露关键控制》，详细列示了财务与信息披露环节必不可少的一些关键控制。对风险的控制频率分为随时、日、周、月度、季度、年度。风险控制的类型分为预防性控制和发现性控制。从凭证的录入、往来账的核对、共同费用的分摊、一次性调整和非正常会计事项的调整、业务的计算、财务关账的控制等环节进行关键控制，并采取相应的控制措施。

（1）录入凭证的控制。作为具体流程的执行人，主管会计对录入系统的凭证进行复核，对具体会计凭证的各要素及附件的正确性负责。确定红字冲销凭证的具体流程执行人为主管会计和财务经理。

① 梁锡文，韦秀长，文革. 中国联通内部控制的“技与道”[J]. 财务与会计，2008（5）.

（2）内部往来、关联公司的往来对账的控制。每月月末，省级及地市级公司的内部往来会计根据上级下发的电子对账文件进行核对，确保金额与科目的一致性，内部往来会计将审核无误的对账文件签字后提交财务部经理复核并签字盖章。对账文件一式两份，一份签字盖章后发至总部，另一份存档保留，用于月度末的对账业务。季度末要与关联公司进行往来与交易对账，核对无误后应由相关主管人员签名或盖章确认。

（3）专业间费用分摊的控制。主管会计审核所有共同费用是否已按照专业核算办法在各专业间分摊，分摊依据及分摊金额是否计算正确。如正确，在共同费用分摊计算表及共同费用分摊凭证上签字。

（4）一次性调整和非正常调整的会计凭证的控制。检查本月所作的一次性调整和非正常调整的会计凭证的审批手续是否符合总部制定的凭证分类标准的规定，并由财务经理在一次性调整和非正常调整的凭证上审核签字。

（5）有价卡综合折扣率计算的控制。每月月末，会计根据有价卡预收账款面值余额和折扣余额计算综合折扣率，根据本期出账收入计算本期应摊销的有价卡折扣，并记录收入减少。主管会计对有价卡折扣摊销的计算进行复核，并对期末剩余折扣和剩余面值的合理性进行分析，审核无误后在折扣摊销凭证上签字确认。

（6）所得税计算的控制。地市级公司税务会计、核算会计依据所得税年度汇算数据检查清单进行审核，财务经理依据清单复核所得税计算表，确认无误后，在所得税计算表（纸质）上签字，通知税务会计将检查清单及所得税计算表上报省分公司。省分公司税务会计、核算会计依据所得税年度汇算数据检查清单进行审核，财务经理依据清单复核所得税计算表，确认无误后，在所得税计算表（纸质）上签字，并通知税务会计将检查清单及所得税计算表上报总部。

（7）财务关账的控制。根据总部制定的地市层次的财务报告披露检查清单中的资产负债表、利润表及总账关账部分，对关账前应检查事项逐一检查并由相关责任人在清单上签字确认。如月末结账后发现错误，须经财务经理授权后取消结账增加或修改凭证，从而保证已关闭会计期间的会计信息与财务报告一致。

（8）财务报表及财务分析报告的控制。省分公司财务经理或经其授权的报表审核人全面审核汇总的财务报表，包括报表数据的正确性、合理性以及是否存在异常波动。如审核通过，则在汇总的财务报表上签字。否则，通知省分公司报表会计查明原因并进行更正。财务分析人员对最终报表进行分析性复核，根据总部下发的财务分析模板及指标体系分别与以前年度和月份的报表、月度及年度预算进行比较，对异常变动予以关注，形成财务分析报告，并将其作为公司经营分析报告的一部分。

（9）财务报告中各项应披露的或有事项、承诺事项、日后事项的控制。省分公司财务经理根据总部下发的或有事项及承诺事项披露检查表，审查有关承诺事项披露的合理性，包括资本性承诺是否与总部批复的资本性支出预算相匹配，经营租赁承诺是否与租赁合同相一致，手机采购合同是否与采购计划相匹配，在资产负债表日至总部财务报告发布日之间发生的重要会计事项是否已及时上报总部等。

4.制定《财务报告编制规范实施细则》，强化财务报表分析

（1）按月报送财务分析报告。月度财务分析报告以集团口径的合并损益表项目分析为主。

（2）定期报送公司发生的重大财务事项或非常规、复杂交易及特殊重大事项。

（3）报表编制完成后，对报表数据的准确性、数据之间逻辑关系的合理性、报表的完整性等内容进行审查。

二、多方面入手完善内部控制系统

1.强化职责分工，不相容职务相互分离

中国联通在确定职责分工过程中，充分考虑不相容职务相互分离的制衡要求，参照财政部颁发的《内部会计控制规范》制定了适合本企业的《不相容职务相互分离暂行规定》，涉及的内容有货币资金、营业与收款、成本费用、采购与付款、存货、固定资产、工程项目、筹资、对外投资、担保、信息系统业务处理等11个方面。不相容职务包括授权、批准、业务经办、会计记录、财产保管、稽核检查等。根据《不相容职务相互分离暂行规定》，一人不得办理某项业务的全过程。办理各项业务应当配备合格的人员，并结合岗位特点及重要程度，明确财会等关键岗位员工轮岗的期限和有关要求，建立规范的岗位轮换制度。对关键岗位的员工，实行强制休假制度，并确保在最长不超过5年的时间内进行岗位轮换，防范并及时发现岗位职责履行过程中可能存在的重要风险，以强化职责分工控制的有效性。

2.建立反舞弊控制及监督机制，确保财务信息真实

反舞弊工作是公司内部控制建设的一项重要内容，也是确保财务信息真实准确的一项重要举措。中国联通制定了《反舞弊暂行规定》，建立了反舞弊举报机制和控制程序。中国联通总部监察室为公司反舞弊举报受理中心，负责受理公司范围内舞弊行为的举报投诉和来访接待，并组织相关的舞弊调查。各省分公司同时要建立反舞弊机制，明确省公司的举报渠道和受理程序，并报总部监察室备案。

3.加强风险评估，预防财务报告失真

中国联通公司的风险主要有财务报告失真风险、资产安全受到威胁风险、营私舞弊风险、经营决策风险、违反法律法规风险等。为此公司制定了《中国联通风险评估管理办法》。办法规定了评估风险管理的工作内容和风险控制责任。

三、利用信息技术辅助内部控制的有效实施

中国联通的业务运作依靠信息系统的支撑，因此，IT系统的控制在建立与保持有效的内部控制方面也发挥着重要的作用。事实上，信息化本身的目的之一，就是促使企业将好的管理做法固化为信息化中的规则与流程，并进而形成公司的管理习惯，以提升公司的管理水平。

中国联通依靠IT系统将公司经营活动过程中形成的有关收入、成本、资产、负债等交易事项的记录进行了统一和规范，明确了信息生成、传递、使用、维护等规则，明确了收入、成本、资产、负债的指标口径、核算内容和文档格式。根据详细交易记录和业务核算结果进行汇总加工，保留业务核算详细记录，形成了收入类、成本类、资产负债类的经济业务核算信息表。经济业务核算信息表单作为会计核算的原始凭证，确保了经营活动过程中产生的业务核算信息能够满足公司内部管理、会计核算和对外信息披露的需求。

由于中国联通采用了统一的会计核算方法，规范的会计核算行为，从而保证了会计基础信息表从账务系统中自动取数的便捷性和准确性，实现了各级次财务报表自动统一生成。同时，压缩财务报表加工周期，使各级分、子公司在财务报表编制完成后有足够的时间进行财务分析。为提高财务部门对经济业务核算表单的处理效率和质量，公司统一组织开发了中国联通财务系统业务数据集成转换工具。经济信息文档通过该转换工具自动转换生成财务核算系统的记账凭证，从而避免手工录入凭证可能出现的错误，确保会计核算的准确性。对通过转换工具自动生成记账凭证的经济业务核算表单，纳入公司电子表格的管理范围，确保经济业务核算电子表单的数据真实、准确、完整，以及业务数据转换为财务数据的准确性。

【案例1-3】　我国上市公司内部控制规范实施情况的调查报告（节选）[①]

为了全面、深入地了解我国上市公司实施企业内部控制规范体系情况，财政部会计司会同证监会会计部，组成课题组，对我国上市公司2012年执行企业内部控制规范体系情况进行了调查研究。调查报告分为四个部分，包括内部控制规范体系实施情况、实施取得的成效、实施中存在的问题以及改进建议。

一、实施情况

2012年纳入实施范围的上市公司为853家，包括839家A股上市公司和14家B股上市公司。从内部控制评价报告来看，852家公司的内部控制评价结论为有效，占比99.88%，1家公司的内部控制评价结论为无效，占比0.12%。在评价报告中，575家披露了内部控制缺陷认定标准，占比67.41%；278家未披露内部控制缺陷认定标准，占比32.59%。在内部控制缺陷分等级披露方面，4家上市公司披露了内部控制重大缺陷，总共存在15个重大缺陷；22家上市公司披露了内部控制重要缺陷，总共存在223个重要缺陷；243家上市公司披露内部控制一般缺陷，总共存在2 359个一般缺陷。

从内部控制审计报告来看，831家上市公司的内部控制审计意见为标准无保留意见，占比97.42%；22家上市公司被出具非标准无保留意见，其中3家上市公司因存在财务报告内控重大缺陷被注册会计师出具否定意见，占比0.35%；19家上市公司的内部控制审计意见为带强调事项段的无保留意见，占比2.23%。

二、实施的成效

总体来看，上市公司内部控制规范体系运行平稳、执行有效，实施范围不断扩

① 佚名．我国上市公司内部控制规范实施情况的调查报告［EB/OL］．（2013-08-29）．http：//www.csrc.gov.cn/pub/newsite/kjb/gzdt/201308/W020130829572700621823.pdf.

大，全面提升了企业的经营管理水平及风险防范和应对能力；内部控制评价日趋规范，自我监督体系逐渐完善，形成内部控制评价长效机制，并为进一步提高财务信息披露质量发挥了重要积极作用。与此同时，内部控制审计执业趋于规范，内控审计报告质量逐渐提高。

三、实施中存在的问题

内部控制规范实施中，存在三个方面的问题。第一，在内部控制实施过程中，政府监管部门、实施企业、中介机构等相关责任主体仍在不同程度上存在可以改进、提升的空间。例如，政府监管部门应进一步完善内部控制标准体系。第二，在内部控制评价报告方面，上市公司存在内控评价范围不充分、不恰当，缺陷认定不科学以及披露不充分等问题。第三，在内部控制审计报告方面，审计意见的客观性、内部控制缺陷的性质及影响充分和准确披露等方面有待提高。

四、有关建议

调查报告总结实施以来取得的成效，分析实施过程中存在的主要问题，从政府监管部门、企业、内控审计及咨询机构三个层面有针对性地提出若干对策建议，从而推动企业内部控制的有效实施。在政府层面，应完善统一内部控制技术标准，提升内控要求的法律层级；加强内控的宣传；加强对企业实施内控的引导。在企业层面，应加强内控环境建设；建立内控长效机制；完善内控评价程序，提升内控评价水平和质量。在内审及咨询机构方面，应完善技术方法，培养专业人才，提升专业胜任能力；公平合理收费，恪守独立性原则。

第二部分
内部控制框架

第二章 内部控制要素——内部环境

内部环境是企业实施内部控制的基础，包括诚信与道德价值观、管理哲学和经营风格、董事会和审计委员会、组织结构、责任的分配与授权、员工胜任力、人力资源政策、错弊及报告八个子要素。

第一节 诚信与道德价值观

一、诚信与道德价值观的内容

企业的目标及目标实现的方式要基于该企业的优先选择、价值判断和管理层的经营风格。这些优先选择和价值判断反映出企业管理层的诚信以及信奉的道德价值观。内部控制是由人建立、执行和监督的，因此，内部控制的有效性不可能不受到人的诚信与道德价值观的影响。诚信与道德价值观是一个主体内部环境的关键要素，它影响着企业内部控制其他要素的设计、管理和监控。企业树立道德价值观通常很困难，因为需要考虑多方的利益。例如，管理层必须平衡企业、员工、供应商、客户、竞争者和公众的利益，平衡这些利益可能是复杂并令人头疼的，因为利益通常是相互冲突的。

二、如何建立企业的诚信与道德价值观

职业道德是指从事一定职业劳动的人们，在特定的工作和劳动中以其内心信念和特殊社会手段来维系的，以善恶进行评价的心理意识、行为原则和行为规范的总和，它是人们在从事职业的过程中形成的一种内在的、非强制性的约束机制。管理层应该明确地向员工传达职业道德规范并在自身的言谈和行动中不折不扣地表现出来。企业制定并执行全面的道德行为规范，可以防止不正当竞争、内幕交易等情况的发生。同时，对员工进行宣传和教育，可以有效地推广所制定的道德规范，使员工明确哪些行为是可以接受的，哪些是不可以接受的，当遇到不道德行为时自己应采取何种行动。企业应采取以下措施推行职业道德规范：

1.制定《高层管理人员职业道德规范》

企业应制定《高层管理人员职业道德规范》，并使其与国家的相关法律法规、公司章程、企业精神与宗旨、企业核心经营管理哲学等保持一致，成为公司对各层管理人员，特别是高层管理人员的主要道德准则。同时企业还应制定《高层管理人员职业道德建设制度》，将对高层管理人员职业道德规范的宣传作为职业道德建设的重要工作。企业最高负责人是公司职业道德的倡导者，具有表率作用。通过文件、讲话等适当方式把企业《高层管理人员职业道德规范》介绍给全体高级管理人

员并提出执行的希望和要求，并不失时机地在企业会议上对高层管理人员进行职业道德宣传，提出职业道德建设的期望。对高层管理人员进行培训时，企业的职业道德规范是必修内容。企业每年都要组织高层管理人员签订《职业道德规范确认书》，并保存备案，作为考核的重要内容之一。

2. 制定《员工职业道德规范》

企业应制定《员工职业道德规范》，并使其与相关法律法规成为适用于全体员工的职业道德规范。同时，企业还应制定《员工职业道德建设制度》，将对员工职业道德规范的宣传作为公司职业道德建设的重要工作。企业最高负责人通过文件、讲话等适当方式把企业《员工职业道德规范》介绍给全体员工并提出执行的希望和要求，并在各种会议中对员工进行职业道德规范教育。新员工的岗前培训，以及对现有员工的在岗培训，职业道德规范都是必修内容。

3. 对员工遵守职业道德规范情况进行监督

企业人事部等相关部门根据企业管理层的授权对员工遵守职业道德规范情况进行监督。若员工作出违反职业道德规范的行为，除依照国家法律、上市监管的法规进行处理外，企业可根据相关文件规定对其进行处分，直至解除劳动合同（见表 2-1）。

表 2-1 对员工遵守职业道德规范情况进行监督

原则一：企业对诚信和道德价值观的承诺	
要素（关注点）	确立“高层态度”
	建立行为标准
	评价对行为准则的遵守情况
	及时处理行为偏差

第二节 管理哲学和经营风格

一、管理哲学和经营风格的内容

管理层的管理哲学和经营风格会影响企业的管理方式，主要包括：①对待和承担经营风险的方式；②就文件化的政策、业绩指标以及报告体系等与关键经理人员沟通；③对财务报告的态度和所采取的措施；④对信息处理以及会计功能、人员所持的态度；⑤对现有可选择的会计准则和会计数值估计所持的谨慎或冒进态度。

管理哲学和经营风格表现为管理者的各种偏好，影响着企业的行为，影响着企业内部控制环境，进而影响着企业内部控制的效率和效果。企业制定的任何制度都不可能超越设立这些制度的主体，企业内部控制的有效性同样也无法超越创造、管理与监督制度的主体的管理哲学和经营风格。

二、管理哲学和经营风格的反映

管理层的管理哲学和经营风格，直接反映在他们对企业的管理方式和方法上。我们可以从以下几个方面来树立企业的管理哲学和经营风格。

1.风险的接受程度

企业在介入新业务前，需要仔细评估自身能够承受多大的风险，以及企业是否经常介入具有高风险的业务或对风险的态度。对这些问题的回答，明确了企业对经营风险的接受程度。企业在应对风险时采取的措施包括以下几点：

（1）实行资金集中管理。企业制定《资金管理办法》规范资金的支出程序，提高资金使用效率，建立资金管理的约束和监督机制，明确各项资金的使用办法和授权程序。

（2）实行债务集中管理。所有的长短期借款、内外资借款，都由企业集中管理，统一办理借款、还款手续。

（3）对重大合同或需要以企业名义签订的合同实行统一授权、分级管理。

（4）重大决策由总裁办公会听取相关部门或专家意见后，集体合议形成，报董事会审批。

2.管理层对财务的态度

管理层对企业财务职能的态度，以及选择会计准则的方式能够反映出管理人员的管理哲学和经营风格。

（1）财务管理。企业财务部具有财务管理和监督的职能，涉及诸多方面，如预算管理、资金管理、资产管理、债务管理、价格管理等。

（2）会计政策选择。企业财务部应根据《中华人民共和国会计法》《企业会计准则》等相关规定和要求，选择适合本企业的财务会计制度，并根据政策和准则的变化及时进行修订。企业政策一经选定，应保持前后各期一致，不得随意改变。

（3）资产安全管理。企业应制定固定资产、资金、存货等各项资产的管理制度，同时注重对财务信息及知识产权的保护。

3.人员的交流与更替

高级管理人员和各部门管理人员应经常交流与沟通，确保信息畅通，企业可通过定期召开会议、走访调研各部门来实现。企业应确保管理层、监督职能人员的稳定，严禁频繁更替的情形发生，同时制定与企业情况相适应的离职程序，避免员工突然辞职对企业造成损害。

第三节 董事会和审计委员会

董事会和审计委员会相对于管理层的独立性、董事会和审计委员会成员的经验和道德境界、其参与和监督企业活动的范围及其行为的适当性、对管理层提出问题的深度和广度、董事会和审计委员会与内外部审计师的关系等是企业风险防范机制的基础。在董事会中，必须有足够数量的独立董事，他们不但要提供合理的建议、咨询和指导，而且还要对管理层形成必要的牵制。

一、董事会在内部环境中的地位与功能

COSO报告把内部环境作为其他内部控制组成要素的基础，尤其把董事会对风险的态度和认识作为内部环境的首要内容，凸显出人的因素特别是高层人员在内部控制中的重要地位。虽然从理论上说，对经营者的制约主要通过两种方式（一是以资本市场、产品市场及法律规章制度为主体的外部控制机制；二是以董事会为主体的内部控制机制），但理论和实践均已证明，外部控制机制和内部控制机制对于经营者的制约能力并不完全相同。相比之下，董事会是约束经营者日常行为、实现事前帕累托最优的最合适的手段。

另外，在董事会中，必须有足够数量的独立董事，他们不但要提供合理的建议、咨询和指导，而且还要对管理层形成必要的牵制和制衡。

二、董事会责任的相关规定

（一）我国内部控制规范对董事会责任的规定

《企业内部控制基本规范》重点对董事会责任作出了新的要求，指出企业董事会应当充分认识自身对企业内部控制所承担的责任，加强对本企业内部控制建立和实施情况的指导和监督。

（1）董事长（或者法定代表人、代表企业行使职权的主要负责人，以下简称董事长）对本企业内部控制的建立、健全和有效实施负责。

（2）经理（或者总裁、厂长，以下简称经理）根据法定职权、企业章程和董事会的授权，负责组织领导本企业内部控制的日常运行。

（3）总会计师（或者财务总监、分管财务会计工作的负责人，以下简称总会计师）在董事长和经理的领导下，主要负责与财务报告的真实可靠、资产的安全完整密切相关的内部控制的建立、健全与有效执行。

（4）在董事会下设立审计委员会的企业，应当保证审计委员会成员具备良好的职业操守和专业胜任能力，审计委员会及其成员应当具有相应的独立性。审计委员会应当直接对董事会负责。上市公司的审计委员会主席一般应由独立董事担任，非上市公司的审计委员会主席应由独立于企业管理层的人员担任。

企业应当赋予审计委员会监督企业内部控制建立和实施情况的相应职权。审计委员会在企业内部控制建立和实施中承担的职责一般包括：

（1）审核企业内部控制及实施情况，并向董事会作出报告。

（2）指导企业内部审计机构的工作，监督检查企业的内部审计制度及实施情况。

（3）处理有关投诉与举报，督促企业建立畅通的投诉与举报途径。

（4）审核企业的财务报告及有关信息披露内容。

（5）负责内部审计与外部审计之间的沟通协调。

未设立审计委员会的企业，应当由董事会授权或者企业章程规定的有关机构承担上述职责。

（二）美国《萨班斯-奥克斯利法案》对董事会责任的规定

1.关于董事和高级经理责任的规定

（1）上市公司所有定期报告（包括公司依照1934年《证券交易法》的规定编制的财务报表）应附有公司CEO与CFO签署的承诺函。承诺函的内容包括：确保本公司定期报告财务报表及信息披露的适当性，保证此财务报表及信息披露在所有重大方面都公允地反映了公司的经营成果及财务状况。

（2）CEO和CFO必须返还由于其行为不当而获取的奖金、红利或权益性报酬，如在公司定期报告中发现因实质性违反监管法规而被要求重编财务报表时，公司的CEO、CFO应当将12个月内从公司收到的所有奖金、红利、其他形式的激励性报酬以及买卖本公司股票所得收益返还给公司。

（3）发行人不得向公司董事或高级经理提供个人贷款，其若有10%的股权变动，必须在2个营业日内披露，并且在养老金计划管制期内，其持有该公司的股票不得进行交易或从中谋利。

（4）如果公司CEO、CFO事先知道违规事项，但仍提交承诺函，最多可以判处10年监禁以及100万美元的罚款。对于故意作出虚假承诺的，最多可以被监禁20年并判处500万美元的罚款。

2.关于董事会下设审计委员会的主要规定

（1）发行人必须建立“完全独立”的审计委员会。为保证独立性，审计委员会必须完全由“独立董事”组成，独立董事不得是公司或者其子公司的关联人士，其中至少有一人应是财务专家。

（2）审计委员会以董事会下属委员会的身份，对聘用会计师事务所、决定其报酬事项以及对其进行监督的事项负直接责任。会计师事务所在审计过程中遇到的重大事项必须及时报告审计委员会。

（3）为保证审计委员会能够及时发现公司的会计和审计问题，还需要建立一套处理举报或投诉的工作程序以及相应的监测系统、反应机制。

《萨班斯-奥克斯利法案》的颁布实施弥补了美国现有公司治理结构的缺陷和监管体系上的漏洞，为监管机构查处会计舞弊提供了强有力的法律武器，使公司的激励机制与责任追究机制实现了某种平衡。

三、如何优化董事会的作用

组建有效的董事会和审计委员会，发挥其在内部控制中的核心作用，关键问题是要保证董事会的独立性，保证董事会在决策、监管过程中的独立地位。因此，以下措施值得借鉴：

1.完善董事人选的选举和产生制度

从发达国家的经验以及知识经济的内在要求看，最佳的董事人选是与企业没有产权关系的高素质社会人员。为了制定限制大股东操纵董事会、鼓励高素质社会成员进入董事会的规则，公司法的条款修改可以作为一种外力，高素质社会成员被提名进入董事会的形式也可以通过下设隶属董事会的“提名委员会”来体现。

2.弱化大股东对董事会的控制

大股东不控制董事会，并不意味着剥夺了其作为资本所有者应该行使的权力。为了改变大股东控制或操纵董事会、小股东吵闹股东大会的现状，大股东应逐渐淡化对董事会的控制，在股东大会上表达自己的意志，真正形成股东大会、董事会和管理团队的有效制约及制衡。

3.设立董事会决策与监管的支持机构

实践证明，董事会下没有相应的支持机构，使董事会不具备决策和监管所需要的精力和能力，因此，其所承担的巨大的责任是为数不多的董事会成员无法负担的。因而，目前有些上市公司依据自身经营特点设立了审计委员会、价格委员会、报酬委员会等，就是完善内部控制机制的有益尝试，特别是在SEC对内部控制信息披露作出要求后，建立隶属于董事会之下的风险管理委员会也成为管理层考虑的重点。

4.杜绝高层管理人员交叉任职

交叉任职主要体现在董事长和总经理为一人，董事会和总经理班子人员重叠。这种交叉任职的后果是董事长与总经理班子之间权责不清、制衡力度锐减。因此，建立内部控制框架首先要在组织机构设置和人员配备方面做到董事长和总经理分设、董事会和总经理班子分设，避免人员重叠任职。

此外，董事的知识、经验、技能和智能影响其行使职责的能力。因此，在公司章程中要明确规定董事的任职资格。同时，企业要慎重选择董事及各委员会的人选，保证其对企业的有力监督。

第四节　组织结构

一、组织结构的概念及作用

所谓组织结构是在组织理论的指导下，经过组织设计，由组织要素相互连接而成的相对稳定的结构模式，是企业生存发展的基础和有力支撑。企业组织结构的建设是企业治理结构、企业管理组织结构、企业生产运作组织结构及企业间组织结构动态平衡的发展过程，并且各子系统之间相辅相成、相互适应。

对传统企业组织结构和新的企业环境的矛盾，唯有进行创新才是企业的根本出路。有利于企业发展的组织结构，没有固定的模式，但一般都具有扁平化、网络化、柔性化、虚拟化、多元化等特征。相关的组织结构包括确定权利与责任的关键界区，具体应考虑的几个方面如下：组织结构的适当性，及其提供管理企业所需信息的沟通能力；各主管人员或负责人的适当性；按照主管人员所负担的责任，判断其是否具备足够的知识和丰富的经验；当环境改变时，企业能够改变其组织结构的程度；员工的充足程度。

任何企业要达成其整体目标，必须以一定的组织结构为基础。企业的组织结构提供了计划、执行、控制和监督活动的框架，确定了关键界区的权利和责任，确立了适当的沟通与协调渠道以及保证了各级负责人具有与其所履行的职责相适应的知识、经验和能力。

二、建立组织结构的原则

对于一个企业而言，究竟哪一种类型是最好的组织结构，要根据其自身的具体发展战略而定。但是，不论采用哪一种类型的组织结构，都要尽可能遵守以下原则，从而优化企业组织结构。

1.精简高效原则

精简高效原则是组织结构设计的一个重要的原则，也是公司组织得以存在与发展的根本原因。这一原则可以表述为：在满足公司目标所决定的业务活动需要及统一指挥的前提下，力求减少公司的管理层次，精简公司的管理机构和人员，充分利用各部门的分工协调，充分发挥和提高管理层人员的素质，充分调动各层员工的积极性，以最少的机构、最少的人完成公司管理的工作任务，提高管理效率，更好地完成公司的经营目标。

2.权、责、利一致原则

权、责、利一致原则是指每一职位承担的职责、拥有的权力和享有的利益必须相一致。权力是责任的基础，有了权力才有可能负起责任；责任又是权力的约束，权力所有者在运用权力时必须考虑可能产生的后果，不至于滥用权力；利益的大小决定了管理者是否愿意接受责任和接受权力的程度。

3.经营目标原则

经营目标原则就是公司组织结构的建立和工作的开展，都要围绕其经营目标进行，各个层级、部门的目标应与既定的公司目标有联系，同时又各有自己的分目标来支持公司总体目标的实现。

4.管理幅度适当原则

管理幅度适当原则就是对各级主管人员直接领导的下属人数要确定一个适当的限度。管理幅度过小，会导致机构臃肿，造成人力资源的浪费；管理幅度过大，会造成管理人员的工作过多，容易导致工作的失控。管理幅度与管理层次成反比，管理幅度大，管理层次就少；相反，管理幅度小，管理层次就多。

5.稳定与调整相结合原则

稳定与调整相结合原则就是组织结构及形式既要有相对的稳定性，不要经常变动，又要随公司内外部条件的变化而适当作出调整。一般而言，因“磨合期”的存在，企业的组织结构不宜经常变化，应该维持一种相对稳定的状态。但是，因外部环境和公司本身发展因素不断变化，为了防止现有的组织结构呈现僵化状态以及内部运作效率低下，又必须进行调整和变革，这样才能给公司注入新的活力并提高效率。

三、组织结构的构成内容

采取集权制还是分权制建立企业的组织结构，取决于企业的规模和经营性质，以及是否有助于信息的上传、下达和各业务活动间的传递。企业应按照《中华人民共和国公司法》的要求，参照国际同类企业的通行做法，结合本企业实际情况，建立规范的法人治理结构。企业组织结构的设置要遵循信息通畅、反应灵敏、适应企业的发展和市场变化的原则；企业应注重管理层及员工之间的沟通，建立相应的沟通和交流渠道并确保员工获得与其责任和权限相关的信息。

企业应建立、健全风险管理组织体系，这一体系主要包括规范的公司法人治理结构、风险管理职能部门、内部审计部门和法律事务部门以及其他有关职能部门、业务单位的组织领导机构。

1.建立公司法人治理结构

公司治理结构是在经营权和所有权分离的基础上，有效处理企业各利益相关者之间关系的制度安排。建立有效的公司治理结构的宗旨是：在股东大会、董事会、经理层之间合理配置权限、公平分配利益，以及明确各自职责，建立有效的激励、监督和制衡机制，从而实现公司的多元化目标。而内部控制是企业董事会及经理阶层为确保企业财产安全完整、提高会计信息质量、实现经营管理目标、完成受托责任而建立和实施的一个程序。

公司治理结构是促使内部控制有效运行，保证内部控制功能发挥的前提和基础，是实行内部控制的制度环境；而内部控制在公司治理结构中担当的是内部管理监控系统的角色，是有利于企业受托者实现企业经营管理目标，完成受托责任的一种手段。所以，企业要加强对公司治理结构的控制，这样有利于充分发挥各部门和每个人的作用，调动单位员工的积极性，实现内部控制所具有的全方位控制功能。

2.行使董事会在内部控制和风险管理中的职责

董事会是风险管理工作的最高执行机构，向股东（大）会负责，主要履行以下职责：①审议并向股东（大）会提交企业全面风险管理年度工作报告；②确定企业风险管理总体目标、风险偏好、风险承受度，批准风险管理策略和重大风险管理解决方案；③了解和掌握企业面临的各项重大风险及风险管理现状，作出有效控制风险的决策；④批准重大决策、重大风险、重大事件和重要业务流程的判断标准或判断机制；⑤批准重大决策的风险评估报告；⑥批准内部审计部门提交的风险管理监督评价审计报告；⑦批准风险管理组织机构设置及其职责方案；⑧批准风险管理措施，纠正和处理任何组织或个人超越风险管理制度作出的风险型决策的行为；⑨督导企业风险管理文化的培育；⑩进行全面风险管理的其他重大事项。

3.建立风险管理委员会

具备条件的企业，可在董事会下设立风险管理委员会。该委员会成员中须有熟悉企业重要管理及业务流程的董事，以及具备风险管理监管知识或经验、具有一定法律知识的董事。其主要履行的职责包括：①提交全面风险管理年度报告；②审议风险管理策略和重大风险管理解决方案；③审议重大决策、重大风险、重大事件和重要业务流程的判断标准或判断机制，以及重大决策的风险评估报告；④审议内部审计部门提交的风险管理监督评价审计综合报告；⑤审议风险管理组织机构设置及职责方案；⑥办理董事会授权的有关全面风险管理的其他事项。

4.发挥总经理在内部控制和风险管理中的作用

企业总经理就全面风险管理工作的有效性向董事会负责。总经理或总经理委托的高级管理人员，负责主持全面风险管理的日常工作，负责组织拟订企业风险管理组织机构设置及职责方案。企业应设立专职部门或确定相关职能部门履行全面风险管理的职责。该部门对总经理或其委托的高级管理人员负责，主要履行以下职责：①研究提出全面风险管理工作报告，研究提出跨职能部门的重大决策、重大风险、重大事件和重要业务流程的判断标准或判断机制；②研究提出跨职能部门的重大决策风险评估报告；③研究提出风险管理策略和跨职能部门的重大风险管理解决方案，并负责该方案的组织实施和对该风险的日常监控；④负责对全面风险管理有效性进行评估，研究提出全面风险管理的改进方案；⑤负责组织建立风险管理信息系统；⑥负责组织协调全面风险管理日常工作；⑦负责指导、监督有关职能部门、各业务单位以及全资、控股子公司开展全面风险管理工作；⑧办理风险管理其他有关工作。

5.审计委员会发挥在内部控制和风险管理中的职责

企业应在董事会下设立审计委员会，企业内部审计部门对审计委员会负责。内部审计部门在风险管理方面，主要负责研究提出全面风险管理监督评价体系，制定监督评价相关制度，开展监督与评价，出具监督评价审计报告。

6.其他相关职能部门发挥在内部控制和风险管理中的职责

企业其他职能部门及各业务单位在全面风险管理工作中，应接受风险管理职能部门和内部审计部门的组织、协调、指导和监督，这些部门主要履行以下职责：①执行风险管理基本流程；②研究并提出本职能部门或业务单位重大决策、重大风险、重大事件和重要业务流程的判断标准或判断机制；③研究并提出本职能部门或业务单位的重大决策风险评估报告；④做好本职能部门或业务单位建立风险管理信息系统的工作；⑤做好培育风险管理文化的有关工作；⑥建立、健全本职能部门或业务单位的风险管理内部控制子系统；⑦处理风险管理的其他有关工作。

第五节 责任的分配与授权

一、责任的分配与授权概述

责任的分配与授权强调对组织内的全部活动要合理有效地分配职责和权限，并为执行任务和承担职责的组织成员特别是关键岗位的人员，提供和配备所需的资源并确保他们的经验和知识与职责权限相匹配，要使所有员工了解他们的工作行为、职责担负形式和认可方式及其与达成组织目标的关系。合理的责任分配关系到个人和团队在遭遇和解决问题时的主动性，也关系到员工所享有权利的上限。伴随着组织结构“扁平化”的发展趋势，增加授权无疑对员工胜任能力和受托责任赋予了更高的要求。各个层面权利和责任的分配对企业风险管理的有效性具有重要影响。

二、如何构建合理的责任分配与授权体系

根据企业的战略目标、经营职能和监管要求设计适当的责任分配体系，可以确保员工所承担的责任、所获得的信息与其职权相适应。

（1）企业应制定《权责指引》，明确各部门、各岗位应承担的权利和责任，并随着企业的发展及时进行维护更新。

（2）企业应根据运营目标、职能和监管要求，明确各部门的职责。

（3）企业应在明确各部门职责的基础上，组织实施员工岗位职责的描述，将各部门职责分解到具体岗位。

（4）企业应通过对岗位职责描述的规范和完善，明确各岗位在处理有关业务时所具有的权力。

（5）企业应规定授权人有权对受托人履行授权的行为进行监督、检查，发现受托人有不当行为时，应及时给予批评纠正，情况严重时应撤销对其的授权。

（6）企业应规范信息系统的授权原则，以确保相关人员获得信息系统的授权。

三、各主要部门的具体职责

一个企业有很多业务，亦有很多部门，各个部门的职责应予详细及明确划分，使每一事项的发生都有部门负责办理，而且要做到不重复、无遗漏。如果一项业务需要由两个以上部门共同完成，对各部门应负责任的范围也应该有明确的规定。各部门职责参考如下：

1.股东大会的职责

（1）决定公司的经营方针和投资计划。

（2）选举和更换非由职工代表担任的董事、监事，决定有关董事、监事的报酬事项。

（3）审议批准董事会的报告。

（4）审议批准监事会或者监事的报告。

（5）审议批准公司的年度财务预算方案、决算方案。

（6）审议批准公司的利润分配方案和弥补亏损方案。

（7）对公司增加或者减少注册资本作出决议。

（8）对发行公司债券作出决议。

（9）对公司合并、分立，变更公司形式，解散和清算等事项作出决议。

（10）修改公司章程。

（11）公司章程规定的其他职权。

对前款所列事项股东以书面形式一致表示同意的，可以不召开股东会会议，直接作出决定，并由全体股东在决定文件上签名、盖章。

2.监事会的职责

（1）对董事会的重大决策和公司的日常经营活动进行监督。

（2）检查财务账目和有关资料，核查财务账目的真实性，必要时可对经理和有关人员提出质询。对企业经营运行中涉及数额较大的投资、抵押、转让等的经济行为和资产质量进行重点监控。需要时，可委托内审机构或会计师（审计）事务所对公司财务进行审计。

（3）对董事会成员、经理班子成员和财务总监等高级管理人员的经营业绩和综合素质进行监督和记录，并有权向出资方、董事会提出对上述人员的任免和奖惩的建议。

（4）当公司董事和经理等高级管理人员执行公司职务违反法律、法规或者公司章程以及损害企业利益时，应及时建议董事会停止该项行为，并要求董事会复议，同时报告出资方，必要时有权对公司重大经济事项提出审计建议。

（5）列席董事会会议，必要时可指定监事列席经理办公会议。

（6）提议召开临时股东会。

（7）公司章程规定的其他职权。

3.董事会的职责

（1）召集股东会会议，并向股东会报告工作。

（2）执行股东会的决议。

（3）决定公司的经营计划和投资方案。

（4）制订公司的年度财务预算方案、决算方案。

（5）制订公司的利润分配方案和弥补亏损方案。

（6）制订公司增加或者减少注册资本以及发行公司债券的方案。

（7）制订公司合并、分立，变更公司形式，解散的方案。

（8）决定公司内部管理机构的设置。

（9）决定聘任或者解聘公司经理及其报酬事项，并根据经理的提名决定聘任或者解聘公司副经理、财务负责人及其报酬事项。

（10）制定公司的基本管理制度。

（11）公司章程规定的其他职权。

4.薪酬与考核委员会的职责

（1）研究董事、经理及其他高级管理人员的考核标准，进行考核并提出建议。

（2）根据董事、经理及其他高级管理人员的岗位的主要范围、职责和重要性并参考其他相关企业、相关岗位的薪酬水平，制订薪酬计划或方案，薪酬计划或方案包括但不限于：绩效评价标准、程序及主要评价体系，奖励和惩罚的主要方案和制度等。

（3）审查公司董事（非独立）、经理及其他高级管理人员履行职责的情况并对其进行定期年度绩效考核，并提交考核评价意见和独立董事互评结果。

（4）对公司薪酬制度执行情况进行监督。

（5）董事会授权的其他事宜。

（6）委员会在行使以上职能前，可以聘请专业咨询机构予以协助。

5.审计委员会的职责

审计委员会肩负三大职责：监督财务报告、保证审计质量、评价内部控制。

（1）监督财务报告。

①复核年度已审财务报告。

②复核中期未审财务报告。

③复核其他财务报告。

④复核公布前的盈利数。

⑤评价财务报告是否遵循恰当的会计原则，采用适当的会计政策，并随同年度报告向外界披露他们对财务报表公允性的看法。

（2）保证审计质量。

①主持有关外部审计的事务。选择独立审计师，讨论外部审计的范围、程序和计划，评价独立审计师的能力，观察审计结果。审计委员会应复核管理层评估审计人员独立性时考虑的因素，与管理层共同协助审计人员保持其超然独立性。

②领导内部审计。审计委员会与管理层应共同确保内部审计人员适当参与财务报告流程，并妥善协调内部审计人员与外部审计人员的关系。其涉及的工作有：检查内部审计计划范围，评价内部审计人员职能，决定内部审计财务预算。

（3）评价内部控制。

通过内部审计职能，监察企业的财务风险及经营风险。其涉及的工作有：

①评价公司内部控制制度的充分性与有效性。

②评价员工舞弊的可能性。

③评价管理层舞弊的可能性。

④评价公司的行为守则。

6.风险管理委员会的职责

（1）提交全面风险管理年度报告。

（2）审议风险管理策略和重大风险管理解决方案。

（3）审议重大决策、重大风险、重大事件和重要业务流程的判断标准或判断机制，以及重大决策的风险评估报告。

（4）审议内部审计部门提交的风险管理监督评价审计综合报告。

（5）审议风险管理组织机构设置及职责方案。

（6）办理董事会授权的有关全面风险管理的其他事项。

7.战略委员会的职责

（1）组织开展有关公司战略问题的研究，就发展战略、产品战略、技术与创新战略、投资战略等为董事会决策提供参考意见。

（2）组织研究国家宏观经济政策、结构调整对公司的影响，研究国内外同行业公司的发展动向，并可以就某课题委托专门机构进行研究。

（3）结合公司发展需要，向董事会提出有关体制改革、发展战略、方针政策方面的意见和建议。

（4）调查和分析有关重大战略与措施的执行情况，向董事会提出改进和调整建议。

（5）对公司职能部门拟定的有关长远规划、重大投资项目方案或战略性建议等在董事会审议前先行研究论证，为董事会正式审议提供参考意见。

（6）审查公司对董事会投资决议的执行情况，根据情况向董事会提请调整投资的建议。

（7）在年度董事会上汇报委员会上一年度工作情况和本年度工作计划。

（8）完成董事会交办的其他工作。

8.投资决策委员会的职责

（1）投资决策委员会是公司负责投资决策的最高机构。投资决策委员会负责决定资产配置和投资策略。

（2）投资决策委员会还负责制定投资的风险政策和控制投资风险的措施，并对其执行情况进行检查监督。

（3）审议公司投资超出公司目前主要经营方向、经营范围的项目以及董事会和经营管理班子认为需要投资决策委员会作出评价和决策的投资项目。

（4）投资决策委员会将对这些项目进行可行性论证，并对可行性报告以及项目有关人员进行质询，在此基础上，投资决策委员会对项目进行表决，一般项目须超过参加表决人数半数以上同意方能获得通过。

9.顾问委员会的职责

顾问委员会是一个临时咨询机构，没有决定权，仅有建议权、咨询权。其主要任务是通过向董事会和经营层提出合理改善管理的建议，维护股东合法权益。

10.提名委员会的职责

（1）根据公司经营活动情况、资产规模和股权结构就董事会的规模和构成向董事会提出建议。

（2）研究董事、经理人员的选择标准和程序，并向董事会提出建议。

（3）广泛搜寻合格的董事和经理人员的人选。

（4）对董事候选人和经理人选进行审查并提出建议。

（5）对副总经理、董事会秘书、财务负责人等需要董事会决议的其他高级管理人员进行审查并提出建议。

（6）监察董事会的构架和人员（包括董事的技能、知识及经验）。

（7）就董事委任或继任以及董事继任计划的有关事宜向董事会提出建议。

（8）董事会授权的其他事宜。

11.董事会秘书的职责

（1）负责公司和相关当事人与证交所及其他证券监管机构之间的及时沟通和联络，保证证交所可以随时与其取得工作联系。

（2）负责处理公司信息披露事务，督促公司制定并执行信息披露管理制度和重大信息的内部报告制度。

（3）协调公司与投资者的关系，接待投资者来访，回答投资者咨询，向投资者提供已披露的资料。

（4）按照法定程序筹备董事会会议和股东大会。

（5）负责与公司信息披露有关的保密工作。

（6）协助董事、监事和高级管理人员了解信息披露的相关法律法规、规章、规则，证交所的相关规定和公司章程，以及上市协议对其设定的责任。

（7）集中体现董事会依法行使职权。

12.董事长的职责

（1）召集主持股东会、董事会会议。

（2）签署或授权签署公司合同及其他重要文件，签署由董事会聘任人员的聘任书。

（3）在董事会闭会期间检查董事会决议的执行情况，听取总经理关于董事会决议执行情况的汇报。

（4）在发生战争、特大自然灾害等重大事件时，可对一切事务行使特别裁决权和处置权，但这种裁决和处置必须符合国家和公司利益。

（5）决定和指导处理公司对外事务和公司计划财务工作中的重大事项，以及公司重大业务活动。

（6）法律法规规定应由法定代表人行使的职权。

13.市场部的职责

（1）实现企业销售目标。

（2）制订和实施销售计划。

（3）销售管理，销售政策的制定与施行，销售人员管理。

（4）市场调研与市场预测。

（5）策划。

（6）销售工作的监察与评估。

14.技术服务部的职责

（1）拟订企业年度技术支持、技术服务工作计划，并组织协调计划的分解和落实。

（2）负责企业技术支持系统的建立和完善。

（3）搜集国家、地区及行业的相关技术标准、规定，并负责在企业内宣传和推广。

（4）负责企业范围内技术问题的汇总分析，拟订解决方案，并组织、协调各部门工作。

（5）面向企业其他部门进行技术咨询，提供技术支持和服务，并接受一定范围内的技术投诉。

（6）负责对企业技术服务体系人员的指导、考核和监督。

（7）对企业内其他员工进行技术培训及指导。

（8）负责解答客户的相关技术问题。

15.财务部的职责

（1）严格遵守国家财务工作规定和公司规章制度，认真履行工作职责。

（2）组织编制与公司年、季度成本、利润、资金、费用等有关的财务指标计划，定期检查、监督、考核计划的执行情况，结合经营实际，及时调整和控制计划的实施。

（3）负责制定公司财务、会计核算管理制度。

（4）负责按规定进行成本核算，定期编制年、季、月度财务报表，搞好年度会计决算工作。

（5）负责编写财务分析及经济活动分析报告。

（6）负责固定资产及专项基金的管理。

（7）负责流动资金的管理。

（8）负责对公司低值易耗品进行盘点核对。

（9）负责公司产品成本的核算工作，制定规范的成本核算方法，正确分摊成本费用。

（10）负责公司资金的缴、拔，按时上交税款。

（11）负责公司财务审计和会计稽核工作。

（12）负责对进销物资货款的把关。

16.人力资源部的职责

（1）编写并组织实施企业的人力资源规划，制定企业的人力资源管理制度。

（2）有效开发与合理配置企业的人力资源。

（3）负责企业文化建设的规划，并组织贯彻实施。

（4）参与对企业管理人员的考核与管理。

（5）审核、办理机关员工出差任务单。

（6）拟订并审核企业的人员招聘计划，并负责组织员工的招聘和培训工作。

（7）审核企业的定员编制、工资总额、经营管理者的薪酬分配。

（8）负责拟订企业的岗位设置、人员编制及工资分配方案。

（9）负责员工培训费用的计划与监控。

（10）检查人力资源规划和有关制度的贯彻落实情况。

（11）办理企业员工人事关系的转移、职称评定及因公出国人员的审批手续。

（12）负责企业员工的工资发放、社会保险的缴费、劳动合同的签订和人事档案的管理工作。

第六节 员工胜任力

一、员工胜任力的概念

麦克莱兰研究小组用冰山模型从理论上对“胜任力”的定义加以说明。胜任力是指对个人和公司绩效至关重要的、可辅导的、可观察的、可衡量的、以行为方式表现出来的组合，是知识、技能和品质的合成体。品质是指个人的特质，如天分、才智或理念，可以通过教授或学习来获取，同时也可以改善。技能是指获取良好的岗位业绩所需要的技能，通常是通过不断重复的培训或其他相关的经验积累获得的。知识是一个岗位所需要的基本知识，可以是一些专业、技术或商业知识，也包括那些通过学习和经验积累所得的事实、信息和对事物的看法。这三者的关系是：品质作为较深层次的对胜任力的要求，渗透到个体的日常行为中，影响着个体对事物的判断和行动的方式；知识则较直接地在日常行为中表露出来；技能则介于二者之间。

管理层应明确规定某一特定工作所要完成的任务、所需要员工的能力水平，并且对构成能力水平的知识和技能有明确要求。正是基于对成本与效益相匹配原则的考虑，企业对每一份工作、每一个岗位的胜任能力有了明确的要求之后，才能相应地选拔人才、调配员工，做到“人尽其才，物尽其用”。这样既可以调动员工的工作热情、激发其进取精神、使其发掘自身潜力，也可以充分利用企业人力资源，创造高效的工作环境、减少人工成本，从而促进企业的发展，使其创造更大的价值。

管理层应当以正式或非正式的岗位描述或其他方式分析并定义各岗位的具体工作任务，以及员工完成任务所需要的知识和技能。这些必要的知识和技能水平可能取决于个人的智力、受过的培训和积累的经验。在培养知识和技能水平需要考虑的诸多因素中，应特别注意考虑在完成一件具体工作时所需职业判断的性质和程度。

二、员工胜任能力的测评方法

企业对“胜任力”的要求可以通过建立胜任力模型的方式来实现。“胜任力模型”是一系列符合“胜任力”定义要求的个人特质的结构化组合，它对胜任力的内容以及评判胜任力水平的高低等都有明确的描述和界定。换而言之，胜任力模型是一整套针对特定组织、特定岗位的个人特质评价标准，它能为人力资源管理的各个领域提供基础和核心。

目前，国内建立胜任力模型的方法主要有三种：归纳法、演绎法、限定选项法。

1.归纳法

这是一种通过对特定的员工群体的个人特质的发掘和归纳，形成胜任力模型的方法。归纳法中所运用的最主要的咨询工具当属“行为事件访谈”（Behavioral Event Interview，BEI）。BEI的基本假设是各个岗位上的员工的工作方式不同，带来的绩效也不同，通过研究员工间的差异可以发现高效者身上的特质。

在这些基本假设下，BEI凭借高度结构化的访谈模式和熟练掌握相关访谈技术的咨询顾问来详细了解被访者工作中的关键事件及成功要素，收集其过去的行为和真实想法，从中发掘有价值的个人特质。通常BEI的对象包括业绩优秀的员工和业绩一般的员工，并通过对访谈结果的比较分析，发现那些具备业绩区分力的个人特质，作为建立胜任力模型的素材。BEI一般采取一对一的个别访谈形式，但也可以小组形式进行集体访谈（集体BEI）。通过BEI获取大量的“原始素材”后，咨询顾问对这些信息进行细致的筛选、编码、分级等加工，并最终形成胜任力模型。

2.演绎法

这是一种从企业使命、愿景、战略以及价值观中推导特定员工群体所需的核心胜任力的方法。胜任力模型作为对任职者的一套个人特质的要求，其终极目的是有利于愿景、战略等组织根本性目标的实现，并体现组织的核心价值观，这是演绎法的基本假设。演绎法的实质是一个逻辑推导过程，其基本步骤如下：

（1）澄清组织愿景、使命、战略和核心价值观。

（2）推导关键岗位角色和职责。

（3）推导核心胜任力。

通常我们通过分组结构化集体访谈的方式来完成这个推导过程。分组访谈的对象既包括胜任力模型的直接针对人群，也包括其他了解情况的相关人员，这样做有利于保证推导逻辑和立场的完整性。结构化集体访谈的结果仍将经过筛选、分类、分级等专业处理的过程，以最终形成组织核心胜任力模型。

3.限定选项法

这是胜任力模型建立的一种简便方法。通常由专业顾问根据对组织的初步了解，提出一组适当数量的胜任力项目，然后通过组织相关人员集体讨论的方式进行几轮的筛选和调整，最终确定一套胜任力项目作为胜任力模型。

上述三种方法在理论和实践上各有利弊，具体比较见表2-2。

归纳法具备充分的理论依据，对个人特质的研究切实而具体。研究发现，用纯粹的归纳法手段制定出来的胜任力模型，其应用效果最佳，即对员工的业绩区分的预测胜任力最强。但其不足之处在于BEI手段技术要求很高，其数据分析过程也相当复杂，由此导致较高的模型建立成本和较长的工作周期。此外，采用归纳法所建

表2-2 构建胜任力模型三种方法的比较

	归纳法	演绎法	限定选项法
理论依据	充分	有（缺乏行为细节支持）	无（属于主观判断）
实际效用	高	较高	一般
模型建立周期	长	中等	短
模型建立成本	高	中等	低

立的胜任力模型往往较难反映组织对未来的胜任力要求，因而比较适合组织发展处于较高水平阶段的情境。

演绎法强调胜任力与组织根本目标的关联，其推导逻辑明确而完整，且特别有利于发掘组织对未来的胜任力的需求。但由于其缺乏详实的行为细节作为依据，就难免要在相当程度上依赖于个人经验和认知水平等主观因素。

限定选项法几乎没有什么理论依据，咨询顾问所提供的胜任力选项依据也只是根据对组织及岗位情况的初步判断，因而这种方法的可靠程度和建成的胜任力模型的实际效用都是令人质疑的。但是，因其低廉的成本投入和极短的工作周期，对于某些有特定应用意图的组织而言，这种方法无疑是一种可供考虑的选择。

第七节 人力资源政策

一、人力资源政策及其在内部控制中的意义

人力资源政策是影响企业内部环境的关键因素。内部控制是由员工来执行的，而员工又要受到内部控制的管理，因此，企业员工既是控制的主体，又是控制的客体。要使被控制者服从控制者的意志，达到控制的目的，必须依靠科学的规范以及公平、公开、公正、人性化的人力资源管理。唯有如此，才能调动整体团队的积极性、主动性和创造性。因此，COSO报告认为，人是控制环境中一个最活跃的控制因素。

保证组织所有成员具有一定水准的诚信、道德观和能力的人力资源政策，是保证内部控制有效的关键因素之一。财政部发布的《企业内部控制应用指引第3号——人力资源》（简称《人力资源内部控制指引》）中指出，科学的人力资源制度应对人力资源规划与实施、激励与约束、离职等作出明确规定。内部控制中的人力资源政策至少应当包括以下内容：

（1）员工的选择和聘用。

（2）用人制度，包括员工培训和职业规划；轮岗制度，尤其是财会等关键岗位员工的轮岗制衡要求；离职规定，对掌握重要商业秘密或核心技术等关键岗位员工离岗的限制性规定。

（3）考核制度，包括激励与约束、晋升与奖惩。

二、如何制定人力资源政策

一个系统的人力资源管理体系应该是以人力资源规划为指引，以职位分析为基础，以关键岗位为重点，贯穿选（招聘）、育（开发）、用（考评和薪酬）、留（职业发展）和员工关系的具备内在统一性和匹配性的体系，并以IT（HRMS）的方式予以固化。企业应当将职业道德素养和专业胜任能力作为选拔和聘用员工的重要标准，并适当关注应聘者的价值取向和行为特征是否与本企业的企业文化和内部控制的有关要求相适应；企业应当重视并加强员工培训，制订科学、合理的培训计划，提高培训的针对性和实效性，不断提升员工的道德素养和业务素质；企业应当建立和完善针对各层级员工的激励约束机制，通过制定合理的目标、建立明确的标准、执行严格的考核和落实配套的奖惩，促进员工责、权、利的有机统一和企业内部控制的有效执行。

通过多年的人力资源管理实践可以发现，人力资源政策的制定有规律可循，即从分层、分类、分等、分阶段和人性化这五个维度来考虑政策制定。

（1）分层是在制定政策中要考虑到不同层级的人员差别，如高层、中层和基层人员的政策制定是不同的。

（2）分类是在制定政策中要考虑到不同类别的人员差别，如技术、市场、生产等类别人员的政策制定是不同的。

（3）分等是在制定政策中要考虑到既要鼓励员工从低向高发展，更要鼓励大多数员工在本岗位深化开展工作，政策中要能体现鼓励脚踏实地、岗位内深化的含义，同时使得我们的管理更加精细化。

（4）分阶段指的是不同时期的人力资源管理重点是不同的，人力资源政策要能够因时而变、因势而变、与时俱进，建立与不同时期的不同战略相匹配的人力资源政策。

（5）人性化指的是在政策中要能体现出人性化，因为人力资源这种资源与其他资源相比，最明显的特征就是人性化。需要注意的是，可以在政策中体现人性化，但不能用人情解释政策。

三、员工选聘控制

内部控制是由所有员工具体实施的，良好的员工素质是保证内部控制有效运行的基础。而科学、规范的招聘制度是保证员工素质的首要环节。我国许多企业缺乏规范的人事制度，任人唯亲、排斥异己，一人得道、鸡犬升天的现象普遍存在，由此导致企业经营失败的案例不胜枚举。反观成功企业，严格的选人、用人制度保证了企业的持续健康发展。例如，微软在招募人才时坚持“百里挑一，优中选优”的原则，宁缺毋滥，严把“入门”关，即在雇用之前就对应聘者进行严格评估，因为解雇少数表现不好的员工会影响其他员工的士气。目前，微软已经成为拥有世界上最多、最优秀软件开发员的软件公司。

《人力资源内部控制指引》中规定，企业在选拔高级管理人员和聘用中层以下员工时应注意以下两点：其一，遵循德才兼备的原则，重点关注选聘对象的价值取向和责任意识；其二，根据已经制定的能力框架，以岗选人，确保选聘人员能够胜任岗位职责要求。

根据《人力资源内部控制指引》，企业在制定员工招聘制度时，首先进行合理的岗位设置，编写岗位说明书，说明岗位的职责、权限和任务，任职人员应具备的知识和技能。人力资源部门在选择和任命员工时，应按照用人标准对应聘人员进行严格审查，在招聘中应坚持公平、公开、择优录取、全面考察的原则，选拔兼具优秀道德素养和专业素质的人员。符合内部控制要求的人员应具备以下素质：①

1.道德品质

内部控制的一个重要目的是防错纠弊，在其实施过程中，所有参与人员应当遵守职业道德，公正地对生产经营过程的各个环节进行控制、评价和监督，依据规章制度采取必要的措施纠正错误。

2.专业技能

良好的内部控制需要以员工良好的专业技能为基础，员工都应当具备能够完成具体岗位工作的能力。例如，生产人员应当遵循专业技术标准，管理人员应当掌握管理制度和方法，财务人员应当对内部审计的内容、方法、步骤等有全面的了解。

3.协作精神

内部控制活动的完成往往需要不同部门的配合，各部门人员应当具有良好的协作精神，包括树立全局观念、增强服务意识、具备组织能力等。

4.沟通能力

内部控制是一项需要与被控制对象进行交流的工作，在进行检查和监督的过程中，参与人员应当进行有效的沟通，全面、深入地了解情况，并客观评价各项工作。

四、员工培训

培训在人力资源管理中具有非常重要的作用。在知识经济时代，学习成为每个人终生的事业。

（一）培训的意义

第一，通过培训，员工可以了解企业对自己所在岗位的要求，包括清楚企业期望自己承担哪些责任，达到哪些目标，应具备何种知识和技能，如何完成分配的任务。第二，培训可以加深员工对企业的了解，产生认同感。对于新进员工而言，这

① 王世定. 企业内部控制制度设计［M］. 北京：企业管理出版社，2001.

一点尤为重要。只有通过培训，员工才能获知企业的理念、企业文化、企业价值体系。第三，培训是推行管理制度的重要途径。通过培训，员工可以明确企业的经营目标、战略规划和各项规章制度，这样有利于制度的有效贯彻。例如，企业在构建内部控制体系的过程中，必须依靠培训，使员工了解内部控制的基本要求、基本程序和流程、基本制度和方法。第四，培训可以提高员工专业技能，使之胜任所在岗位。这一点最为重要。在当今的经济环境中，竞争日益激烈，新产品、新技术、新材料层出不穷，这就要求员工不断更新和充实新知识和新技能。为了适应这种变化，企业需要对员工进行经常性的教育培训，使他们适应变化的环境。

（二）培训制度的构成

规范的员工培训制度包括培训目标、培训对象、培训方式、培训内容和培训经费。

1.培训目标

培训目标是企业通过培训所要达到的目的，往往根据实际需要来具体确定。例如，新员工的培训目标是使其了解企业的总体情况、岗位职责以及任职的技能。常见的培训目标包括：学习新技术、新工艺，熟悉和掌握先进的管理理论和方法，为晋升做准备等。

2.培训对象

培训对象应该与培训目标相适应。例如，当培训目标是选拔高级管理者时，培训对象应是具备发展潜力的管理人员。另外，从某种意义上讲，培训属于企业的一种福利，因为培训有利于员工个人发展。对于某些培训项目，企业应对培训对象的条件加以界定，这样能够形成对员工的激励作用。

3.培训方式

培训方式根据不同分类标准有多种形式。根据实施主体不同，培训方式可分为企业内训和参加外部培训；根据时间不同，可分为短期培训和长期培训；根据在岗情况不同，可分为在岗培训和脱岗培训。培训方式的选择要考虑培训的目的、培训对象和培训要求，还要受成本–效益原则的制约。

4.培训内容

培训目标和培训对象决定了培训内容。例如，针对基层财务人员的培训内容主要包括最新会计准则、成本核算、内部控制规范等，而财务主管的培训内容除了最新的会计法律法规外，还应涵盖公司治理、风险管理与内部控制、价值管理等决策管理知识。

5.培训经费

培训经费是制约培训效果的一个重要因素，也是内部控制建设中成本–效益原则的体现。企业应根据总体发展规划制订员工发展计划，据此确定员工培训预算。至于每个具体培训项目的经费预算，则需要结合培训目标、培训方式以及市场情况共同确定。

五、员工绩效考评

绩效考评是定期考察和评价个人或部门工作业绩的一种制度。好的绩效考评制度能够起到鼓励先进、鞭策落后的目的，但是一旦有失公允就会挫伤员工的积极性。在内部控制中，制定一种科学有效的绩效考评制度对于人力资源管理至关重要。在绩效考评中应遵循以下原则：①

1.公开透明原则

公开透明原则旨在最大限度地消除考核者和被考核者之间对考核的神秘感。因此，考核方法、考核标准、考核程序、考核责任、考核结果等都应当公开，使员工对考核产生信任感。

2.客观考评原则

客观考评原则要求考核者根据明确规定的考核标准，针对客观评价资料进行评价，用事实说话，切忌主观武断或带个人感情色彩。另外，绩效考评要做到把被考评者的绩效与既定的标准作比较，而不是在人与人之间作比较。因此，考评体系的设计、考核标准的建立、考核资料的来源等是保证考核客观、公正的要点。

3.与工作相关原则

绩效考核的标准，一般以岗位责任说明书与职务规范为依据，不宜将与工作无关的因素纳入考核范围，更不应涉及个人隐私。在现实生活中，往往不区分考核内容是否与工作有直接联系，结果将许多个人的判断掺进考核的结论中，造成不当的影响。

4.注重反馈原则

在考核结束后，应当将考核的结果，如考核得分、考核等级、考核评语等，反馈给被考核者本人，并进行面谈讨论，否则就起不到考核的真正作用。在反馈的同时，还应当将被考核者的成绩和存在的不足，以及今后努力的方向的参考意见，告诉被考核者。要充分肯定成绩，鼓励其继续提高，不断进步。由于员工的绩效受到主客观因素的影响，因此，在绩效考核反馈过程中，除需要听取被考核者的自我评价外，还应当听取其对企业的意见和建议。对企业确实存在的问题应当承认，并加以解决，以促进员工和企业之间的相互信任。

5.差别与公平原则

差别与公平原则要求考核结果的等级之间应当有明显的界限，针对不同的考核结果，在待遇上应当有明显的差别，使考核具有激励作用。但值得一提的是，要注意防止出现“鞭打快牛”的现象，即绩效好的员工反而获得低回报，或者因为绩效好，下期对其提出难以达到的更高要求。这些不公平的做法往往会挫伤员工的积极性。

---

① 龚杰，方时雄．企业内部控制——理论、方法与案例［M］．杭州：浙江大学出版社，2006：99.

6.可行性与实用性原则

绩效考核体系的可行性应当考虑：①绩效目标的可实现性，不要把根本达不到的目标强加于人；②与考核相关的信息来源，既要考虑信息的易取性，也要考虑信息取得的成本；③预测在考核过程中可能出现的问题、困难和障碍，制定应变措施。

绩效考核体系的实用性应当考虑：①考核的手段是否有助于组织目标的实现；②考核的方法和手段是否与相应的岗位以及考核的目的相适应。

7.参与原则

绩效考核体系的设计，需要广大员工的积极参与。从心理学角度看，人们对自己参与设计的东西，认同度往往比较高；而对自己未参与的，同时又与自己的利益密切相关的东西往往抱着一种审视、评判、批评甚至抵制的态度。所以，需要尽可能吸引员工参加，以激发员工参与考评的积极性。

第八节 错弊及报告

有效的反舞弊机制，是企业防范、发现和处理舞弊行为，优化内部环境的重要制度安排。企业应当建立、健全反舞弊机制，明确有关部门在反舞弊工作中的职责权限和协调机制，规范反舞弊调查处理程序，建立情况通报制度，及时防范因舞弊而导致内部控制措施失效、影响内部控制目标实现的风险。企业应当结合自身的经营范围、业务流程和其他情况，明确反舞弊的重点领域、关键环节和主要内容。企业开展反舞弊工作至少应当关注：

（1）在财务报告和信息披露方面弄虚作假。

（2）未经授权、滥用职权或者采取其他不法方式侵占、挪用企业资产。

（3）在开展业务活动中非法使用企业资产以牟取不当利益。

（4）企业高级管理人员舞弊给企业内部控制和经营管理可能造成的重大影响。

（5）员工单独或者串通舞弊给企业造成的损失。

企业应当完善投诉、举报管理制度，必要时可考虑设置舞弊举报热线，明确投诉、举报处理程序以及办理时限和办理要求，确保投诉、举报成为企业反舞弊和加强内部控制的重要途径。企业应当确保投诉举报管理制度被及时、有效地传达至全体员工。

第九节 COSO新框架的原则和要素

在控制环境要素中，COSO新框架提出了5个原则和21个要素（关注点）。具体内容见表2-3。

表2-3　　COSO新框架下内部环境的原则和要素（关注点）[①]

<table>
<tr><th colspan="2">原则</th><th colspan="2">要素（关注点）</th></tr>
<tr><td rowspan="4">1</td><td rowspan="4">企业对诚信和道德价值观的承诺</td><td>1</td><td>确立“高层态度”</td></tr>
<tr><td>2</td><td>建立行为标准</td></tr>
<tr><td>3</td><td>评价对行为准则的遵守情况</td></tr>
<tr><td>4</td><td>及时处理行为偏差</td></tr>
<tr><td rowspan="5">2</td><td rowspan="5">董事会独立于管理层，对内部控制的建立与绩效加以监督</td><td>5</td><td>制定监督责任</td></tr>
<tr><td>6</td><td>保有对内部控制的监督</td></tr>
<tr><td>7</td><td>调用相关专业人员</td></tr>
<tr><td>8</td><td>保持独立运作</td></tr>
<tr><td>9</td><td>监督控制环境、风险评估、控制活动、信息与沟通</td></tr>
<tr><td rowspan="3">3</td><td rowspan="3">管理层在董事会的监督下，建立目标实现所必需的组织架构、报告路径以及适当的权利和责任</td><td>10</td><td>考虑企业所有的组织架构</td></tr>
<tr><td>11</td><td>制定报告路径</td></tr>
<tr><td>12</td><td>定义、分配职责权限和责任</td></tr>
<tr><td rowspan="4">4</td><td rowspan="4">企业吸引、发展和留住优秀人才，以配合企业目标达成</td><td>13</td><td>建立制度和操作方案</td></tr>
<tr><td>14</td><td>评价人员的竞争能力和识别能力的不足</td></tr>
<tr><td>15</td><td>吸引、发展和留住人才</td></tr>
<tr><td>16</td><td>计划人才储备</td></tr>
<tr><td rowspan="5">5</td><td rowspan="5">企业内部控制责任人的问责制度</td><td>17</td><td>实施权责问责机制</td></tr>
<tr><td>18</td><td>建立绩效考核和奖励制度</td></tr>
<tr><td>19</td><td>评价绩效，并执行奖励</td></tr>
<tr><td>20</td><td>考虑额外的压力</td></tr>
<tr><td>21</td><td>评价员工表现绩效，并奖励遵守纪律的员工</td></tr>
</table>

【案例2-1】　　海尔的内部控制环境[②]

海尔集团的前身青岛冰箱总厂是一个濒临倒闭的集体企业。1984年，有员工820人，年生产电冰箱740台，销售收入348万元，固定资产500万元，年亏损147

① 资料来源：佚名. COSO内部控制新框架：常见问题解答［EB/OL］.（2014-04-27）. http：//www.docin.com/p-800953742.html，经作者整理。
② 郑洪涛. 财务执行力［M］. 北京：北京交通大学出版社，2005.

万元，出口为零。而几年之后，青岛利勃海尔电冰箱获得中国电冰箱生产史上第一枚国优金牌，一跃成为我国家电第一名牌。1993年，青岛海尔电冰箱股份有限公司股票上市。2000年，海尔总资产达到40.35亿元，固定资产达到12.14亿元，年销售收入达到48.28亿元，利润总额达到4.24亿元。目前，海尔集团在49个国家和地区拥有18 000多个营销点，产品销往87个国家和地区。在短短20多年的时间里，海尔从一个即将倒闭的企业发展成为一个国际化公司，成为成千上万企业竞相效仿的对象，而在海尔众多的“法宝”中，不得不谈的是其成功的基石——良好的内部控制环境。

一、海尔的内部控制环境

（一）管理哲学和文化建设

管理层只有重视内部控制制度，企业的内部控制才能有效。海尔坚持管理高质量，不做表面文章，注重管理实效，管理制度、标准、程序确定以后必须严格执行，依法治厂，无一例外。1984年，一位用户要买一台冰箱，挑了许多毛病，最后勉强拉走一台，还是有缺陷的。顾客走后，现任海尔集团董事长、时任海尔冰箱总厂厂长的张瑞敏派人把库里400多台冰箱全部翻箱，将发现有缺陷的76台冰箱，摆在车间里让所有员工参观，让大家说该怎么办。其一致的看法是，便宜处理给职工，当时一台冰箱800多元，但职工的工资每月只有40元，一台冰箱的价格相当于一个工人2年的工资。张瑞敏对员工说，如果便宜处理给你们，就等于告诉大家可以生产这种带缺陷的冰箱，今天是76台，明天就可能是760台、7 600台。张瑞敏决定砸毁这有缺陷的76台冰箱，很多职工在砸冰箱时流下了眼泪。这种处理办法，将依法治厂的观念深植于职工的心中，让职工深深地意识到企业的管理制度必须严格执行，这样才能保证制度有效执行。迄今为止，海尔是中国家电行业唯一一家五大产品全部通过ISO 9001国际质量保证体系认证和国内首家通过ISO 14001认证的家电集团，也是中国第一个列入美国UL认证名录的企业，并通过了欧盟EN45001认证，是中国第一家产品在国内就可获得国际认证的企业。

企业文化有助于在企业职工中形成向心力，使内部控制制度得以顺利实施。多年来，海尔把企业文化作为与企业高科技发展并存的一项系统工程来建设。海尔文化由企业理念和管理组成，渗透到集团各个分支机构和实业经营部门的经营管理中，贯穿于海尔的企业管理、质量、检测、销售、服务、资产重组、体制转换、跨国经营、科研、教育等领域之中，具体体现在企业经营策略和各种规范、规章制度的实践中，比如发展战略、经营目标体系、组织结构、人力资源的开发和利用、激励和竞争的奖惩制度、职业纪律与规范、环境建设、员工行为仪表等。1995年，海尔兼并了青岛红星电器厂，展现出海尔文化的威力。当时，青岛红星电器厂总资产4亿多元，而负债高达5亿元，兼并后海尔没有注入一分钱，没增加一台机器，只是派了3位管理人员将海尔文化、海尔的管理体系带到被兼并企业，使被兼并企业的员工从思想上、观念上实现脱胎换骨的变化。被兼并企业在3个人进入后第3个月就停止了亏损，第5个月摆脱困境，并实现盈利151多万元。

（二）管理组织架构

合理的企业组织架构可以保证内部控制活动有条不紊地进行。1991年，海尔开始着手解决体制创新和组织结构调整问题，当年以海尔电冰箱总厂、青岛空调器和青岛电冰柜总厂为基础组建了股份制的集团总公司。1993年，海尔在上海证交所上市，这标志着海尔集团又一次体制创新，使其进一步得到了与自身现代化经营相互适应的体制保证。集团内部形成了适应经营特点的联合舰队体制框架，下属企业也按照《中华人民共和国公司法》进行产权规范，建立了母公司与子公司，子公司和子公司之间相互交叉持股、参股的多元投资主体的产权关系。集团兼并的18个企业，无论是国有企业还是其他所有制成分的企业，都与集团公司形成了出资与被出资的明晰的产权关系。随着集团规模的扩大，完全靠集团公司指挥每一个企业是不现实和低效率的，海尔又一次调整组织机构，改为事业部制，形成了责权明确的四个层次的管理体系，集团总部是投资决策中心，各事业部是利润中心，生产工厂、公司为成本控制中心，员工为质量中心，各个层次各负其责。这一以事业部为基础的联合舰队模式使每个加入海尔集团的单位，都成为有很强战斗力的舰只，既能各自为战，又能联合作战，最终实现了整体大于各部门之和的经营效果。

（三）人事政策和程序

海尔的成功说到底是人力资源控制和开发的成功。海尔认为，企业发展来源于员工个人价值的实现，因此，海尔将员工的管理摆在了第一位。海尔对人的管理原则是：充分发挥人的潜能，让每个人不仅能感受到来自内部竞争和市场竞争的压力，而且能将压力转化为竞争的动力。集团各企业根据实际情况制定自己的管理规章制度，做到事事有章可循，处处有法可依。

1.聘用机制

企业实行管理人员公开招聘，竞争上岗，每月由干部管理部门公布空岗情况和招聘条件，经过笔试、面试和实绩考核，进行选拔上岗或进入人才储备库。上岗干部由人才库提供信息和建议，经公司党政联席会议决定、总裁同意后上岗。

2.考核机制

对已经在岗的干部进行控制，每月要考评一次，根据考评结果进行选拔上岗或淘汰降职。实行“三工”并存，动态转换的用工制度，即设置优秀员工、合格员工、适用员工三个等级，依据考核标准有升有降，每年必须有一定比例的员工被淘汰，以保持企业人员的活力。将实际完成值、目标值和上期完成值进行对比，给予A、B、C三个等级的评价，月末按照考核成绩计算出该岗位的工资金额。

3.激励机制

海尔的工资分档次发放，绩效联酬，为管理人员设置了海尔金、银、铜奖，为工人设置了海尔希望奖、合理化建议奖、信得过班组奖、自主管理班组奖，根据考核绩效，对突出员工给予奖励。

4.培训机制

海尔有上岗前培训、适应性培训、提高再培训几种培训方式，培训内容根据具体岗位而定。工人接受入厂培训、中级工培训等；管理员工实行继续教育；科研开发岗位员工除接受继续教育外，还可根据需要参加短期培训和出国培训。

（四）授权和责任

海尔有一套层次分明、内容完整、责任明确的目标计划体系。每年12月，集团公司根据市场变化情况和本年度目标完成情况，制定下一年度的总目标，然后将总目标分解到各个部门，由各个部门再分解为月度目标和计划，各部门将子目标分解为各车间控制的项目，由各车间再分解到每个岗位、每个员工每天的工作项目和责任。

在精细化管理控制上，海尔人坚持人人都管事的原则，将每项管理责任精细到每名员工，大到机器设备，小到每块玻璃都挂有张三负责、李四检查的牌子。每名员工既是责任者，又是管理者，变企业管理是少数人的事为全体员工的事，坚持"事事、物物有人管"的原则，实施全方位的管理，使管理的各要素全部处于控制之中，使各项管理工作都确定了责权明确的主管人、责任者、配合者、审核者、复审者、工作程序等，通过自控、互控和专控形成严密的控制系统。比如生产电冰箱共有156道工序，545个工位责任区，全部的生产与管理的责任都分解落实到每个人头上，就连冰箱仓库的1 964块玻璃，也是每个员工负责一块，必须擦得干干净净。

二、海尔启示

海尔内部控制实践说明，内部控制环境是构成内部控制体系的基础；严密的内部控制也熏陶着内部控制的主体之一——员工。

内部控制的制定和执行首先取决于"人"的影响，这些人包括企业董事会成员、管理阶层及其他员工。COSO报告将内部控制环境构建作为企业内部控制建立和有效运行的基础，居于五大要素之首位，是内部控制"人本观"的最具体体现。

内部控制的效果完全取决于制定并执行控制政策和程序的人的素质与观念，如管理者的风险认知水平和风险偏好、管理风格与经营理念、内部控制的意识等。董事会及审计委员会对企业风险的认知和把握、企业员工市场意识和质量观念以及操作技能等都会对内部控制的设计、实施产生深刻影响。反过来，内部控制通过共同遵守的制度和规范、业务特定的流程、企业特定的奖惩和激励政策也影响着员工个人的行为和习惯，上述长期形成的企业文化又不断强化、影响董事会、管理层、全体员工的观念、意识能力和水平等，因此，内部控制环境实质上是一个双向二元的人本过程。

美国政府为恢复投资者信心，挽救由安然、世通、施乐等一系列财务丑闻引发的诚信危机，启动紧急立法机制。美国国会2002年7月通过并颁布了旨在加强对上市公司的监管的《萨班斯-奥克斯利法案》。该法案第一次对财务报告及内部控制的有效性提出了明确的要求，要求对上市公司董事及高层管理人员问责。公司的首席执行官和首席财务官必须对财务报告承担个人责任，他们需要声明与财务报告相关的所有材料都是对公司财务状况和运行绩效的准确和公正反映。对未遵守法案的公司和个人要采取罚款和监禁等法律处罚措施。由此可见，法案将公司内部控制的外部监管要求落实到上市公司董事及公司高级管理阶层，专门规定了公司的首席执行官和首席财务官之于财务信息对外报告的具体责任，也充分体现了内部控制的实质是以人为核心。

【案例2-2】 揭秘邯郸农业银行金库盗窃案

回首农行邯郸分行金库失窃案情，任晓峰与马向景从2007年3月16日第一次盗取金库5万元现金开始，连续作案17天20余次。2007年4月2日到4月14日，二人变本加厉，肆无忌惮，仅13天时间，他们累计从金库盗取了5 095.6万余元的巨款，成为自中华人民共和国成立以来涉案金额最大的银行金库监守自盗案。

据悉，任晓峰在深刻反省自己没有经得起金钱诱惑的同时，也反思了银行在规章制度上的不健全、不严密、不规范、存在严重漏洞等问题，并就这些问题挥笔写下了12条建议。这真是一个幽默的插曲。事实上，农行邯郸分行确实存在着重大的管理漏洞，基本的规章制度无处可寻。

（1）金库钥匙、密码管理混乱。缺少必要的制约环节，加上检查监督不力，客观上给违法犯罪分子以可乘之机。管库员之间钥匙、密码的交接混乱，库房钥匙登记簿与实际情况不符。

（2）电子监控制度落实不到位。金库监管失控，电子监控系统的监视器没有定人定时看守。自4月2日至4月16日案发，该行金库的监控系统一直处于瘫痪状态，始终无人修复。

（3）金库保卫制度落实不到位。按照规定，在非工作时间，金库应进行设防。但是由于此项工作落实不力，任晓峰、马向景的多次作案就是在非工作时间金库没有设防的情况下进行的。

（4）查库制度落实不到位。按照《中国农业银行河北省分行现金业务操作规程》的规定，营业机构的值班主任每旬查库一次，营业机构负责人每月查库一次，支行会计部门负责人每季度查库一次，主管行长每半年至少进行一次全面查库。但是，该行在查库制度的落实上存在严重问题，使查库制度流于形式。比如2007年3月20日，张强已经不是管库员，但当天查库登记簿“管库员”栏有张强的签章。同年3月29日的查库登记簿“管库员”栏没有任何人签章。

（5）营业部规章制度落实不到位。部分营业人员原则性不强，责任意识差，不能严格按照规定办事，使犯罪分子的犯罪行为轻而易举就能完成。比如2007年4月12日，该行直属营业部会计主管、柜员严重违反现金操作程序，在没有收到任何现金的情况下，为任晓峰办理了95万元的存款手续。

（6）门岗、门卫形同虚设，外单位车辆、人员可随意出入。比如在任晓峰案中，犯罪嫌疑人毕利田开车直接进入银行后院，没有作任何登记。任晓峰曾多次携带大量赃款经过门岗和押运公司的值班室，竟无一人过问。

此外，任晓峰等人的犯罪暴露出岗位责任授权不明、追究不力的弊端。该行现金管理中心的领导，违法将查库权力下放给部门的普通工作人员，造成权力的失控。据调查，任晓峰等人到人民银行送款、给各基层机构调拨配款根本无须领导审批。尤其在案发前近一个星期的时间内，任晓峰等人根本没有到人民银行送款，但是主管领导竟丝毫没有觉察。

第三章　内部控制要素——风险评估

风险评估是及时识别、科学分析和评价影响企业内部控制目标实现的各种不确定因素并采取应对策略的过程，是实施内部控制的重要环节。风险评估主要包括目标设定、风险识别、风险评估和风险应对。

第一节　目标设定

一、内部控制目标的含义

目标设定是风险识别、风险评估和风险应对的前提。企业应当按照战略目标，设定相关的经营目标、财务报告目标、合规性目标与资产安全目标，并根据设定的目标合理确定企业整体风险承受能力和具体业务层次上的可接受的风险水平。

战略目标反映了管理层就主体如何努力为其利益相关者创造价值所作出的选择，是高层次的目标，与其使命相关联并支撑其使命。战略是实现企业目标的全面性、方向性的行动计划。企业在考虑实现战略目标的各种方案时，必须考虑与各种战略相伴的风险及影响，对于同样的战略目标，可以选择不同的战略加以实现，而不同的战略则具有不同的风险。因此，企业在进行战略选择之前，有必要对当前的经营状况进行评估，分析内、外部环境因素，公司在行业中所处的位置及面临的机遇和挑战，不断审视当前的目标与使命。

经营目标与企业经营的有效性和效率有关，包括业绩和盈利目标的实现，需要反映企业运营所处的特定经营、行业和经济环境。

报告目标与报告的可靠性有关。企业报告包括内部和外部报告，可能涉及财务和非财务信息。可靠的报告为管理层提供适合其既定目标的准确而完整的信息，支持管理层的决策，并对主体活动和业绩实施有效监控。财务报告向报告使用者提供与企业财务状况、经营成果等有关的会计信息，反映企业管理层受托责任的履行情况，有助于报告使用者作出经营决策。内部控制报告可以增强CEO及其他高层管理人员的控制意识，传递高层管理人员对内部控制的承诺，进而增强内部控制的有效性。

合规目标与企业活动的合法性有关。企业从事活动必须符合相关的法律和法规，并有必要采取具体措施。这些法律法规可能与市场、价格、税收、环境、员工福利以及国际贸易有关。企业需要根据相关的法律法规制定最低的行为标准并作为企业的遵循目标，企业的合规记录可能对它在社会上的声誉有着极大的正面或负面影响。

资产安全目标是我国内部控制体系在COSO框架基础上结合国情的创新，资产的安全与完整对于我国企业尤其是国有企业有非常重要的现实意义，近年来国有资产流失的案件时有发生，内部控制应该把资产安全作为一个重要的目标加以实现。

二、如何设定内部控制目标

企业的战略目标一般是稳定的，但与其相关的业务层面的目标具有动态性，会随着内部和外部的条件而调整。在企业风险管理目标的设计过程中，我们首先要确定企业层面的目标，即战略目标。

1.制定战略目标

战略目标需要通过董事会与员工的相互沟通后确定，同时还要有支持其实现的资金预算及战略计划。战略目标的制定需要经过如下四个阶段：

（1）明确企业发展目标。企业在其中长期规划中应明确自身的发展目标和发展方向，通过培训、宣传手册、领导讲话等方式将企业层面的目标清晰地传达给员工。

（2）制定实现目标的战略规划。企业通过SWOT分析，在了解自身的优势、劣势、机会和威胁的基础上制定帮助企业实现目标的战略规划。

（3）制订年度计划及资金预算。企业根据制定的中长期战略规划，编制年度经营计划、年度资金预算等。该年度经营计划及预算应符合企业中长期战略规划的效益目标、投资方向和投资结构。

（4）企业编制《企业预算管理办法》，明确编制预算的基本原则、内容、编制依据等。

2.确定业务层面目标

业务层面目标包括如上所述的经营目标、报告目标、合规目标和资产安全目标，它来自企业战略目标及战略规划，并制约或促进企业战略目标的实现。业务层面的目标应具体并具有可衡量性，且与重要业务流程密切相关。业务层面目标的制定需要经过如下四个阶段：

（1）制定业务层面目标。企业的总目标及战略规划为业务层面的目标指明方向，业务层面根据自身的实际情况及总体目标的要求提出本单位的目标，通过上下不断沟通最终确定。

（2）根据企业的发展变化，定期更新业务活动的目标。

（3）配置资源以保证业务层面目标的顺利实现。企业在确定各业务单位的目标之后，将人、财、物等资源合理分配下去，以保证各业务单位有实现其目标的资源。

（4）分解业务目标并下达。企业确定业务层面的目标后，再将其分解至各具体的业务活动中，明确相应岗位的目标。

3.合理确定风险承受能力

为了合理地确定风险承受能力，在目标设定阶段，企业必须解决以下三个基本问题：

（1）风险偏好。风险偏好是指企业在实现其目标的过程中愿意接受的风险的数量。可以采用定性和定量两种方法对风险偏好加以度量。风险偏好与企业的战略直接相关，在战略制定阶段，企业应进行风险管理，考虑将该战略的既定收益与企业的风险偏好结合起来，目的是帮助企业的管理者在不同的战略之间选择与企业的风险偏好相一致的战略。

（2）风险容忍度。风险容忍度是指在企业目标实现的过程中对差异的可接受程度，是企业在风险偏好的基础上设定的对相关目标实现过程中所出现的差异的可容忍限度。在确定各目标的风险容忍度时，企业应考虑相关目标的重要性，并将其与企业风险偏好联系起来。

（3）风险组合观。企业风险管理要求企业管理者以风险组合的观点看待风险，对相关的风险进行识别并采取措施，以使企业所承担的风险在风险偏好的范围内。对企业内每个单位而言，其风险可能落在该单位的风险容忍度范围内，但从企业总体来看，总风险可能超过企业总体的风险偏好范围。因此，应从企业总体的风险组合的观点看待风险。

第二节　风险识别

一、什么是风险识别

风险是指对企业目标的实现可能造成负面影响的事项发生的可能性。风险识别是指对企业所面临的潜在风险进行判断、归类和鉴定的过程。风险识别可以发现企业的风险所在，同时还要辨认各种潜在风险的来源，分析风险性质。具体来说，风险识别应解决如下问题：企业存在哪些风险，哪些风险应予以考虑，引起风险的原因是什么，风险引起的后果及严重程度等。

风险识别不仅在企业层面开展，还要在活动层面加以确认。只有对公司主要业务单元和职能部门（如销售、生产、营销、技术开发等）存在的各种不确定性事件进行预测、分析和确认，企业经营战略与职能战略的实施才有更加可靠的保证。风险识别的结果应反馈至企业战略目标的制定过程中。

二、风险因素的构成

影响内部控制目标实现的风险因素来自于企业的内部和外部。

内部风险因素一般包括：高级管理人员职业操守、员工专业胜任能力、团队精神等人员素质因素；经营方式、资产管理、业务流程设计、财务报告编制与信息披露等管理因素；财务状况、经营成果、现金流量等基础实力因素；研究开发、技术投入、信息技术运用等技术因素；营运安全、员工健康、环境污染等安全环保因素。

应当关注的外部风险因素一般包括：经济形势、产业政策、资源供给、利率调整、汇率变动、融资环境、市场竞争等经济因素；法律法规、监管要求等法律因素；文化传统、社会信用、教育基础、消费者行为等社会因素；技术进步、工艺改进、电子商务等科技因素；自然灾害、环境状况等自然环境因素。

三、风险识别的方法

风险识别一般采用定性分析方法，分两个阶段进行：第一阶段辨别风险，即寻找各种风险及其所在领域；第二阶段分析风险，即分析引起风险事故的各种原因和可能的后果。风险识别主要有以下七种方法。

1.现场调查法

现场调查法是对风险进行实地的全面普查，一般分为三步：调查前的准备、现场调查以及形成调查报告与反馈。调查前的准备工作包括设计调查表格和确定调查内容（如调查对象、时间、地点）。现场调查过程需要认真记录并填写调查表。

现场调查法的优点是可获得第一手资料，有助于与基层人员和一线员工建立良好关系。其缺点是耗时较长，成本较高，有时因疲于应对调查还会引起员工的反感。

2.风险清单分析法

风险清单分析法又称列表检查法，即事前设计好调查表，将已经识别的企业主要风险填列其中，进行对照检查。调查表可以是制式表格，也可以是专用表格。制式表格多由风险管理方面或保险咨询的机构和专家提供，包含人们已经识别出的最基本的各类风险。专用表格仅适合某一特定企业，多为企业自己的风险管理人员根据企业自身资产状况和经营特点制作的风险一览表，由于更加注重本企业具有的特殊风险，所以针对性更强。

风险清单分析法有诸多优势，包括成本低廉，风险识别过程简单迅速，可以同时跟踪检测整个风险管理过程，不断修订检查表以适应变化的情况。其缺点是检查表的初次制作比较费时，检查表的回收率可能较低，而且质量难以有效控制。

3.财务状况分析法

财务状况分析法又称财务报表分析法，是指通过对资产负债表、利润表和其他附表等财务信息的分析来识别风险。该方法的具体应用包括趋势分析法、比率分析法、因素分析法和模型分析法。例如，通过分析资产负债表中应收账款的账龄，企业可以判断是否有形成坏账的风险，对于实物资产，要注意人为事故造成的损失或者技术贬值的风险。

财务状况分析法的优点是信息准确、客观、清晰、扼要，而且易于被内部和外部人员接受。其缺点是无法反映企业风险的全貌，部分信息仅能被专业人士所利用。

4.组织结构图分析法

组织结构图分析法是通过勾画整个经济单位的组织结构图来发现风险可能产生的区域，以识别风险的方法。其工作程序为先画出组织整体结构图，然后细化组织结构和管理结构以识别风险可能产生的区域，重点应关注职能重复的部门，及过分依赖性和过度集中性的部门。组织结构图分析法主要用于寻找风险产生的区域或环节，因此将其用于风险识别时往往有专门的目的。

5.流程图法

流程图法是识别企业潜在风险的系统方法，它将企业组织按照生产经营过程的内在逻辑绘制成作业流程图，然后针对其中的关键步骤或薄弱环节进行调查和分析，即通过描述产品、服务、会计、营销等过程来识别流程中的风险。流程图法的步骤分为三步：分析、识别产品从设计至销售所历经的各个阶段；据此绘制流程图，解释流程中的所有风险；进一步解释风险发生的原因以及可能造成的影响。在复杂的流程图中，可以通过简表的方式进行解释，直观反映可能发生的风险、原因及结果。

流程图法的优点在于可以将复杂的生产过程或业务流程简单化，从而易于发现风险。其缺点是流程图的绘制要耗费时间。

6.事故树法

事故树法又称故障树法，是风险识别常用的一种方法。事故树法从某一风险结果出发，运用逻辑推理的方法推导出引发风险的原因，遵循风险事件—中间事件—基本事件的逻辑结构。事故树把影响企业整体目标实现的诸多因素及其因果关系一步步清楚地列示出来，有利于下一步进行深入的风险分析。

7.可行性研究

可行性研究是在项目计划阶段即对风险进行定性识别的方法。它的工作步骤为：检查各部分原始意图，发现有无偏离原始意图的情况，寻找偏离原因，预测偏离后果。可行性研究的优点是可在项目实施前就发现风险并加以处理。其缺点是比较费时，且需要详细的设计系统图的支持。

四、如何建立风险识别系统

风险识别是事项识别的一个重要方面，影响着企业风险管理的完整性和有效性。识别影响企业层面风险及业务层面的内部和外部因素，对于有效的风险评估来说是极其重要的。因此，我们从企业层面及业务层面来建立风险识别系统。

1.建立企业层面的风险识别系统

无数的内部和外部因素驱动着企业的战略执行和目标实现，能够识别这些因素，对于企业的风险管理来说，其重要性不言而喻。企业应从多方获得信息，识别风险。

（1）从外部专家处获得有关企业层面的风险意见

企业可从法律顾问、外部审计师等专业机构获得有关企业层面的风险意见，经分析后在年报中予以披露。所披露的事项包括：汇率风险、价格风险、行业风险、自然灾害风险等。同时，企业还可以通过参加行业联合会，以与同行业知名企业、咨询机构沟通的方式，获得更多、更全面的信息，从而更准确地识别企业层面的风险。

（2）从内部管理人员处获得有关企业层面的风险意见

管理人员通过对企业所处的内外部环境进行分析，从而识别出可能存在的风险。外部环境分析包括对宏观环境、行业情况、竞争态势等方面的分析。与此同时，企业也要对自身的资源及能力进行分析，内容包括：人力资源分析、财务资源分析、无形资产分析、管理能力分析等，以此来识别影响企业战略目标实现的内部风险因素。

2.建立业务层面的风险识别系统

企业除必须识别企业层面的风险外，还应辨识业务层面的风险。通过采取必要措施管理业务层面的风险，有利于把企业层面的风险维持在一个合理的、可接受的水平上。企业同样可以通过听取内部及外部专家的意见来获取业务层面风险的有关信息。

（1）从外部供应商、客户等利益相关者那里获取风险信息

管理人员可以从供应商、客户等利益相关者那里获得有关企业采购、生产、销售、技术等各方面的信息，从中辨识存在的风险。

（2）从业务管理人员处获得风险信息

各业务部的管理人员，对本部门的情况相对于其他人来讲更加了解。他们在管理过程中碰到的各种问题，可通过适当的渠道反映到高层管理者那里，以帮助管理者识别其中存在的风险，并采取措施避免风险事件的发生。

第三节 风险评估

一、什么是风险评估

（一）风险评估的概念

内部因素和外部因素都会影响企业目标的实现程度，尽管有些因素对于一个行业中的企业而言是共同的，但是更多的因素对于特定的主体而言却是独特的。管理层在进行风险评估时，应着重关注这些特有的因素，结合本企业的规模、经营的复杂性等，评估风险的可能性及其影响。

管理者在评估风险时，应当从固有风险和剩余风险两个方面进行评估。固有风险是指在管理者不采取任何风险管理措施的情况下，企业所面临的风险。剩余风险是指管理者采取相应措施应对风险后仍然存留的风险。评估风险时首先评估的是固有风险，当风险管理策略确定后，再考虑剩余风险。

（二）风险评估的维度

风险评估主要从风险发生的可能性及风险对企业目标的影响程度两个维度来分析。

1.风险发生的可能性分析

可能性分析是指假定企业不采取任何措施去影响经营管理过程，将会发生风险

的概率。一般来讲，风险发生概率大于0且小于或等于5%时，我们确定为风险“几乎不会发生”；风险发生概率大于5%且小于或等于50%时，确定为风险“可能会发生”；风险发生概率大于50%且小于或等于95%时，确定为风险“很可能发生”；风险发生概率大于95%时，确定为风险“基本会发生”。对于风险发生概率的估计，主要考虑以下几个因素：风险相关资产的变现能力，经营管理中人工参与的程度，经营管理中是否涉及大量繁杂的人工计算等。

2.风险对企业目标的影响程度分析

影响程度分析主要是指对目标实现的负面影响程度分析。风险影响程度大小是针对既定目标而言的，因此对于不同的目标，企业应采取不同的衡量标准。

二、风险评估的程序

风险评估的具体工作步骤如图3-1所示。

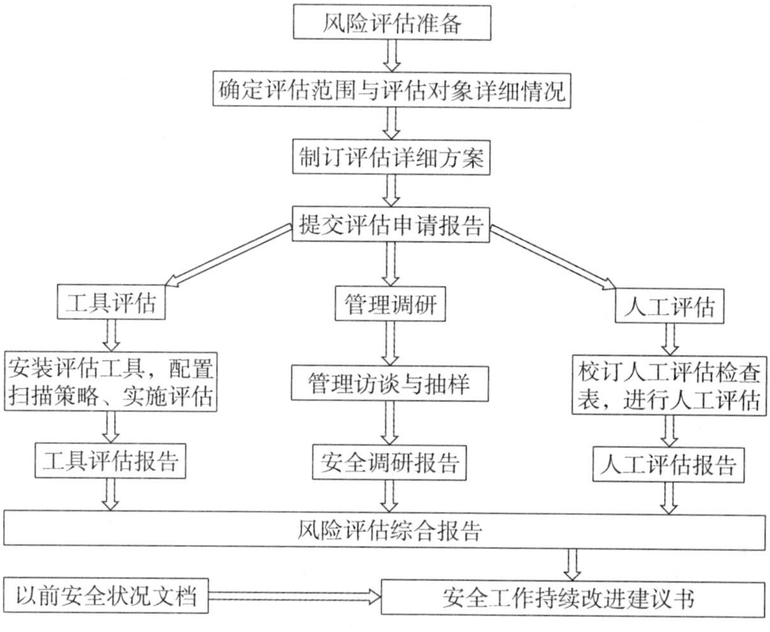

图3-1 风险评估的具体工作步骤

1.确定风险评估实施主体

风险评估应由企业组织有关职能部门和业务单位实施，也可聘请有资质、信誉好、风险管理专业能力强的中介机构协助实施。企业应制定《风险控制管理办法》《风险评估方法和标准》等相关制度和规章，明确机构的职责和分工、风险评估的程序和方法。具体进行风险评估的部门应是内部控制部门，负责对已识别的风险进行定量和定性的分析，估计风险的严重程度，评估风险发生的可能性或频率，考虑采取适当的措施管理风险。

2.确定风险评估的时间范围

风险评估的时间范围应与相关战略目标的时间范围保持一致，当企业战略目标不仅着眼于中短期，而且在某些方面延伸到较长时期时，管理层也不能忽视那些可能延伸的风险。一般而言，时间范围越大，风险发生的可能性就越大，风险评估的要求就越高。另外，管理者还应注意，不同时间段所对应风险发生的可能性是不同的，如春季发生旱灾的可能性相对较高，而夏季发生洪涝灾害的可能性相对较高。

3.确定风险评估的空间范围

如果潜在事项之间并不相关，管理者应对它们分别进行评估；但当事项彼此关联时，或者当事项结合或相互影响产生显著不同的可能性或影响时，管理者应把它们放在一起进行评估。因此，风险分析应包括风险之间的关系分析，以便发现各风险之间的自然对冲、风险事件发生的正负相关性等组合效应，从风险策略上对风险进行统一集中管理。另外，企业在评估多项风险时，应根据风险发生可能性的大小和对目标的影响程度的评估，绘制风险坐标图，对各项风险进行比较，初步确定对各项风险的管理优先顺序和策略。

4.运用风险评估技术及方法进行评估

风险评估方法包括定量分析和定性分析。在不要求做定量分析时，或者定量分析所需的充分可靠的数据实际上无法取得，以及获取这些数据不符合成本-效益原则时，管理者通常采用定性分析的方法。定量分析能带来较高的精确度，但要求数据较多，分析较为复杂，通常应用在特别重要的活动中。

（1）定性分析方法

定性分析方法包括问卷调查、集体讨论、专家咨询、情景分析、政策分析、行业标杆比较、管理层访谈、由专人主持的工作访谈和调查研究等。

（2）定量分析方法

定量分析方法包括统计推论（如集中趋势法）、计算机模拟（如蒙特卡罗分析法）、失效模式与影响分析、事件树分析等。进行风险定量评估时，应统一制定各风险的度量单位和风险度量模型，并通过测试等方法，确保评估系统的假设前提、参数、数据来源和定量评估程序的合理性和准确性。要根据环境的变化，定期对假设前提和参数进行复核和修改，并将定量评估系统的估算结果与实际效果进行对比，据此对有关参数进行调整和改进。

5.风险评估的结果描述

对事件发生的可能性及影响程度进行定性或定量评估后，可以采用风险图、数量表等方式将其描述出来，以利于管理者针对不同的风险类型采用不同的风险管理策略。

第四节　风险应对

一、风险应对策略

风险应对是指企业管理层采取一系列行动，以便把风险控制在主体可以接受的范围之内。风险应对具体包括以下四种类型：

1.风险回避

风险回避（Risk Avoidance），即退出产生风险的活动，采用这种方案意味着所采用的应对措施不能把风险的影响和可能性降到一个可接受的水平。

企业应对风险的策略首先考虑的是如何避免，尤其对于欺诈行为造成的资产损失及质量低劣带来的法律责任等。当风险造成的损失不能由该项目可能获得的利润予以抵销时，避免风险是最可行、最简单的办法。但是避免风险的方法具有很大的局限性：

（1）只有在风险可以避免的情况下，避免风险才有效果；

（2）有些风险无法避免，如市场风险、政治影响等；

（3）有些风险虽然可以避免，但成本过高；

（4）事事都采取避免风险的态度可能会使企业产生安于现状、不求进取的风气。

2.风险降低

风险降低（Risk Reduction），即采取措施降低风险产生的可能性或影响，或者同时降低两者。风险降低应当把剩余风险降低到与期望的风险相协调的水平。

企业在风险不能避免的情况下会自然地想到如何控制风险的发生，如何降低风险发生的概率，或如何降低风险发生带来的损失。降低风险主要有两种办法：

一是控制风险因素，降低风险发生的概率。

二是控制风险发生的频率和降低风险的损害程度。控制风险发生的频率就需要准确的预测，如利率预测、汇率预测、债务人信用评价等。降低风险损害程度需要果断地采取措施，如对债务人进行债务重组、积极调整收账政策等。

3.风险承受

风险承受（Risk Acceptance），即不采取任何措施去干预风险产生的可能性或影响，采用这种方案也表明固有风险已在风险承受度之内。

企业承担风险的方式可以分为无计划的单纯自留或有计划的自发保险。无计划的单纯自留，主要是指对未预测到的风险所造成损失的承担方式。有计划的自发保险是指对已预测到的损失的承担方式，如资产减值准备的提取、坏账准备的提取等。

4.风险分担

风险分担（Risk Sharing），即通过转移来降低风险产生的可能性或影响，或者分担一部分风险。风险分担与风险降低类似，也要将剩余风险降低到与期望的风险相协调的水平。

企业为了避免自己在承受风险后对其经济活动产生妨碍或产生重大不利影响，可以对风险采取不同的转移方式，如通过保险或非保险方式进行转移。现代保险制度是转移风险的最理想方式之一，企业可以进行财产、医疗等方面的保险，将风险损失转移给保险公司。此外，企业还可以通过合同条款将部分风险转移给对方，如运输合同中有关事故责任人的界定。

二、如何选择风险应对策略

企业应当根据风险分析情况，结合风险成因、企业整体风险承受能力和具体业务层面上的可接受风险水平，确定风险应对策略。

（一）基本原则

（1）对超出整体风险承受能力或者具体业务层面上的可接受风险水平的风险，应当实施风险回避策略。

（2）对在整体风险承受能力和具体业务层面上的可接受风险水平之内的风险，在权衡成本-效益之后无意采取进一步控制措施的，可以实施风险承受策略。

（3）对在整体风险承受能力和具体业务层面上的可接受风险水平之内的风险，在权衡成本-效益之后愿意单独采取进一步的控制措施以降低风险、提高收益或者减轻损失的，可以实施风险降低策略。

（4）对在整体风险承受能力和具体业务层次上的可接受风险水平之内的风险，在权衡成本-效益之后愿意借助他人力量，采取包括业务分包、购买保险等进一步的控制措施以降低风险、提高收益或者减轻损失的，可以实施风险分担策略。

（二）结合不同业务选择风险应对方案

风险应对策略与企业的具体业务或者事项相联系，不同的业务或事项可以采取不同的风险应对策略，同一业务或事项在不同的时期可以采取不同的风险应对策略，同一业务或事项在同一时期也可以综合运用风险降低和风险分担应对策略。

（1）一般情况下，对战略、财务、运营和法律风险，可采取风险承受、风险回避、风险分担等方法。

（2）通常情况下，对能够通过保险、期货、对冲等金融手段进行理财的风险，可以采用风险分担、风险降低等方法。

（3）风险应对的选择还应从企业范围内组合的角度去考虑。一些情况是一个部门内的风险应控制在风险承受度之内，但是从整个企业来讲却超过了风险承受度。还有一些情况是，企业内很多部门的风险可以相互抵消，不需要采取过多的风险应对措施。

企业按照规定的程序和方法开展风险评估后，可以结合业务流程、风险因素、重要性水平和风险应对策略，在对可能存在的风险进行分析的基础上，设立风险清单，建立企业风险数据库，为持续开展和不断改进风险评估提供充分、有效的数据支持。

企业应当重视风险评估的持续性，及时收集风险及与风险变化相关的各种信息，定期或者不定期地开展风险评估，适时更新、维护风险数据库。

第五节　COSO新框架的原则和要素

在风险评估要素中，新框架提出了4个原则和17个要素（关注点）。具体内容见表3-1。

表3-1　　COSO新框架下风险评估的原则和要素（关注点）①

<table>
<tr><th colspan="2">原则</th><th colspan="2">要素（关注点）</th></tr>
<tr><td rowspan="16">1</td><td>企业制定足够清晰的目标，以便识别和评估有关目标所涉及的风险</td><td colspan="2"></td></tr>
<tr><td rowspan="4">——运营目标</td><td>1a</td><td>反映管理层决策</td></tr>
<tr><td>2a</td><td>考虑风险忍受度</td></tr>
<tr><td>3</td><td>涵盖运营和财务目标</td></tr>
<tr><td>4</td><td>形成投入资源的基准</td></tr>
<tr><td rowspan="3">——外部财务报告目标</td><td>1b</td><td>符合会计准则</td></tr>
<tr><td>2b</td><td>考虑重要性水平</td></tr>
<tr><td>5</td><td>反映企业活动</td></tr>
<tr><td rowspan="3">——外部非财务报告目标</td><td>1c</td><td>符合外部标准和框架</td></tr>
<tr><td>2c</td><td>考虑精准度要求</td></tr>
<tr><td>5</td><td>反映企业活动</td></tr>
<tr><td rowspan="3">——内部报告</td><td>1a</td><td>反映管理层决策</td></tr>
<tr><td>2c</td><td>考虑精准度要求</td></tr>
<tr><td>5</td><td>反映企业活动</td></tr>
<tr><td rowspan="2">——合规目标</td><td>1d</td><td>反映外部法律法规</td></tr>
<tr><td>2a</td><td>考虑风险忍受度</td></tr>
<tr><td rowspan="5">2</td><td rowspan="5">企业从整体角度来识别和分析实现目标所涉及的风险，并据此决定应如何管理风险</td><td>6</td><td>涵盖总公司、子公司、分支机构、事业部和职能部门</td></tr>
<tr><td>7</td><td>分析内部和外部因素</td></tr>
<tr><td>8</td><td>涵盖适当层级的管理</td></tr>
<tr><td>9</td><td>评估风险识别的重要性</td></tr>
<tr><td>10</td><td>决定如何应对风险</td></tr>
<tr><td rowspan="4">3</td><td rowspan="4">企业在评估影响目标实现的风险时，考虑潜在的舞弊行为</td><td>11</td><td>考虑不同类型的舞弊</td></tr>
<tr><td>12</td><td>评估员工承受的压力和激励手段</td></tr>
<tr><td>13</td><td>评估舞弊发生的机会</td></tr>
<tr><td>14</td><td>评估态度和合理性</td></tr>
<tr><td rowspan="3">4</td><td rowspan="3">企业识别并评估可能会对内部控制系统产生重大影响的变更</td><td>15</td><td>评估外部环境变化</td></tr>
<tr><td>16</td><td>评估业务模型变化</td></tr>
<tr><td>17</td><td>评估领导层变化</td></tr>
</table>

① 资料来源：佚名．COSO内部控制新框架：常见问题解答［EB/OL］．(2014-04-27)．http://www.docin.com/p-800953742.html，经作者整理。

【案例3-1】 中航油折戟狮城

2003年11月30日，中国航油（新加坡）股份有限公司（以下简称中航油（新加坡））发布了一个令世界震惊的消息：这家新加坡上市公司因石油衍生产品交易，总计亏损5.5亿美元。净资产不过1.45亿美元的中航油（新加坡）因此严重资不抵债，已向新加坡最高法院申请破产保护。许多中小投资者仍在“睡梦”之中，真的令人难以置信。中航油（新加坡）在新加坡一贯被视为信誉良好的公司，自2001年11月上市以来，股价稳步上升，2003年更是增长了80%。其中，2003年4月和10月，在中航油（新加坡）发现投机失利和耗尽现金的两个关键时点，其股价更是达到最高点。

一、中航油（新加坡）发展历程

中航油（新加坡）成立于1993年，由中央直属大型国企中国航空油料控股公司控股，总部和注册地均位于新加坡。

在经历初期4年的亏损休眠后，1997年，中航油（新加坡）迎来了新的掌舵人陈久霖。陈久霖在资金严重短缺的背景下，开始了艰难创业，利用中航油（新加坡）所拥有的“航油专营权”想出了许多办法，进行“业务创新”。其中包括请求国内有资信的企业帮助“过账”，即先讲好条件，然后请卖家先将油品卖给国内有实力的企业（但这些企业其实并不具备“专营权”），中航油（新加坡）再从国内企业买进（先提货后付款，可以利用时间差赚钱）并支付一定的费用，这一招很快拉来了大批业务。

在陈久霖的“创新”之下，中航油（新加坡）与10家跨国银行共同签署了一项价值1.6亿美元的长期融资协议。公司在无抵押、无担保、无母公司安慰函的情况下获得如此巨额的低利率贷款，这在海外中资企业中是第一个。中航油（新加坡）一举扭亏为盈，逐渐实现“石油运输公司转为石油贸易公司”的转型，以批量采购的办法降低采购成本，为母公司系统的所有用油户采购石油，从单一的进口航油采购业务逐步扩展到国际石油贸易业务。

借母、子公司之便，中航油（新加坡）的采购量占到了中航油总公司系统全部用油量的98%。2000年3月，中航油总公司正式下发文件，要求包括参股企业在内的所有下属公司在今后几年内必须通过中航油（新加坡）在海外进行采购。2001年10月，中航油总公司又再次承诺绝不撤销以往的安排。2001年11月，中航油（新加坡）在新加坡股市挂牌，成为中国首家利用海外自有资产在国外上市的中资企业，中国航油垄断进口商的地位已相当醒目。

2001年年底，中航油（新加坡）在新加坡上市后，该公司迅速成为投资者的宠儿，其股价在首次公开募股之后增长了7倍。6年间，净资产由1997年的16.8万美元猛增至2003年的1.28亿美元。因可分享企业盈利的10%，陈久霖2003年的薪酬达到创纪录的2 300余万元人民币。

中航油（新加坡）作为唯一入选的中资公司，在2002年3月被新加坡证券投资者协会评为该年度新加坡“透明度最高的56家企业”之一。2003年10月，世界经济论坛将陈久霖评为2003年度“亚洲经济新领袖”。2004年，中航油（新加坡）进入标准普尔中国海内外上市企业第40位。同年，入选道琼斯新加坡蓝筹股“道琼斯新加坡泰山30指数”。2003年4月，被美国应用贸易系统（ATS）机构评选为亚太地区“最具独特性、成长最快和最有效率的石油公司”。

二、中航油（新加坡）败局

至20世纪90年代末，陈久霖领军的中航油（新加坡）就已进入石油期货市场，也曾多有盈利。2001年11月，中航油（新加坡）的招股说明书上已经将石油衍生品交易列为业务之一。2002年的年报显示，中航油（新加坡）凭投机交易获得相当高的盈利。2003年4月，中航油（新加坡）的母公司中海油集团也成为第二批国家批准有资格进入境外期货交易的企业。

自2003年下半年开始，中航油（新加坡）开始交易石油期权，到年底，公司的盘位是空头200万桶，中航油（新加坡）在交易中获利。期权交易由交易员Gerard Rigby和Abdallah Kharma操盘，两人分别有14及18年的从业经验，均为资深外籍交易员。

陈久霖看准油价将会在下半年开始下跌，或者至少涨停。他决定将大量现金押宝于石油跌价。在原油价格位于每桶35~39美元价位区间时，该公司开始“做空”。所谓“做空”，就是按当时市场价格卖出一定数量的货品或期权合约，等价格下跌后，实现高价卖出、低价买进的差额利润。在这种既定策略下，从年初开始，中航油（新加坡）连续持有大量做空期货合约，并等待油价反转下跌。陈久霖认为，油价必将下跌或至少不再上涨。但令他始料未及的是，受伊拉克危机、俄罗斯尤科斯震荡、阿拉伯恐怖袭击等国际事件的影响，直到2004年10月，国际油价仍然涨势如潮。而陈久霖的对手们——国际对冲基金也利用每个事件的放大效应哄抬油价。

亏损在2004年一季度显现。由于外籍交易员Gerard Rigby和Abdallah Kharma在头3个月继续卖空，而石油价格一路上涨，到3月28日，公司已经出现580万美元的账面亏损，这是一个不小的数目。公司决定延期交割合同，期望油价能回跌，交易量也随之增加。此时正是中航油（新加坡）年度财务报告公布的前夜，公司正面临股价持续攀升的火热局面。风险管理委员会主任Cindy Chong和交易员Gerard Rigby本人前往陈久霖办公室，提出了展期的方案。陈久霖接受了这一建言。于是，在期权交易中的盘位大增。2天之后，中航油（新加坡）宣布了2003年年报，其全年盈利3 289万美元，股价冲至1.76新加坡元的高位。然而，油价没有停止上涨的步伐。中航油（新加坡）的账面亏损消失了，而为了翻本，盘位随即放大。到2004年6月，公司因期权交易导致的账面亏损已扩大至3 000万美元。这一回，在又一次风险控制委员会的会议中，有人担心“会不会搞大”了。据一位知情人士回忆，当时大部分人仍觉得可以展期持仓，而陈久霖再次显示出其“魄力”，同意把所购期权的到期时间全部后挪至2005年和2006年。2001年，国务院曾颁布《国有企业境外期货套期保值业务管理办法》（以下简称《办法》），把所购期权的到期时间全部后挪至2005年和2006年，但这种做法已远远超过《办法》中只允许炒12个月的上限。交易量被进一步放大。

陈久霖甘冒风险、将错就错的思路在延续。既然坚信油价必然下跌，既然不愿意也没有胆量承认失败，既然投机之心尚存、幻想最后能赚大钱，从2004年7月到9月，中航油（新加坡）随着油价的上升，唯有继续加大卖空量，整个交易已成狂赌。10月份，国际石油价格达到55.67美元时，中航油（新加坡）的油品期货合同已经高达5 200万桶，中航油（新加坡）每年的进口量约为1 500万桶，卖空投机的盘位高达5 200万桶，已经超过中国航空用油3年的用量。数额之大、投机之甚，足以令人叹为观止。中航油（新加坡）持有的期权总计5 200万桶合约分散在2005和2006年。其中2006年3 412万桶，占总盘位的79%。油价在大幅上涨，公司需要支付的保证金也在急剧增加。跨过10月，纽约交易所的油价在突破每桶50美元之后继续上行，中航油（新加坡）从当年38美元出货调整到2006年的平均43美元，此时已觉势如骑虎，且因现金流耗尽而身陷绝境。

10月26日和28日，公司因无法补加一些合同的保证金而遭逼仓，蒙受1.32亿美元实际亏损。

11月8日到25日，公司的衍生商品合同继续遭逼仓，截至25日，实际亏损达3.81亿美元。

至11月25日，高调的三季度财报公布后13天，中航油（新加坡）的实际亏损已经达到3.81亿美元。相比1.45亿美元的净资产已说明其技术性破产。

直至此时，中航油（新加坡）仍未正式公告真相，7 000多名小投资者仍蒙在鼓中，但机构投资者中的先知先觉者亦不乏其人。中航油（新加坡）的股价一直在下跌，至11月27日周五收市，中航油（新加坡）的股价已跌至0.965新元，比1个月前向公司配股时跌了4成。

11月29日，周一，中航油（新加坡）申请停牌。翌日，公司正式向市场公告已亏3.9亿美元、潜亏1.6亿美元的消息，并向法院申请债务重组。市场大哗。

三、案例分析

新加坡公司从事以上交易历时1年多，从最初的200万桶发展到出事时的5 200万桶，一直未向中国航油集团公司报告，中国航油集团公司也没有发现。直到保证金支付问题难以解决、经营难以为继时，新加坡公司才向集团公司紧急报告，但仍没有说明实情。中航油（新加坡）从事石油投机亏损5.54亿美元后，一个被誉为棋盘上“过河尖兵”的明星国企瞬间濒临破产。“其兴也勃焉，其亡也忽焉”，人们在震惊之余，不免纷纷猜测其巨亏背后的故事，甚至有人说是在交易中中了西方大鳄的圈套。有一点是可以肯定的，和所有在衍生工具市场上发生的巨额亏损一样，中航油（新加坡）事件的根本原因在于其内部控制机制失灵。

1. 中国航油集团公司的内部监督控制机制形同虚设

中航油（新加坡）是经政府批准于2003年开始做油品套期保值业务的，其日后擅自扩大了业务范围，从事石油衍生品期权交易。与套期保值业务相比，衍生品期权交易风险极大，且不易控制。不论是中航油（新加坡）内部，还是中航油集团，在企业监管和风险管理上都有着巨大的漏洞。

根据中航油（新加坡）内部的规定，损失20万美元以上的交易，要提交公司风险管理委员会评估。累计损失超过35万美元的交易，必须得到总裁同意才能继续。任何将导致50万美元以上损失的交易，将自动平仓。多达5亿美元的损失，中航油（新加坡）才向集团报告，而且中航油（新加坡）总裁陈久霖同时也是中航油集团的副总经理，中航油（新加坡）经过批准的套期保值业务是中航油集团为其授权的，中航油集团事先没有发现问题，并建立相应的管控机制足以说明问题。

为满足国内大型企业正常经营、有效防范风险的需要，有关部门在2001年发布了《国有企业境外期货套期保值业务管理办法》，对从事高风险交易进行了严厉甚至苛刻的规定，基本上将业务限定在套期保值的范围内。同时，还要求获得经营资格的企业建立严格有效的内部管理和风险控制制度。据悉，中远、建行等国企在新加坡的分支机构均建立了相关的内部控制机制。比如，中远的投资总裁的资金权限仅为500万美元，而建行新加坡分行衍生品交易损失一旦达到100万美元，就要强行止损。据悉，在香港的一家中资公司就因为3 500万美元的衍生产品亏损而被国资委通报。我们不知道同为国企的中航油（新加坡）有没有建立相应的制度，或者说是否这些规定只停留在纸面上，总之中航油（新加坡）内部机制失灵是毫无疑问的。

2. 中国航油集团公司控制不了“人”

据了解，陈久霖在中国航油集团公司重组、与民航总局脱钩前是一名普通干部。企业脱钩改制后，上级管理部门提出要提拔陈久霖担任中国航油集团公司副总经理，中国航油集团公司班子绝大多数人不同意。但上级主管单位领导说：“这是上级已经作出的决定。”陈久霖就这样被提拔为集团公司副总。即便陈久霖就这样走上了领导岗位，如果有完善的机制约束，也许还不会造成如此严重的后果。可惜的是，中国航油集团公司的内部监督控制机制形同虚设。公司总裁陈久霖同时兼任集团副总经理，这样的人事安排相信也是其内部控制失灵的原因之一。

3. 新加坡公司基本上是陈久霖一人的“天下”

最初公司只有陈久霖一人，2002年10月，中国航油集团公司向新加坡公司派出党委书记和财务经理。但原拟任财务经理的人选被派到后，陈久霖以外语不好为由，将其调任为旅游公司经理。第二任财务经理被安排为公司总裁助理。陈久霖不用集团公司派出的财务经理，从新加坡雇了当地人担任财务经理，要求其只听他一个人的。党委书记在新加坡2年多，一直不知道陈久霖从事场外期货投机交易。

4. 集团公司通过正常的财务报表没有发现陈久霖的秘密

从新加坡公司上报的2004年6月的财务统计报表可以看出，公司当月的总资产为42.6亿元人民币，净资产为11亿元人民币，资产负债率为73%。长期应收账款为11.7亿元人民币，应付款也是这么多。从账面上看，不但没有问题，而且经营状况很好。但实际上，2004年6月，新加坡公司就已经在石油期货交易上面临3 580万美元的潜在亏损，却仍追加了错误方向“做空”的资金。由于陈久霖在场外进行交易，集团公司通过正常的财务报表没有发现陈久霖的秘密。新加坡当地的监督机构也没有发现，中航油（新加坡）公司还被评为2004年新加坡最具透明度的上市公司。

5. 中国航油集团公司和新加坡公司的风险管理制度也形同虚设

新加坡公司有风险管理委员会，其制定了风险管理手册。手册明确规定，损失超过500万美元，必须报告董事会。但陈久霖从来不报，集团公司也没有制衡的办法。2004年6月，陈久霖还在新加坡公开表示，新加坡公司只负责帮助客户采购，佣金收入相对稳定，风险很低，不会受到油价高低的影响。在具体期货操作上，在新加坡公司严格的风险管理系统总体控制下，不存在较大风险。

从中航油（新加坡）事件可以看出，上市公司内部控制的完善以及执行的有效与否与公司的经营管理状况、风险管理控制、发展前景及公司价值存在密切的关系，因此其内部控制信息的披露将对现有和潜在的投资者、债权人、监管机构等信息需求者的决策产生极大的影响，进而影响资源的配置。完善我国上市公司内部控制信息披露已经势在必行。

【案例3-2】 娃哈哈商标争端与无形资产控制①

1996年2月，娃哈哈集团、娃哈哈美食城与金加公司（由达能公司、香港百富勤公司控股）共同出资建立了5家公司，签订了《合资企业合同》，生产以“娃哈哈”为商标的包括纯净水、八宝粥等在内的产品，其中娃哈哈集团持股49%，其以评估作价1亿元的娃哈哈商标中的5 000万元出资，另外5 000万元由合资公司出，并作为对娃哈哈商标权的购买，当时5 000万元的购买出资已经很到位。同年，达能与娃哈哈集团签订了《商标转让合同》，欲将商标由娃哈哈转让给达能，商标局未批准。

亚洲金融风暴之后，百富勤公司将股权卖给达能，达能跃升到51%的控股地位。商标转让未果后，1999年5月双方改签了一份《商标使用合同》，其简式商标使用合同报商标局备案。正是这一合同引发了强行收购风波。2005年，双方签订了《商标使用合同》的第一号修改协定，在此协议中规定了娃哈哈的非合资企业在一定前提和条件下可获得合资公司授予的商标使用许可。2006年年底，法国达能公司欲强行以40亿元人民币的低价并购杭州娃哈哈集团有限公司总资产达56亿元的其他非合资公司51%的股权，但娃哈哈掌门人宗庆后表示后悔当初与达能签订合资合同且透露合同条款“不平等”。娃哈哈拒绝达能的收购行为后，达能以娃哈哈违反了所谓的“同业竞争”条款及“滥用娃哈哈商标”为由，于2007年5月9日在斯德哥尔摩申请了对娃哈哈的仲裁，同年的6月4日，达能又在美国把宗庆后的妻子和女儿以危害股东利益为由告上了法庭。此案引发了各方广泛关注，同时也激起了企业界警惕外资控股、保护民族品牌的大讨论。“达娃之争”主要围绕双方签订的几个合同展开，尤其是《商标转让合同》与《商标使用合同》。

① 刘莹莹. 达娃之争看商标转让［J］. 中华商标，2008（1）.

根据我国合同法的相关规定，达能与娃哈哈的《商标转让合同》符合合同法的法定的生效条件，并且其生效不需要另外条件，应当自双方签订时生效。关于达能与娃哈哈的纠纷，国家商标局商标监字2007第90号《关于娃哈哈商标转让申请审核情况的复函》中讲到："娃哈哈集团于1996年4月和1997年9月先后向我局提交了《关于请求转让娃哈哈商标的报告》和《关于转让娃哈哈注册商标的报告》，要求将该公司名下的200多件注册商标转让给合资公司，但我局根据《企业商标管理若干规定》，均未同意转让。"这一复函表明，当时的娃哈哈商标权并未获得批准转让给达能，更没有经过公告，商标权仍然属于娃哈哈。

达能与娃哈哈集团之争，是我国引进外资中的典型争端，其中有许多经验和教训值得吸取。一个成功品牌往往是任何有形资产所不能比拟的，商标既是企业的标志和根基，也是企业战胜对手、争夺市场、开辟财源的强大武器。中国企业在寻求外资合作的时候，为了扩大在合资企业中所占份额，往往将无形资产评估后作价出资，这样做看起来可以获得短期收益，但是却将辛苦培育起来的知名品牌或者驰名商标捆绑在合资企业上，一旦合资企业经营出现问题，或者合资企业股权发生变化，那么中方企业的知名品牌或者驰名商标便难以保全。因此，我们不仅要提醒国内知名品牌谨防外资控股陷阱，更亟待进一步完善引进外资的条款，以通过立法来限制外资恶意并购，防止企业控制权旁落。

第四章　内部控制要素——控制活动

控制活动是指帮助管理人员确保其指令能被执行的政策和程序，它贯穿于企业所有阶层和职能部门。管理层在确定控制活动时，需要考虑控制活动之间的联系。在某些情况下，一项控制活动可以实现多个风险应对。在另一些情况下，一个风险应对需要多个风险控制活动。一般情况下，控制活动是为了实现风险应对而建立的，但有时风险应对本身就是控制活动。比如，为了使某一特定交易能够适当进行，风险应对本身就是控制活动，即需要职责分离，需要有监管者的批准等。

控制活动一般包括两个要素，即确定应遵循的政策以及实现政策的程序。管理层应保证每项业务活动都有恰当的政策及程序，并确保这些政策及程序能够得到有效执行。为保证控制活动的有效实施及企业目标的实现，以下程序值得借鉴：

1.制定风险控制管理办法

企业制定风险控制管理办法，明确风险管理部门的职责分工、控制设计的原则和方法、关键控制的确认等。

2.建立财务分析、报告制度

企业应建立财务分析制度，明确财务分析的职责、分析的内容及方法，建立并不断完善财务会计报告制度。此外，财务报告分析的主要内容包括：资产负债类指标分析、损益类指标分析、现金流量类指标分析。

3.建立财务报告流程

企业应建立完善的财务报告流程，以确保各项报告能够有序完成，主要包括以下几个方面：

（1）编制财务报告之前的准备工作；

（2）编制公司财务报告的流程；

（3）编制财务报表附注的流程；

（4）编制财务情况说明书的流程；

（5）财务报告的复核、审批及存档；

（6）财务报告的考核及审计。

4.建立风险控制文档

风险控制文档用于确认、记录每个流程、每个步骤中存在的风险和已建立的控制，并与相应的制度和控制实施证据相对应。企业应建立一整套完善的风险控制文档，具体步骤如下：

（1）企业应制定《风险控制文档编制标准》，明确风险控制文档的编制原则及项目的描述要求；

（2）根据企业生产及经营管理活动，制定采购、生产、销售、服务等相关业务流程，并为关键业务流程编制风险控制文档，该文档应能够反映真实的业务执行情况；

（3）对风险控制文档进行分析，查找控制措施存在的缺失和漏洞，进行补充和修订。

5.建立风险控制文档完善制度

企业通过建立风险控制文档，将其与实际操作情况进行差异分析，查找出控制差距和不足，然后补充和完善现有的控制措施，以达到防范风险的目的。另外，企业生产经营的内部及外部环境在不断变化，现存的控制措施并不能一直保持其有效性，因此需要及时增加、减少、完善内部控制措施，防止管理中存在漏洞和死角。

6.确认关键控制点

关键控制点，是指在相关流程中影响力和控制力相对较强的一项或多项控制，其控制作用是必不可少或不可代替的。确认的关键控制点应作为企业控制活动的重点，对其实行全面、严格的管理，以避免重大风险的产生。企业在开展风险控制分析、编写风险控制文档的基础上确认关键控制点，并以此编制《关键控制文档》。该文档须经过高层管理人员、直接负责人、外部的内部控制专家等相关人员的审查并进行修改完善后最终确定。

7.编制控制程序文件

企业在建立风险控制文档的基础上，制作与控制相对应的程序文件，以及与控制相关的、有示范意义的标准控制证据。

8.建立完善的内部控制制度

企业应当努力建立、维护并完善的内部控制制度包括：内部控制岗位授权制度；内部控制报告制度；内部控制批准制度；内部控制责任制度；内部控制审计检查制度；内部控制考核评价制度；重大风险预警制度；以总法律顾问制度为核心的企业法律顾问制度；重要岗位权力制衡制度等。

9.不断完善内部控制制度及文件

企业的内部及外部环境时刻在变化，风险评估的结果也会不断更新，控制活动也随之发生变化。企业应定期组织相关部门针对新增或变动的风险进行评估，将这些新增或变化后的控制活动记录在风险控制文档中，并根据识别出的关键控制点更新关键控制文档。

按照控制方式分类，控制活动可分为九类，分别为：职责分工控制、授权控制、预算控制、财产保护控制、会计系统控制、内部报告控制、经济活动分析控制、绩效考评控制、信息系统控制。本章将在第一节至第九节中对上述控制活动展开详细阐述。

第一节 职责分工控制

一、职责分工控制的内容

职责分工控制要求根据企业目标和职能任务，按照科学、精简、高效的原则，合理设置职能部门和工作岗位，明确各部门、各岗位的职责权限，形成各司其职、各负其责、便于考核、相互制约的工作机制。

企业组织机构有两个层面：一是法人治理结构问题，涉及董事会、监事会、经理的设置及相互关系；二是管理部门的设置及相互关系，对财务管理来说，就是如何确定财务管理的广度和深度，由此产生集权管理和分级管理的组织模式。

企业在确定职责分工的过程中，应当充分考虑不相容职务相互分离的制衡要求。所谓不相容职务，是指某些如果由一名员工担任，既可以弄虚作假，又能够自己掩饰作弊行为的职务。不相容职务通常包括授权、批准、业务经办、会计记录、财产保管、稽核检查等。企业应当根据各项经济业务与事项的流程和特点，系统、完整地分析、梳理执行该经济业务与事项涉及的不相容职务，并结合岗位职责分工采取分离措施。有条件的企业，可以借助计算机信息技术系统，通过权限设定等方式自动实现不相容职务的相互分离。需要分离的职务主要有：

（1）授权批准职务与执行业务职务相分离；

（2）业务经办职务与审核监督职务相分离；

（3）业务经办职务与会计记录职务相分离；

（4）财产保管职务与会计记录职务相分离；

（5）业务经办职务与财产保管职务相分离。

二、实行职责分工控制的程序

建立、健全职责分工控制，目前必须解决两个问题。

1.设立管理控制机构

目前有些上市公司依据自身经营特点设立了审计委员会、价格委员会、报酬委员会等，这是完善内部控制机制的有益尝试。机构设置因单位的经营特点和经营规模而异，很难找到一个通用模式。比如设立价格委员会的企业大都是规模很大、采用集中采购方式且采购价格变动较大的企业，这些企业设立价格委员会能够有效地加强采购环节的价格监督与控制。再比如，对于规模大、技术含量很高、高知人员云集、按劳取酬的企业而言，通过设立报酬委员会进行管理层持股及股票期权问题研究，能够提高按劳取酬的科学性，增强报酬计划执行的透明度和监控力度。

2.推行职务不兼容制度

（1）杜绝高层管理人员交叉任职。交叉任职主要体现在董事长和总经理为一人，董事会和总经理班子人员重叠。在上市公司中，这一问题虽有了较大的改变，但从公司制企业的总体上看，仍普遍存在。这种交叉任职的后果是董事会与总经理班子之间权责不清、制衡力度锐减。关键人大权独揽，一人具有几乎无所不管的控制权，且常常集控制权、执行权和监督权于一身，并有较大的任意性。交叉任职违背了内部控制的基本原则，必然带来权责含糊，易于造成办事程序由一个人操纵的现象。事实上，资金调拨、资产处置、对外投资等方面出现的问题重要原因之一就在于交叉任职，董事会缺乏独立性。因此，建立内部控制框架首先要在组织机构设置和人员配备方面做到董事长和总经理分设、董事会和总经理班子分设，避免人员重叠。

（2）杜绝会计人员和出纳人员交叉任职。1985年我国第一次颁布的《中华人民共和国会计法》中，将“会计不能兼任出纳”这一原则用法律形式表述出来，这是财务管理中最重要也是最基本的原则。企业应当结合岗位特点和重要程度，明确财会等关键岗位员工轮岗的期限和有关要求，建立规范的岗位轮换制度，对关键岗位的员工，可以实行强制休假制度，并确保在最长不超过5年的时间内进行岗位轮换，防范并及时发现岗位职责履行过程中可能存在的重要风险，以强化职责分工控制的有效性。

第二节 授权控制

一、什么是授权控制

授权控制要求企业根据职责分工，明确各部门、各岗位办理经济业务与事项的权限范围、审批程序和相应责任等内容。企业内部各级管理人员必须在授权范围内行使职权和承担责任，业务经办人员必须在授权范围内办理业务。

二、授权批准方式

授权一般包括常规性授权和临时性授权。常规性授权是指企业在日常经营管理活动中，按照既定的职责和程序进行的授权。企业可以根据常规性授权编制权限指引并以适当形式予以公布，提高权限的透明度，加强对权限行使的监督和管理。临时性授权是指企业在特殊情况、特定条件下进行的应急性授权，比如重大筹资行为、投资决策、资本支出和股票发行等。企业应当加强对临时性授权的管理，规范临时性授权的范围、权限、程序、责任和相关的记录措施。有条件的企业，可以采用远程办公等方式逐步减少临时性授权。

企业对于金额重大、重要性高、技术性强、影响范围广的经济业务与事项，应当实行集体决策审批或者联签制度，任何个人不得单独进行决策或者擅自改变集体决策意见。未经授权的部门和人员，不得办理企业各类经济业务与事项。

三、授权控制体系

（1）确定授权批准的范围。企业的所有经营活动都应纳入其范围。

（2）划分授权批准的层次。企业应根据经济活动的重要性和金额大小，确定不同的授权批准层次，从而保证各管理层有权亦有责。

（3）明确授权批准的责任。企业应当明确被授权者在履行权力时应对哪些方面负责，应避免责任不清，一旦出现问题又难究其责的情况发生。

（4）规范授权批准的程序。应规定每一类经济业务的审批程序，以便按程序办理审批，以避免越级审批、违规审批的情况发生。单位内部的各级管理层必须在授权范围内行使相应的职权，经办人员也必须在授权范围内办理各项经济业务。

第三节 预算控制

一、预算控制的内涵与意义

目前，内部控制结构已不仅仅满足于传统意义上的查弊纠错和保护资产安全，其目标已延伸到提高效率和效益、保证管理政策和目标的实现。为此，预算控制已成为内部控制的重要方式。预算控制要求企业加强预算编制、执行、分析、考核等各环节的管理，明确预算项目，建立预算标准，规范预算的编制、审定、下达和执行程序，及时分析和控制预算差异，采取改进措施，确保预算的执行。

企业预算控制是国内外大中型企业所普遍采用的一种现代控制机制，是企业内部控制的重要组成部分。预算管理是企业管理的核心原则，有效的预算控制和管理可以提高经济效益，是检验现代化企业财务管理科学化、规范化的主要标志之一。预算控制是解决现代企业制度下，出资者、经营者与各部门及职工之间委托-代理问题的有效途径，是规范三者关系的制约手段。此外，预算控制在保护财产的安全完整方面是高效的。企业要确保资产安全完整，仅仅依靠单一的资产管理法规和制度显然不够，必须辅之以预算手段。

预算控制有利于优胜劣汰机制、激励约束机制的运行。任何一个预算管理松懈的企业必然难寻降本增效之源，难以摆脱低效率、高成本的困扰。预算控制分为两个层次，即预算编制控制和预算执行控制。

二、预算控制体系

完整的预算控制体系是包括预算编制控制、预算执行控制和预算考评控制三个环节在内的控制系统。

（一）预算编制控制

1.选择预算管理模式

作为实现企业战略目标的手段，预算管理的重点必然要体现战略的要求。不同的战略规划决定企业选择不同的预算管理模式，并进一步决定企业选择不同的预算编制切入点、程序和方法。

（1）以资本预算为核心的预算管理模式

该预算管理模式适用于处于初创期的企业，其预算管理重点为：谨慎进行投资概算；利用财务决策技术进行资本支出的项目评价；项目投资总额预算和各期现金流出总额预算；融资预算；以预算为标准对实际购建过程进行监控与管理；对照资本预算，评价资本支出项目的实际支出效果。

（2）以销售预算为核心的预算管理模式

该预算管理模式适用于步入成长期的企业。预算管理的重点是借助预算机制与管理形式来促进营销战略的全面落实，以取得企业可持续的竞争优势。以销售预算为核心的预算管理模式，能够为企业营销战略实施提供全方位的管理支持。

（3）以成本预算为核心的预算管理模式

该预算管理模式适用于处于成熟期的企业和大型企业集团的成本中心。以成本预算为核心的预算编制核心思想为：以期望收益为依据、以市场价格为已知变量来规划企业总预算成本；以总预算成本即目标成本为基础，分解到涉及成本发生的所有责任单位，形成约束各责任主体的分预算成本。

（4）以现金流量为核心的预算管理模式

该预算管理模式适用于处于衰退期的企业，其预算管理重点关注：企业及各部门、子公司的现金来源；企业现金支出的途径；现金流入、流出的具体时点；在某一时点上可用的现金余额；如何从外部筹措所需资金；控制不合理的现金支出，防止自由现金流量的滥用。

2.明确预算编制程序

预算编制程序有自上而下式、自下而上式和上下结合式三种方式。

（1）自上而下式

所谓自上而下式，是指集团公司总部根据战略管理需要，制定全面而详细的预算，各部门或子公司只是预算执行主体，所有管理权力集中在总部。自上而下式预算编制程序适用于集权制管理的企业和产品生产、经营单一的企业。

（2）自下而上式

所谓自下而上式，是指各部门和子公司负责编制、上报预算，总部对预算负有最终审批权，预算管理的主动性在于基层单位，总部主要起到管理中心的作用。自下而上式预算编制程序适用于分权制管理的企业。

（3）上下结合式

上下结合式，博采上述两式之长，在预算编制的过程中，经历了自上而下和自下而上的往复。上下结合式既体现了管理层的意志，反映了企业战略发展要求，又考虑到了基层单位的实际情况。这一方式的关键在于上与下如何结合、对接点如何确定的问题。

3.选择预算编制方法

预算编制的具体方法视不同部门、不同单位的性质和费用形态而定，通常有三种方法可供选择：

（1）传统预算法，即在上年度的预算基础上，考虑本年度预计变动因素而编制的预算。这种预算编制方法简单、便于理解，但缺乏灵活性，适用于业务量平稳、变动幅度不大的企业。

（2）弹性预算法，即以正常情况为基准，考虑相关范围内几个变化水平的预算方案。这种预算编制方法灵活，比如当销售量在某月发生变化时，可以根据变化幅度选择预算方案。

（3）零基预算法。这种编制方法不考虑上期情况，而是根据现状分析，每次编制预算都从零开始。这种预算编制方法比较合理，但编制过程繁琐耗时，适合研发部门使用。

（二）预算执行控制

1.预算控制主体

企业应建立严密的预算监控机构，即预算控制主体，以保证全方位的预算控制。预算系统具有全面性和系统性的特点，加之受成本、能力等因素的制约，使得企业难以通过设置一个专门的预算监控机构来承担预算控制的重任。因此，有效的控制方式应该是自我控制和管理控制相结合，这就决定了预算组织机构即为预算的控制主体。与预算组织机构相对应，预算控制也是分三个层次展开的。

第一层次是预算管理委员会。预算管理委员会是全面预算管理的领导机构，自然应作为最高级别的控制主体承担监控职责。

第二层次是预算管理机构。预算管理机构对企业预算执行情况进行日常监督和控制，收集预算执行信息，形成分析报告。预算管理机构一般由财务总监负责。财务部的地位决定其理应成为预算监控中心和预算信息反馈中心。

第三层次是各责任中心。各责任中心既是预算的执行者，又是预算执行的监控者。各责任中心（包括所有基层预算人员）在各自职权范围内以预算指标作为生产经营行为的标准，如果超过预算，要向上级责任中心报批。各责任中心的专职预算员记录任务实际完成情况，同预算指标比较，进行自我分析，并上报上级管理人员以便采取相应的措施。

2.预算控制流程

（1）预算指标的分解与下达。年度预算经过董事会批准后，需要分解为月度预算，有条件的企业，还可以分解到天，以保证预算的有效执行。企业将分解后的预算指标下达给各责任中心，以此作为对责任主体的硬约束。

（2）业务执行。各预算责任部门以预算指标作为业务活动的标准，本月无法完成的预算可以留转下月执行，但要单独列示。各预算责任部门应指定专职或兼职预算管理员，登记预算台账，形成预算执行统计记录，并定期与财务部门核对。

（3）业务审批。业务审批要素包括审批权限、审批依据和审批责任。对于预算业务申请，首先要划分预算内和预算外支出。如果属于预算内支出，则限额内实行责任人审批制；对限额外的支出，由主管业务的副总经理及以上职位人员审批。预算外支出需要提交预算管理委员会审议。

（4）财务审核。财务部门对各级业务部门的日常业务进行财务监督和审核。财务审核的重点是财务支出，尤其是成本支出和资本性支出。对于预算限额外支出，业务副总经理审批通过后，财务总监还要检查审批程序是否合规、合法，并签署意见。

3.预算信息反馈

预算信息反馈是指预算指标执行情况的报告制度，包括预算责任报告和预算报告例会制度。

（1）预算责任报告。

预算责任报告是对预算执行情况进行汇总和比较分析的正式报告，是预算控制的有机组成部分。预算责任报告坚持“谁执行谁编制”的原则，各预算责任部门负责编制责任报告，财务部门将其汇总后，上报预算管理委员会。不同责任中心的责任范围不同，预算报告的具体项目也会有一些差别，但一般都包含以下四项内容，即预算数、实际数、差异额和预算完成率或差异率。

（2）预算报告例会制度。

预算报告例会制度是指公司应定期召开预算例会，汇报预算的完成情况以及执行过程中需要解决的问题。例会召开的时间根据企业的实际状况和需求而定，通常企业会在月末、季末和年末召开预算例会。为了提高效率，预算例会可以结合业务例会进行。

（三）预算考评控制

预算考评以责任中心为考评主体，以预算指标为依据，定期比较预算执行结果与预算指标的差异，分析差异形成的原因，据以评价责任中心的工作业绩，并按照奖罚制度对各预算责任人进行考核与激励。

预算考评是对企业各级责任主体预算执行情况的考核和评价。从预算考评的方式看，可以分为动态考评和综合考评；从预算考评的内容和性质看，又可分为过程监控和结果评价。预算考评一般分两个阶段进行，即预算执行过程中的动态考评和预算期末的综合考评。

1.预算执行过程中的动态考评

在预算执行过程中开展预算考评，能够及时提供各级责任主体预算执行情况的信息，通过差异分析，及时纠正行为偏差，督促其落实预算任务。预算差异分析包括四个步骤：首先，确定差异分析对象和差异分析方法，一般针对金额较大、性质特殊的差异进行分析，具体分析项目的确定视企业情况而定。其次，收集企业内部和外部资料，计算差异数额。再次，进行差异分析。确定差异原因是差异分析的重点，在此，关键是确定责任的“可控”与否。最后，根据差异分析结果，考虑可能采取的应对措施。

2.预算期末的综合考评

在预算期末，对全面预算管理的运行情况进行总结和综合评价，为下一次准确地编制和有效地运行预算积累经验。预算期末综合考评应与企业的绩效考核和激励机制结合起来，分为高级经理、责任中心和基层员工等多个考核层次，并据此进行相应的奖励与惩罚。

预算考评通常采用定性考核和定量考核相结合、财务指标和非财务指标相结合的方式。既然预算考评是对预算目标实现和预算责任履行情况的考核，自然考核指标应与预算目标和责任指标相对应。定量考核就是对各责任主体预算责任指标和预算目标的实际执行情况进行差异分析，根据分析结果决定奖惩措施。定量考核侧重于结果评估和数量考核。定性考核则是对在全面预算管理实施过程中表现优异和突出的部门和个人进行奖励，偏重于行为评估。

财务指标在预算考核中占据主导地位。但是，财务指标的局限性也是显而易见的，它过多关注过去的经营业绩而忽视未来的发展，片面分析容易误导经营行为，评价指标注重企业内部而忽视外部市场竞争。因此，在预算考评中很有必要引入非财务指标，它更加注重企业的未来成长、战略发展和外部市场，促使经营者加强内部管理和员工的培训，加大市场开拓的力度。

第四节 财产保护控制

财产保护控制要求企业限制未经授权的人员对财产的直接接触和处置，采取财产记录、实物保管、定期盘点、账实核对、财产保险等措施，确保财产的安全完整。

1.限制接近

限制接近是内部控制中一条重要的原则，是指对接近财产的限制，规定只有经过严格授权的人员才能接触财产，旨在划清责任、减少舞弊的发生。

（1）库存现金的限制接近。库存现金要与有关库存现金的记账人员相分离，库存现金的限制管理可限于指定的出纳人员范围之内，而且要对其实行保护措施，平时将库存现金放在保险箱并由出纳员保管钥匙。

（2）单据、证券以及易变现资产的限制。支票、汇票、发票、收据等非现金资产一般采用确保两个人同时接近资产的方式加以控制，可以在银行或信托公司租用保险柜存放应收票据和有价证券。

（3）存货的限制接近。对存货的保护可采取把存货放于仓库并由专职仓库保管人员看管的方式，并安装监视系统及防火、防盗等安全措施。

2.财产清查

财产清查是会计核算工作的重要制度，又是加强财产物资管理的一项重要制度。财产清查是通过定期或不定期，全面或部分地对各项财产物资进行实物盘点和对库存现金、银行存款、债权债务进行清查核对的一种制度。修订后的《中华人民共和国会计法》规定，各单位在内部会计监督制度中应当明确“财产清查的范围、期限和组织程序”，即不仅要建立财产清查制度，而且要明确规定财产清查的范围、期限和组织程序。

（1）确定财产清查的范围。清查范围包括存货、库存现金、票据、有价证券以及固定资产等财产。

（2）定期清查和抽查相结合。由于财产清查是进行账实、账款核对，检查其一致性，所以财产清查应该在每个会计年度财务报告之前全面进行。另外，企业可以根据自身需要安排抽查。

（3）财产清查的程序。清查日期和范围都确定后，要组织一个清查小组，开展如下工作：财产清点、账目核对、分析差异的形成原因并追究相关责任人的责任等。

3.财产保险

通过对资产投保，可以增加实物受损后的补偿机会，从而保护实物的安全，如火灾险、盗窃险和责任险。

4.财产记录监控

企业要建立资产档案，资产增减变动应及时全面地予以记录，加强财产所有权证的管理。

第五节 会计系统控制

一、会计系统控制的意义

会计系统控制要求企业依据《中华人民共和国会计法》、国家统一的会计制度，制定适合本企业的会计制度，明确会计凭证、会计账簿和财务报告以及相关信息披露的处理程序，规范会计政策的选用标准和审批程序，建立、完善会计档案保管和会计工作交接办法，实行会计人员岗位责任制，充分发挥会计的监督职能，确保企业财务报告真实、可靠和完整。

（1）会计系统控制通过不相容职务的分离可以防弊查错，保护企业资产的安全、完整。

（2）会计系统控制通过每项业务处理程序、各环节的职责分工、审批稽核手续、业务处理手续等过程，做到证证、账证、账账、账表、账实相符，促使各业务部门和人员建立有机的协作关系和制约关系，提高责任感和工作效率，从而确保会计信息的质量。会计系统控制可为财务管理、会计管理和企业管理提供真实、准确、完整的会计信息。

二、会计系统控制的内容

会计系统规定了企业各项管理活动和经济业务的确认、归集、分析、分类、记录和编报的方法。健全、正确的文件与会计记录既是组织规划控制、授权批准控制的手段，又是企业保持工作效率、贯彻企业经营方针的基础。企业应对重要决策、重大交易和内部控制制度进行文件记录。会计系统控制的内容主要有：

1.选择适用的会计准则和相关的会计制度

管理层应当选择适用的会计准则和相关的会计制度。就会计主体而言，民间非营利组织适合采用《民间非营利组织会计制度》，事业单位通常适用《事业单位会计制度》，而企业根据规模和行业性质，分别适合采用《企业会计准则》《企业会计制度》《小企业会计制度》等。

2.选择和运用恰当的会计政策

企业会计政策是指企业在会计确认、计量和报告中采用的原则、基础和会计处理方法。管理层应当根据企业的具体情况，选择和运用恰当的会计政策。

3.根据企业具体情况，作出合理的会计估计

会计估计是指企业对其结果不确定的交易和事项以最近可利用的信息为基础所作出的判断。

4.采用业务流程图的方式编制业务流程手册

业务流程图是由特定的符号组成，反映业务处理程序及部门之间相互关系的图表。它既是企业管理的有效工具，也是评价内部控制的重要手段。相关人员应充分理解企业的业务流程，清楚自己在整个业务流程中的地位。

5.文件和凭证连续编号

企业对业务处理的文件记录和凭证应连续编制相应的号码，凡有条件的均应事先编号。文件和凭证编号便于业务查询，也可避免业务记录的重复或遗漏，并在一定程度上防范舞弊行为的发生。例如，企业应对各种合同进行分类编号，对支票和现金支付申请单以及物品出、入库单事先编号。

6.建立和完善会计档案保管工作

会计档案是指会计凭证、会计账簿和财务报表等会计核算专业材料，是记录和反映经济业务的重要史料和证据。每年形成的会计档案，都应由财务会计部门按照归档的要求，负责整理立卷或装订成册。当年的会计档案，在会计年度终了后，可暂由本单位财务会计部门保管1年。期满之后，原则上应由财务会计部门编造清册，移交本单位的档案部门保管。财务会计部门和经办人员必须按期将应当归档的会计档案全部移交档案部门，不得自行封包保存。

7.建立会计岗位制度

一个企业通常可以根据实际需要设置会计主管、出纳、流动资产核算、固定资产核算、投资核算、存货核算、工资核算、成本核算、利润核算、往来核算、总账报表、稽核、综合分析等岗位。这些岗位，可以一人一岗、一人多岗，也可以一岗多人。企业单位在建立会计人员岗位责任制时，应注意以下几个原则：

第一，要从实际出发，坚持精简的原则，切实做到事事有人管，人人有专责，办事有要求，工作有检查，保证会计工作有秩序地进行。

第二，要同本单位的经济（经营）责任制相联系，以责定权，责权明确，严格

考核，有奖有惩。

第三，要从整体出发，发扬互助协作精神，紧密配合，共同做好工作。

第六节 内部报告控制

一、内部报告控制的内涵与意义

报告是一种传达信息的方式，用以防止和减少风险，为管理层提供目标完成情况、预算状况及各种值得关注的问题等信息。企业建立报告制度可以强化各种行为和决策的责任。内部报告控制要求企业建立和完善内部报告制度，明确相关信息的收集、分析、报告和处理程序，及时提供业务活动中的重要信息，全面反映经济活动情况，增强内部管理的时效性和针对性。内部报告的方式通常包括例行报告、实时报告、专题报告、综合报告等。

二、内部报告体系的构成

内部报告体系的建立应体现部门或员工的管理责任，应符合“例外管理”的要求，报告的形式和内容要简明易懂，并要统筹规划，避免重复。内部报告要根据管理层次设计报告频率和内容的详简程度。一般来说，对于企业高层而言，报告时间间隔较长，内容须从重、从简。对于基层和业务层而言，报告时间间隔短，内容应详细、全面。

常用的内部报告有：(1) 资金分析报告，包括资金日报、借款还款进度表、贷款担保抵押表、银行账户及印鉴管理表、资金调度表等。(2) 经营分析报告。(3) 费用分析报告。(4) 资产分析报告。(5) 投资分析报告。(6) 财务分析报告等。

通过定期内部报告，管理者查看各报表数据是否相互勾稽，财务比率是否合理，能及时发现异常现象，从而加强控制。

第七节 经济活动分析控制

一、经济活动分析控制的含义

经济活动分析控制要求企业综合运用生产、购销、投资、财务等方面的信息，利用比较分析、比率分析、因素分析、趋势分析等方法，定期对企业经营管理活动进行分析，发现存在的问题，查找原因，并提出改进意见和应对措施。

二、经济活动分析控制的方法

1.比较法

这是报表分析最基本，最普遍使用的方法。它可用于本公司历史数据的比较，找出变动趋势，也可用于与本行业的其他上市公司进行比较，看公司在本行业中的竞争力，还可用于与本行业的总体指标进行比较，看公司在本行业中的地位，比如将企业的销售收入与行业的总销售额比较，可以看出企业占有多大的市场份额。

2.比率法

利用财务报表中的大量数据可以计算出很多有意义的比率，对这些比率进行分析可以了解企业经营管理各方面的情况。常用的财务比率有如下几种：

（1）反映企业变现能力的比率有流动比率和速动比率。流动比率是流动资产与流动负债之比。该比率过低容易产生短期偿债风险，过高则说明企业资金营运政策过于保守，或者企业存在存货积压、产品市场前景黯淡等问题。但合理的流动比率在不同行业中的差别很大，所以最好与行业的平均水平比较。速动比率是从流动资产中剔除了存货后与流动负债的比值，它能更好地衡量公司的短期偿债能力。

（2）反映企业资产运营效率的比率有总资产周转率、存货周转率、应收账款周转率等。资产的周转率越高，利用相同的资产在1年内给公司带来的收益越多。

（3）反映财务杠杆效应的比率主要是资产负债率。资产负债率高，表明企业有高风险的财务结构，在每股收益相同的情况下，股东往往要求更高的回报，故股价较低。但这也并非绝对，规模较大的公司因为有良好的信用，并且可以较低的成本借入较多的资金，在资产负债率较高的情况下也认为是比较安全的，故对股价不会有太多的负面影响。

（4）反映企业盈利能力的指标主要有销售毛利率、销售净利率、资产净利率与净资产收益率。在分析企业盈利能力时，应当排除证券买卖等非正常项目、已经或将要停止的营业项目、重大事故或法律更改等特别项目、会计准则和财务制度变更带来的累积影响项目等，因为这些项目往往是不可持续的项目。

3.因素分析法

因素分析法又称连环替代法，它用来计算几个相互联系的因素对综合财务指标的影响程度。通过这种计算，可以衡量各因素项目对综合指标影响程度的大小。例如，前文在介绍比率法时提到的最重要的比率——净资产收益率，它可分解成销售净利率、资产周转率与权益乘数的乘积。通过2年的分解后数据对比，可以找出影响企业净资产收益率增减变化的主要因素，通过对这些因素的持续性分析，还可以预测企业下一年度的盈利状况。

第八节 绩效考评控制

一、绩效考评控制及其意义

绩效考评控制要求企业科学设置业绩考核指标体系，对照预算指标、盈利水平、投资回报率、安全生产目标等方面的业绩指标，对各部门和员工当期业绩进行考核和评价，兑现奖惩，强化对各部门和员工的激励与约束。

绩效考评制度是解决企业内部公平的必要条件。激励中的一个重要因素是个人对报酬结构是否觉得公平。亚当斯（Adams）的公平理论认为，个人会主观地将他的投入（包括诸如努力、经济、教育等许多因素）同别人相比，以此来评价是否得到公平或公正的报酬。企业要解决公平问题，依赖的就是绩效考评制度。完善的绩效考评制度，可以有效地甄别出雇员对企业的贡献并予以相应的激励，从根源上解决不公正，使得雇员能够积极、充分地发挥主人翁的作用，履行自己的义务和责任。在其通过努力获得自身效用最大化的同时，也使得企业获得了效用最大化，这是双赢的局面——雇员与企业之间的双赢，上司与下属之间的双赢。

二、绩效考评的方法

目前，国内许多企业认识到了绩效考评的重要性，积极学习和借鉴国外先进的绩效考评理论和方法，如引入360度绩效反馈、目标管理等考核方法。值得注意的是，企业应将这些考核方法与我国文化背景以及企业具体情况结合起来，必须从各自企业的实际情况出发，努力探索出一套科学、合理和完善的绩效考评体系，包括考核的目的、原则、程序和方法，这样才能提高绩效管理的成效，造就出一批能征善战的人才，使企业在激烈的市场竞争中赢得长期的发展优势。

1.360度反馈体系

最近的一项调查显示，入选《财富》的1 000家企业中，超过90%的企业已将360度反馈体系的某些部分运用于职业发展和绩效中，如IBM、摩托罗拉、诺基亚、福特、迪士尼、西屋、麦当劳、美国联邦银行等。360度反馈体系的目的在于通过获得和使用高质量的反馈信息，支持与鼓励员工不断改进与提高自己的工作能力、工作行为和效绩，以使组织最终达到管理或发展的目的。

360度反馈也称全景式反馈或多元评价，是一个组织或企业中各个级别的、了解和熟悉被评价对象的人员（如直接上级、同事及下属等），以及与其经常打交道的内部顾客和外部顾客对其绩效、重要的工作能力和特定的工作行为和技巧等提供客观、真实的反馈信息。可见，由直接上级、其他部门上级、下级、同事和顾客对个体进行多层次、多维度的评价，可以综合不同评价者的意见，得出一个全面、公正的评价。

2.目标管理体系

早在64年前，著名管理学家彼得·德鲁克就在他的《管理实践》一书中提出了目标管理这一思想。它的精要之处就在于提供了一种将组织的整体目标转化为组织单位和每个成员具体目标的有效方式。最初，目标管理这一思想只是部分地应用于企业管理的计划工作中，后来，这一方法不仅在计划工作中得到了广泛应用，同时也成了绩效考评的一种有效手段，是对管理人员和专门职业人员进行绩效考评的首选方法。

这种方法把员工是否达到由员工和管理人员共同制定的目标作为考评依据。具体而言，是员工与其上司协商制定个人目标（如生产成本、销售收入、质量标准、利润等），然后以这些目标作为对员工考评的基础。目标管理考评体系的整个过程实际上是一个循环系统，即从企业共同目标，再到部门特定目标，最后到个人目标。经验研究表明，这一方法有助于改进工作效率，而且还能够使公司的管理层根据迅速变化的竞争环境对员工进行及时的引导。

3.关键绩效指标（KPI）评价法

关键绩效指标（Key Performance Indicator，KPI）是通过对组织内部某一流程的输入端、输出端的关键参数进行设置、取样、计算、分析，衡量流程绩效的一种目标式量化管理指标，是把企业的战略目标分解为可运作目标的工具，是企业建立完善的绩效体系的基础，是管理中“计划-执行-评价”中的“评价”环节不可分割的一部分，也是反映个体与组织关键绩效贡献的评价依据和指标。

关键绩效指标评价体系是用于评价绩效的定量化或定性化的标准体系。定量的关键绩效指标可以通过数据来体现，定性的关键绩效指标则需通过对行为的描述来体现。

关键绩效指标体现出绩效中对组织目标的增值部分。这就是说，关键绩效指标是连接个体绩效与组织目标的一个桥梁。关键绩效指标是针对组织目标起到增值作用的工作产出来设定的，基于这样的关键绩效指标对绩效进行评价，就可以保证真正对组织有贡献的行为受到鼓励。

4.图尺度评价法

图尺度评价法是最简单和运用最普遍的工作绩效评价技术之一。它是列举出一些绩效构成要素（如工作质量和工作数量）和工作绩效等级（如优、良、中、差、劣），在进行工作绩效评价时，首先针对每一位员工从每一项评价要素中找出最符合其绩效状况的分数，然后将每一位员工所得到的所有分值进行加总，即得到其最终的工作绩效评价结果。

当然，许多企业还不仅仅停留在对一般性工作绩效构成要素（如工作质量和工作数量）的评价上，他们还将作为评价标准的工作职责进行进一步分解。一般来讲，职责标准都是从工资说明书中选取出来的，并根据其职责的重要性，以百分比的形式反映出来。在图尺度评价表中，一般还会在每项评价因素后留一些空白，这是留给评价人作一般性说明的，在对被评价者的一般性绩效进行评价时，这种留白的小方法是非常有用的。

5.平衡计分卡评价法

平衡计分卡的核心思想是通过财务、客户、内部经营过程、学习与成长四个指标之间相互驱动的因果关系展现组织的战略轨迹，实现绩效测评-绩效改进以及战略实施-战略修正的目标。平衡计分卡的绩效测评评价指标既包含财务指标，同时又通过客户满意度、内部经营程序及组织的学习与成长等非财务指标来补充财务指标，并由这些处在因果关系链上的非财务指标共同作为公司“未来财务绩效的驱动器”。这些财务与非财务的测评指标都来源于企业的战略，是对他们自上而下进行分解的结果，这样，在战略与目标之间就形成了一个双向的改进循环。

平衡计分卡不仅为企业提供了一种创新的绩效测评系统框架，同时也为企业的战略管理与绩效测评之间建立系统的联系提供了思路与方法，使绩效测评体系成为企业战略管理的组成部分。但是，平衡计分卡也有缺陷：一是没有提出支持集团战略与集团下属各战略业务单位战略之间实现动态调整的理论框架；二是无法解决一个战略业务单位内部个人绩效测评的问题。

6.行为锚定等级评价法

行为锚定等级评价法是近年来日益得到重视的一种绩效评价方法。这种方法结合了关键事件法和评分表法的主要要素，考评者按某一序数值尺度对各项指标打分，不过，评分项目是某人从事某项职务的具体行为事例，而不是一般的描述。

行为锚定等级评价法侧重于具体且可衡量的工作行为，它将职务的关键要素分解为若干绩效因素，然后为第一绩效因素确定有效果或无效果行为的一些具体事例。其结果可以形成诸如预测、计划、实施、解决眼前问题、贯彻执行命令以及处理紧急情况等的行为描述。举个例子来说，对于“按资历对加班任务作公平分配”以及“告诉工人们如果有问题随时可以来和他谈”这类的叙述，一位经理对其下属的基层监督人员可以用5分制尺度中的0（几乎从不）或者4分（几乎总是）作出评价。

第九节 信息系统控制

一、信息系统控制及其意义

信息系统控制要求企业结合自身实际情况和计算机信息技术应用程度，建立与本企业经营管理业务相适应的信息化控制流程，提高业务处理效率，减少和消除人为操纵因素，同时加强对计算机信息系统的开发与维护、访问与变更、数据输入与输出、文件储存与保管、网络安全等方面的控制，以保证信息系统安全、有效地运行。

信息系统通常会充分地运用到企业经营的各个方面，许多企业建立并不断更新基于网络的整个企业范围内的信息系统，系统的复杂性和整合性在不断延续。然而，信息系统的发展虽然加强了企业在整体层次上对业绩的计量和监控能力，提高了提供分析性信息的能力，但是，在战略和经营层次上对信息系统的依赖性势必为企业风险管理带来新的问题——信息安全故障及网络犯罪等。

随着电子信息技术的发展，企业利用计算机从事经营管理越来越普遍，尤其是会计电算化和电子商务的发展对信息的安全性提出了更严格的要求，因此，加强电算化控制势在必行。信息系统的控制可分为一般控制及应用控制。

二、信息系统的一般控制

信息系统的一般控制有助于确保系统持续、适当地运行，主要包括以下几方面内容：信息系统的控制环境；新系统的购买、开发和实施控制；现有系统的变更及维护控制；系统的安全管理；系统的操作及运行。下面我们分别进行说明。

（一）信息系统的控制环境

控制环境是内部控制的基础，是有效实施内部控制的保障，直接影响着企业信息系统内部控制的贯彻执行。信息系统的控制环境包括企业信息技术的战略规划、信息系统管理人员的素质、用户的培训教育等。为了能够建立一个良好的控制环境，企业应从以下几点着手进行：

（1）企业根据业务需求，制定信息技术战略规划，并以此为基础开展信息系统建设工作；

（2）企业应完善汇报审查机制，加强信息系统内部控制工作，明确岗位职责，加强培训；

（3）企业应注重信息分类、数据及系统责任人认定，完善信息应用的制度建设、信息技术风险评估工作、监控工作及信息服务工作。

（二）新系统的购买、开发和实施控制

企业应制定一个流程，用于规范新系统的购买、开发和实施，以保证新系统项目的启动适合企业发展，系统功能、系统质量符合企业业务、内部控制的需要。同时，还要加强培训，保证员工能够正确、高效地使用该系统。这方面的工作主要有：

（1）企业应对信息系统项目建立完善的项目管理文档，明确定义项目的目标、范围、计划、人员需求、组织构架及项目参与各方的职责；

（2）建立完善的审批程序，用以管理系统的购买、开发和实施；

（3）加强对外部购买和自行开发的信息系统的质量控制；

（4）做好数据转化及上线工作；

（5）做好文档记录及培训工作。

（三）现有系统的变更及维护控制

企业在不断发展变化，信息系统也应随着企业的变化而不断更新。企业对于系统的变更及维护应做好如下几个方面的工作：①系统的日常维护；②应对变更；③通过测试实施质量控制；④制订系统变更上线计划；⑤做好文档记录及培训。

（四）系统的安全管理

安全管理是要保证企业信息的完整性，具体包括以下几个方面：

（1）企业应设置信息安全管理机构，以保证信息的完整性；

（2）企业应制定完整、全面的信息安全管理政策和程序，加强对员工安全意识的教育和培训；

（3）加强数据接触安全管理；

（4）加强操作系统安全管理；

（5）加强网络安全管理；

（6）加强物理安全管理等。

（五）系统的操作及运行

信息技术部门应派专人进行日常的系统维护，对出现的问题进行调查、分析和解决，并妥善记录。

三、信息系统的应用控制

信息系统的应用控制主要关注数据的获取和处理的完整性、准确性以及授权的有效性。为了能够达到以上目标，企业应采取以下措施。

（一）职务分离

内部控制的关键就在于不相容职务的分离，而职务分离的基本要求就是业务活动的批准、记录、经办尽可能做到相互独立，这在信息系统的管理中尤为重要。据美国Compliance Week 2005年1月11日的报道，在2004年SEC上登记的上市公司最典型的问题之一就是职务分离（Segregation of Duties，SOD）。根据业界最新的统计资料，截至2005年4月份，在所有报告的实质性漏洞（Material Weakness）中，SOD一项就占了5%以上，因此必须对与财务报告相关的关键应用系统的用户进行合理的管理，以实现用户的授权适当和合理分工。

（二）人工控制

人工控制最重要的一点就是有效授权和职务分离，系统使用人员根据控制程序以及各项规章制度判断业务活动的合理性、合法性和有效性，保证录入系统的交易活动或修改数据都经过授权。其次是对系统应用人员的培训，使他们能够熟练、准确、有效地使用系统。

（三）自动控制

信息系统可以通过对数据类型的校验、重复输入校验、系统匹配等方式对应用系统的输入、处理和输出进行有效控制。

（四）数据保密

在使用信息系统的过程中，企业可根据员工所承担的责任，分配其可登录查阅相关信息的权限。

四、《萨班斯-奥克斯利法案》关于信息系统控制的规定

《萨班斯-奥克斯利法案》404条款对信息系统控制作出了严格的规定。该法案指出，信息系统控制主要包括信息系统总体控制（General Computer Control，GCC）、应用系统控制（Application Control，AC）和电子表格控制三部分。

（一）信息系统总体控制

信息系统总体控制指的是内部控制中对信息系统相关部分的控制，它能够确保由信息系统支持的流程控制是可靠的，生成的数据和报告是可信的。信息系统总体

控制涵盖了IT管理和运营所涉及的各个方面：

（1）控制环境，包括信息技术组织、人力资源管理、信息沟通、风险评估、监控等。

（2）信息安全，包括信息安全组织、逻辑安全、物理安全、网络安全、病毒防护、第三方管理、事件响应等。

（3）项目建设管理，包括方法论、立项审批、项目启动、需求分析、项目设计、系统开发实施、系统测试、数据移植、用户培训、文档管理、验收和上线后审阅、商业软硬件外购等。

（4）系统变更，包括日常变更、紧急变更等。

（5）信息系统日常运作，包括机房环境控制、日常监控、批处理作业调度管理、数据备份与恢复、问题管理等。

（6）最终用户操作，包括最终用户安全制度、电子表格管理等。

（二）应用系统控制

应用系统控制指的是业务流程中内嵌的信息系统相关控制，信息系统应用的潜在风险直接影响业务流程中的信息控制目标：

（1）完整性——所有的交易都经过处理，且只处理一次；不允许数据的重复录入和处理；例外情况的发现和解决。

（2）准确性——所有的数据（包括金额和账户）是正确和合理的；例外情况能够被及时发现，以保证交易被记录在正确的会计期间。

（3）有效性——交易被适当授权；系统不接受虚假交易；异常情况被发现和处理。

（4）接触控制——未经授权，不得对系统或数据进行修改；数据保密性；物理设备的保护。

上市公司内部可能应用各类信息系统，进行应用系统控制之前，首先应对公司应用的信息系统进行判断，界定是否属于与财务报告相关的关键应用系统，判定原则包括：

第一，该应用系统是否用于进行有关重要交易事项的生成、授权、记录、处理或报告；

第二，该应用系统是否生成关键的表单和数据供财务部门使用，且直接作为记账依据或生成财务报表；

第三，该应用系统是否生成关键的表单和数据为其他作为记账依据或生成财务报表的系统使用；

第四，对应用系统的依赖程度，即是否有来自于该应用系统的计算结果，应用系统中是否存在相应的计算、检查、核对过程的控制；

第五，上述应用控制是否是唯一的控制措施，是否存在手工控制亦可以达到控制目标，弥补风险。

符合以上判断条件的与财务报告相关的关键应用系统应按照应用系统控制进行

控制，控制分为五类，即访问控制、职务分离、输入控制、处理控制、输出控制。其中，应用系统的用户权限管理和职责分离，是内部控制的重要组成部分，也是萨奥法案404条款要求的重点之一。

（三）电子表格控制

目前，电子表格在上市公司的生产运营、信息管理、数据分析、财务核算与报告各个环节被广泛运用。电子表格中的公式、宏及表间链接等功能增加了电子表格计算的复杂程度，同时也增加了电子表格数据完整性及计算准确性的风险。萨奥法案404条款的一个重点就是关注在编制和维护电子表格的过程中的相关控制。即使相对简单的电子表格计算的一个偏差，也可能会对财务报告及其披露产生重大错报风险。内嵌在电子表格中的宏或其他功能可能会严重影响电子表格中数据的准确性。公司需要对电子表格实施的控制是否能支持重大会计事项及披露进行谨慎的评估。

在萨奥法案中需要评价的电子表格是指由用户程序（如Excel、Access、Lotus等）编制的各种支持财务报告及披露的电子表格或文本文件，包括直接或间接作为财务记账依据的电子表格、用于财务相关信息核对的电子表格，以及支持财务信息披露的电子表格。所涉及的使用部门通常包括财务部门编制及使用的电子表格以及由其他业务部门传递至财务部门供其作为会计核算及报告、披露依据的电子表格。

对电子表格的控制包括开发控制、变更控制、版本控制、存取控制、输入控制、安全控制、存储归档控制、备份控制、文档记录、权限控制、逻辑检查等。

第十节　COSO新框架的原则和要素

在控制活动要素中，COSO新框架提出了3个原则和16个要素（关注点）。具体内容见表4-1。

表4-1　COSO新框架下控制活动的原则和要素（关注点）①

原则		要素（关注点）	
1	企业选择并制定有助于将目标实现风险降低至可接受水平的控制活动	1	与风险评估相结合
		2	考虑企业自身的因素
		3	决定相关商业流程
		4	评价控制活动类型集合
		5	考虑控制活动的应用层面
		6	职责分离
2	企业选择用以支持目标实现的技术并制定一般控制政策	7	决定技术在流程中的应用以及技术的一般控制
		8	制定相关技术基础设施控制活动
		9	制定相关安全管理流程控制活动
		10	制定相关技术取得、发展和维护的流程控制活动

① 佚名. COSO内部控制新框架常见问题解答［EB/OL］.［2014-04-27］. http://www.docin.com/p-800953742.html，经作者整理。

续表

原则		要素（关注点）	
3	企业通过政策和程序来部署控制活动	11	制定政策和程序以支持管理层的部署
		12	制定执行政策和程序的问责机制
		13	定期执行
		14	时常纠错
		15	选用足以胜任的人员
		16	重新评估政策和程序

【案例 4-1】 英国巴林集团倒闭的失控分析

巴林集团是英国伦敦城内历史最久、名声显赫的商人银行集团，素以发展稳健、信誉良好而驰名，其客户也多为显贵阶层，包括英国女王伊丽莎白二世。巴林银行成立于1762年，当初仅是一个小小的家族银行，后来逐步发展成为一个业务全面的银行集团。巴林集团主要包括四个部分：巴林兄弟公司，主要从事企业融资、银行业务及资本市场活动；巴林证券公司，以从事证券经纪为经营内容；巴林资产管理有限公司，主要以资产管理及代管个人资产为目标；在美国一家投资银行拥有40%的股份。巴林集团的业务专长是企业融资和投资管理，业务网络点主要在亚洲及拉美新兴国家和地区，在中国上海也设有办事处。到1993年年底，巴林集团的全部资产总额为59亿英镑，1994年税前利润高达1.5亿美元。这样一家业绩良好的银行，为何在顷刻之间遭遇灭顶之灾？

巴林集团破产的直接原因是新加坡巴林公司期货经理尼克·里森错误地判断了日本股市的走向。1995年1月，里森看好日本股市，分别在东京和大阪等地买了大量的期货合同，指望在日经指数上升时赚取大额利润。谁知天有不测风云，日本阪神地震打击了日本股市的回升势头，股价持续下跌。巴林集团最后损失金额高达14亿美元，而其自有资产只有几亿美元，巨额亏损难以抵补，这座曾经辉煌的金融大厦就这样倒塌了。

金融衍生产品包括一系列的金融工具和手段，如期权、期货等。具体操作起来，又可分为远期合约、远期固定合约、远期合约选择权等。这类衍生产品可对有形产品进行交易，如石油、金属、原料等，也可对金融产品进行交易，如货币、利率以及股票指数等。从理论上讲，金融衍生产品并不会增加市场风险，若能恰当地运用，比如利用它套期保值，可为投资者提供一个有效降低风险的对冲方法。但在其具有积极作用的同时，也有其致命的危险，即在特定的交易过程中，投资者纯粹以牟利为目的，垫付少量的保证金炒买炒卖大额合约来获得丰厚的利润，而往往无视交易潜在的风险，如果控制不当，那么这种投机行为就会招致不可估量的损失。新加坡巴林公司的里森，正是对衍生产品操作无度才毁灭了巴林集团。里森在整个交易过程中一味奢望赚钱，在已遭受重大亏损时仍孤注一掷，增加购买量，对于交易中潜在的风险熟视无睹，结果使巴林集团成为金融衍生产品的牺牲品。

巴林集团破产的消息震动了国际金融市场，各地股市受到不同程度的冲击，英镑汇率急剧下跌，马克的汇率跌至历史最低水平。但由于巴林集团事件终究是个孤立的事件，对国际金融市场的冲击也只是局部和短暂的，不会造成灾难性的后果。不过，就巴林集团破产事件本身来说则是发人深省的。透视整个事件，我们得到如下启示：加强金融机构的内部管理。在金融发展史上，银行倒闭屡见不鲜。一般说来，一家银行的倒闭是长期以来银行内部机制不健全，从经营到管理诸方面弊病积累的结果。作为一个历史悠久并在英国金融史上曾经发挥了重要作用的巴林集团，照理说应有一套完善的内部管理制度和有序的监管措施，但事实上它的内部管理存在严重的弊端。巴林集团容许里森身兼双职，既担任前台首席交易员的职务，又负责管理后线清算，说明了该行的管理制度极不健全。巴林事件提醒人们加强内部管理的重要性和必要性，应合理运用衍生工具，建立风险防范措施。随着国际金融业的迅速发展，金融衍生产品日益成为银行、金融机构及证券公司投资组合中的重要组成部分。因此，凡从事金融衍生产品业务的银行应对其交易活动制定一套完善的内部管理措施，包括交易头寸（指银行和金融机构可动用的款项）的限额、止损的限制、内部监督与稽核。随着国际金融市场规模的日益扩大和复杂化，资本活动的不确定性也越发突出。作为一个现代化的银行集团，应努力扩大自己的资本基础，进行多方位经营，作出合理的投资组合，不断拓展自己的业务领域，这样才能加大银行自身的安全系数并不断盈利。

【案例4-2】　　神东煤炭公司财务集中管理与内部控制[1]

一、神东煤炭公司财务集中的背景

神东煤炭公司（以下简称“公司”或“神东煤炭”）是中国神华能源股份有限公司的骨干煤炭生产企业，负责中国神华能源股份有限公司在内蒙古自治区南部、陕西省北部交界地带神府东胜矿区以及山西省保德县境内的煤矿开发建设。公司已取得矿权开发总面积661平方公里，总地质储量89.9亿吨，现已建成特大型现代化高产高效煤矿9个（10个矿井），以及洗选加工、外运装车、设备维修等配套设施，形成了千万吨矿井群的生产格局。1998年至2005年实现了连续7年产量千万吨增长，2005年生产原煤1.02亿吨，在全国率先建成亿吨级特大型煤炭生产基地，生产能力位居国内第一、世界第三，是世界最大、现代化程度最高的井工开采煤炭企业。在企业发展战略和先进的管理理念引领下，公司取得了跨越式发展，多项生产技术指标名列国内和世界煤炭同行业之首，实现了煤炭开采由劳动密集型向技术密集型转变，由高危企业向安全型企业转变，成为我国煤炭企业的标杆。

在企业转型和深化的过程中，公司财务管理的不断创新，为企业战略的实现打下了坚实的基础，也为各项经营管理和业务创新提供了保障。

---

① 张颖，郑洪涛，郝建鑫．神东煤炭财务集中的模式［J］．财务与会计，2007（6）．

二、神东煤炭财务集中的演变历程

由于煤炭开采行业自然条件的特点，煤炭企业目前基本上以矿井为单位相对独立地管理和核算。神东煤炭分公司地跨内蒙古、陕西和山西三个省区，并且随着公司煤炭产量每年千万吨的增长，这种分散的生产及经营管理模式已经越来越不适应企业发展的需要。为进一步发挥规模效应，公司不断整合财务资源，逐步实现由分散型向集中管理型过渡。

1998年以前，公司各二级单位大部分为独立法人，各单位独立设置财务机构并配备财务人员，独立进行会计核算并缴纳税费。1998年两公司跨省合并后，公司对财务管理体制进行大胆创新，实行高度集中、统一管理的财务新体制。全公司作为一级法人，取消了二级单位的独立经营资格，统一纳税，集中管理。公司在财务部下面成立了财务结算中心，对地面经费单位和新成立矿井及生产辅助单位实行集中管理，原有五矿三厂保留原核算模式。2003年年底以来，进一步按照专业化管理模式，成立了神东分公司财务核算中心，所有财务人员全部划归核算中心实行集中统一管理。财务人员的人事任免调动、工资及费用均由核算中心管理和支付。核算中心内部按业务划分为生产成本核算和费用核算两大板块。对经费单位实行集中核算制，生产矿井和部分业务量大的辅助单位实行会计委派制。这种集中统一的财务管理模式使得神东煤炭分公司财务资源配置进一步优化，会计核算更加及时、准确，会计监督更加有力，资金得到集中有效的使用，财务人员的工作效率显著提高，极大地促进了公司跨越式发展。

三、神东煤炭财务集中的模式和路径

在企业不断发展的过程中，神东煤炭分公司克服行业特性和作业场所分散的困难，经过不断探索和实践，逐步形成了具有神东特色的“4U2C1E”财务集中管理模式（见表4-2）。

表4-2 **神东煤炭财务集中管理创新一览表**

<table>
<tr><th colspan="2">4U</th><th>2C</th><th>1E</th></tr>
<tr><td rowspan="8">统一核算业务</td><td>统一商品煤核算</td><td rowspan="11">资金集中管理；
财务人员集中管理</td><td rowspan="11">财务管理E化</td></tr>
<tr><td>专项资金统一核算</td></tr>
<tr><td>基建项目统一核算</td></tr>
<tr><td>物资集中统一采购与核算</td></tr>
<tr><td>会计基础资料统一</td></tr>
<tr><td>会计科目、报表体系统一</td></tr>
<tr><td>统一业务核算流程</td></tr>
<tr><td>票据管理集中统一</td></tr>
<tr><td colspan="2">统一税费管理</td></tr>
<tr><td colspan="2">统一预算体制</td></tr>
<tr><td colspan="2">统一财务制度</td></tr>
</table>

4U即四个统一，统一核算业务、统一税费管理、统一预算体制、统一财务制度。从核算和管理层面，实现了全公司核算体系的统一，解决了一个企业跨三省区纳税的问题，统一的制度使得公司的政策能够在各单位更好地贯彻执行。

2C即两个集中，资金集中管理、财务人员集中管理。通过集中管理，充分发挥了资金集中的优势，不断优化人力资源配置，专业化管理得到很好的体现。

1E即财务管理E化，加强会计信息系统建设，实现数字化财务管理。这为财务人员由核算型向管理型过渡奠定了基础。

（一）四个统一

1.统一核算业务

在统一核算业务方面，又实现了以下八个方面的统一：

一是统一商品煤核算。将过去按商品煤和原煤两种对象核算模式改变为统一以商品煤核算，不再同时针对原煤和商品煤，而统一以商品煤进行成本归集，把顺序结转分步法改变为平行结转分步法。这种核算方法的创新，彻底改变了各煤矿与洗煤厂由于利益分配不平衡而产生的矛盾，同时简化核算成本，提高了核算效率，形成了更加科学的煤炭企业的成本预算、核算、分析、考核的管理体系。

二是专项资金统一核算。对专项资金实行分散提取、统一上交、集中使用的办法，由公司下达计划，实行招投标，统一组织实施和验工计价，统一进行结算。各煤矿根据国家政策和规定的标准在成本项目中提取折旧、大修理费用、绿化费等，并按月向财务部划转上交，公司根据年度计划安排各项支出。

三是基建项目统一核算。公司所有建设项目均由公司组建相应的建设项目经理部，项目经理部由长期从事基本建设管理工作的专业人员组成。项目经理部按模拟法人运作，对项目建设进行专业化、全过程管理。分公司基本建设项目资金实行由公司财务部集中统一核算，公司财务部统一设置基建财务岗位，由其负责基建项目的核算与管理，从基建概预算审查、工程招投标到验工计价、竣工结算，财务人员全过程参与，基建项目部负责报账即可。

四是物资集中统一采购和核算。公司物资管理实行统一采购、统一配送、统一仓储、统一核算。采购物资按照公开招标、集中采购、分级审批的原则进行，每月至少搞一次招投标。对于应付采购物资款，每月由物资供应中心上报分公司动力部和基建部，审批后，由财务部根据资金情况下达付款计划。公司总经理授权物资供应中心主任审批，任何单位、任何个人都不得自行采购材料，确因特殊情况需要采购且技术性很强的材料资金支出，由分管领导审批执行。

五是会计基础资料统一。全公司会计资料基本达到统一，包括统一会计凭证格式、统一凭证装订封面及装订方式、统一账簿格式、统一财务报表（包括报送报表种类、财务报表附注和财务情况说明书的内容与格式）、统一会计档案（包括凭证、报表、预算、盘点表、对账单、票据登记簿）、统一内部收据、统一报销单格式（包括支款申报单、差旅费报销单、借领款单、出差审批单等）。会计资料统一后，便于进行统一管理、统一汇总，体现出规范化的企业管理特征。

六是会计科目、报表体系统一。为了满足投资者的需求和证券市场监管的要求，进一步规范和统一公司会计核算基础信息，全面支持新财务报表编制、合并、转换数据的需要，实现账表一体化，公司根据集团财务会计制度的要求，对现有的会计科目及账簿进行修订，形成了中国神华能源公司范围内统一的会计科目和账簿体系。按照产业板块，公司会计科目分为共性科目和煤电路港行业个性科目两类。其中共性科目又分为资产类、负债类、权益类、成本类、损益类五类，煤电路港行业个性科目分为成本类和损益类两类。会计科目、账簿报表体系的统一使神东煤炭分公司便于制定统一的财务管理制度和业务核算标准，推进了账表一体化的进程，为编制财务报表取数公式创造了条件；便于各级管理层对当前工作和历史成绩作出准确的判断，以揭示不足、发现成绩并指导今后财务管理工作的持续改进。

七是统一业务核算流程。为了规范会计核算行为，公司编制了《神东煤炭分公司会计核算业务标准》，以对各类经济事项的确认、计量、记录、报告的流程和方法为主线，列明了各类经济事项的会计核算过程及各种经济事项账务处理时须附的原始凭证，明确了分公司所属各单位统一的会计政策及具体的账务处理办法。《神东煤炭分公司会计核算业务标准》涵盖了公司的全部业务，主要包括生产业务部分、基建业务部分、国际准则部分。

八是票据管理集中统一。公司财务部及核算中心设专职税费核算人员，集中管理全公司各类票据。集中管理的票据有电脑版普通发票、手工版普通发票、增值税专用发票及销货清单、税务普通收据、税务定额发票、代扣代收税款凭证、公司内部收款收据等。

2.统一税费管理

由于神东煤炭分公司位于中国陕西省榆林地区和内蒙古伊金霍洛旗境内，地跨蒙、陕、晋三个省区，三省区个别税费执行不同的标准，使得神东煤炭分公司面临着复杂的纳税环境。自1998年神府和东胜两公司合并以后，公司主动协调，将三地主管领导邀请在一起集中协商，拟订分税方案：根据单位所在地不同，在销售环节，陕西从内蒙古分税，在生产环节，内蒙古从陕西分税，增值税以应纳税总额除以总的商品煤量作为分税单价，然后再分别乘以各个省区的产量，最后分别入库。所得税同样按此办法进行分税。涉及的资源税等与产量挂钩的税种以及与销售收入挂钩的税种都由财务部统一计算、缴纳。统一纳税避免了多头纳税造成的纳税混乱以及所产生的各种风险。

3.统一预算体制

公司预算的组织、编制、执行和考核，都是按照统一模式和规则实行的。公司设有预算管理委员会，负责拟定预算的目标、政策，制定预算管理的具体措施和方法，批准年度预算，组织预算的分解、下达和执行情况的检查考核。预算管理委员会主任由总经理担任，委员会的构成包括：企业管理策划部、生产技术部、人力资源部、基建部、动力部、财务部等相关部门。各基层单位是主要的预算执行单位，在公司预算管理部门的指导下，负责本单位各项预算指标的编制、控制、分析和考核工作，在公司预算下达后，层层分解，从横向和纵向落实到内部各部门、各区队、各班组和各岗位。全公司从上至下，形成了全方位的预算执行责任体系。

4.统一财务制度

公司财务部和核算中心从财务业务制度、基建业务制度、财务常用指标、人力资源管理、生产机电制度、综合业务制度、适用会计制度等七个方面，汇编和整合了公司会计核算和财务管理方面的制度、文件。由公司财务部组织编写的《材料消耗定额标准手册》，每年根据矿井生产及地质条件的变化，组织定额编写组人员在现场写实的基础上，加以修订完善，编印后下发到各单位及部门，作为材料成本预算、考核和核算的依据。公司财务部和核算中心修订了《财务人员岗位分工与职责》，明确和细化了每个岗位的工作职责；制定了《财务管理工作标准和评分标准》，从原始凭证、核算程序、账簿报表、资金管理、往来账项、资产管理、税费核算、预算管理、成本管理、档案管理、制度建设、财经纪律等方面对财务会计工作进行了规范。前已叙及，公司统一制定的《神东煤炭分公司会计核算业务标准》，列明了公司生产业务、基建业务的会计核算过程及各种经济业务账务处理时须附的原始凭证，明确了分公司所属各单位统一的会计政策及具体的账务处理办法。

（二）两个集中

1.资金集中管理

公司对各项资金以内部银行为载体、以收支两条线的方式集中管理，各单位提取或应上缴的各项资金，财务部于每月终了以委托收款通知单的方式收缴，存入财务部在内部银行开设的账户；分公司下拨的资金，由内部银行从财务部开设的账户中以委托付款的方式划入各单位在内部银行开设的账户；经费单位的经费补贴，以内部转账支票的方式按月均衡支付。为保证各单位之间及时结算，减少内部往来，真实地反映各单位的经营成果，公司实行了资金集中结算制度。公司所有单位的财务或业务经办人员到核算中心指定的地点进行集中划转。设立内部银行的目的是加强资金管理，调度资金，缓解资金的紧张矛盾，发挥资金的最大效能，保证生产和基本建设的顺利进行。引入商业银行信贷、结算机制，对资金的组织协调、监督、控制，减少资金的内部沉淀，加速资金的周转，提高资金的使用效率起到了重要的作用。

2.财务人员集中管理

2004年以来，公司按照专业化管理模式，对财务管理体制进行了全面改革，撤销了原神东煤炭公司财务结算中心，成立了神东煤炭分公司核算中心，所有二级单位的财务人员全部归核算中心管理，即财务人员的人事档案归核算中心管理，工资由核算中心发放，办公、交通及日常费用由核算中心承担。核算中心下设成本办、费用办和综合办三个职能部门。成本办负责公司10个生产矿井和洗选加工中心等5个生产辅助单位的核算与管理工作；费用办负责物资供应中心等3个生产辅助单位及地面其他费用单位的会计核算与管理工作；综合办负责对各单位会计核算工作的监督、检查、考核及中心的党、政、工、团等日常事务的管理工作。在核算机构的设置及人员的管理上采取派驻制和集中核算制两种形式，派驻单位18个，其余单位实行集中统一核算管理。实行财务人员集中管理，解决了原有财务机构臃肿的问题，减少了财务人员，强化了会计监督的力度，提高了工作效率，有利于财务管理水平的提高，同时还为建立灵活高效的企业人事制度提供了一种新模式。

（三）信息化建设

在会计信息系统建设方面，在公司整体加大信息化建设力度的环境下，神东煤炭财务建立起了一套完善的财务信息系统。目前，神东煤炭分公司的会计信息系统包含财务账务系统、财务报表系统、网上资金结算系统、信息网站系统、FTP文件传输系统、即时消息系统、班组核算软件系统、材料定额软件系统，共八大系统。将来在IT战略规划中还要增加预算管理与控制、财务报表分析等系统，并与公司已建立起的各个系统进行整合，充分利用信息平台提高工作效率，逐步实现财务人员由核算型向管理型过渡。

这种高度集中统一的财务管理体制，突破了中国煤炭企业传统的财务管理模式，为煤炭行业生产企业带来了新的理念和方法，对推动煤炭企业的财务管理工作、全面提高企业的经济效益作出了贡献。

四、神东煤炭财务集中的效应

神东煤炭财务集中，一方面极大地发挥了财务资源效率，另一方面配合公司生产经营和管理转型，总体上提高了公司总体资源的效率，取得了辉煌的业绩。

1.实现财务机构设置和人员配置的充分精干、高效，提高了财务效率

目前，公司商品煤产量达到亿吨以上，但公司的财务核算人员只有112人，核算和管理着35个单位44套账，平均百万吨商品煤仅有1.2个财务人员。与国内其他国有重点煤矿相比，在核算手段相同的条件下，财务人员不足其他煤炭企业的4%，人员精干、高效的程度非常明显。

2.强化财务的监督与控制职能

会计委派制分离了财务人员与所核算单位的利益依附关系，会计人员地位相对独立，能够依法进行会计核算，抵制不合法、不规范的行为，强化了会计监督职能，保证了会计法规及公司各项制度和财经纪律的贯彻执行。

3.保证资金的安全，提高了资金使用效果

由于取消了二级单位所有外部商业银行账户，统一在内部银行开户，所有资金收支全部通过内部银行处理，加快了资金周转的速度，克服了多头开户、资金利用效率低的弊端。同时，集中了各单位的分散资金，便于公司统一调剂，从而提高了资金使用效率。1998年至2005年连续7年产量千万吨增长，而占用流动资金借款由1998年吨煤4元降低到2004年的0.37元，而且自2005年连续2年无流动资金借款。此外，从源头控制资金收入，防止货币资金流失，堵塞了漏洞。分公司平均日资金流量达5 600多万元，由于内部银行统一控制，全公司没有发生侵吞、挪用、非法转出资金等不法行为，没有给企业造成任何经济损失。

4.保证统一的财务政策和制度的有效执行

各项统一财务制度的贯彻执行，有利于监管二级单位发生不合理的开支，避免了下属单位各自为政、成本费用难以控制的不利局面。同时，实行内部单位每月29日定期结算制度以及运用网上资金即时结算系统，确保了内部单位间结算及时，减少了内部往来，及时将当期收入、成本、费用入账，可以真实地反映经营成果。

5.统一税费协调与管理

通过统一税费管理，不仅极大地减轻了各基层单位对外协调的业务负担，而且由于掌握统一的政策尺度，加大了协调工作的力度，能够合理地进行税收筹划，极大地维护了企业的利益。1998年与各省区共同协商形成了统一核算、跨省分税的独特模式，为实现税收筹划，落实各项税收优惠政策奠定了很好的基础。目前，公司面对三省区十八个税务局，仅在财务部设置一个专职税费协调岗位。重大的税费协调由公司领导和财务部出面，日常管理由该岗位独立负责。所属单位一律不再直接对外接待和协调，在大大节省协调成本的同时，充分地享受了国家的各项优惠政策。几年来，公司已利用各项优惠政策，共获各项退税和减免4.83亿元。与国家发展和改革委员会与陕西省税务局协调，取得了技改项目国产配置设备抵免40%所得税的优惠，共计抵免所得税1.65亿元。

第五章　内部控制要素——信息与沟通

第一节　信息控制

一、什么是信息系统

（一）信息的定义

信息是指信息系统辨识、衡量、处理及报告的标的，来源于企业内部或外部，包括获取的行业、经济，以及内部生产经营管理、财务等方面的信息。企业应准确识别、全面收集、不断完善获取信息的机制，随时掌握市场、竞争对手、行业变化等动态，并及时、有效地传达给相关负责人员，使其有足够的信息处理经营业务，对变化迅速作出反应。

来源于企业外部及内部的信息，包括财务及非财务的，与多个企业目标相关。内部信息主要包括会计信息、生产经营信息、资本运作信息、人员变动信息、技术创新信息、综合管理信息等。企业可以通过会计资料、经营管理资料、调查研究报告、会议记录纪要、专项信息反馈、内部报刊网络等渠道和方式获取所需的内部信息。外部信息主要包括政策法规信息、经济形势信息、监管要求信息、市场竞争信息、行业动态信息、客户信用信息、社会文化信息、科技进步信息等。企业可以通过立法监管部门、社会中介机构、行业协会组织、业务往来单位、市场调查研究、外部来信来访、新闻传播媒体等渠道和方式获取所需的外部信息。

（二）信息系统的定义

广义来说，信息系统（Information System）是指能够完成对信息收集、组织、存贮、加工、传递和控制等职能的系统，其目的是为一个组织机构提供信息服务以支持管理决策活动。从这个意义上说，信息系统是人工构成或自然形成的加工信息的系统。

从狭义的角度来看，信息系统可以理解为计算机系统，是基于计算机技术、通信技术和软件技术，且融合了各种现代管理理论、现代管理方法、多级管理人员为一体，对所有形态（包括原始数据、已分析的数据、知识和专家经验）和所有形式（文字、视频和声音）的信息进行收集、组织、存贮、处理和显示，最终为某个组织整体的管理与决策服务的一个人机结合的信息处理系统。输入的数据和信息经过加工处理，可以输出能实现一定功能的有用的新信息，也就实现了系统的目标。

从信息系统定义的外延看，信息系统早在计算机问世前就已经存在了，但由于计算机的使用日益广泛以及其不可替代的巨大作用，在很多场合，所谓的信息系统是指以计算机为核心进行信息处理的人机系统。

二、信息系统控制标准

COBIT是Controlled Objectives for Information and Related Technology的缩写，即信息及相关技术的控制目标，2000年7月，由国际电脑稽核协会所属的信息系统审计与控制基金会修订完成。COBIT是ISACA制定的面向过程的信息系统审计和评价的标准。对信息化建设成果的评价，按照系统属性可以划分为若干方面，如对最终成果评价、对建设过程评价、对系统架构评价等。

COBIT是一个基于IT治理概念的、面向IT建设过程的IT治理实现指南和审计标准。COBIT的目标是为信息系统审计提供公认的信息安全和控制评价标准。它将信息系统的作业过程划分为规划与组织、获取与实施、服务与支持、监督与评估4个阶段，各阶段共包括34个具体步骤（见表5-1）。建立电子商务系统的内部控制程序和政策应以COBIT框架的34个具体步骤作为控制流程的主线，针对各步骤的作业内容、控制目标和固有风险，选择COSO报告中的相应控制要素及控制要点来构成本环节的相应控制政策。COBIT将IT过程、IT资源及信息与企业的策略与目标联系起来，形成了一个三维的体系结构。其中：IT准则维集中反映了企业的战略目标，主要从质量、成本、时间、资源利用率、系统效率、保密性、完整性、可用性等方面来保证信息的安全性、可靠性、有效性；IT资源维主要包括与信息、应用系统、设施及人的信息相关的资源，这是IT治理过程的主要对象；IT过程维则是在IT准则的指导下，对信息及相关资源进行规划与处理，从信息技术的规划与组织、获取与实施、服务与支持、监督与评估等4个方面确定了34个信息技术处理过程，每个处理过程还包括更加详细的控制目标和审计方针以对IT处理过程进行评估。

表5-1 **COBIT的4个阶段的34个具体步骤**

规划与组织	获取与实施	服务与支持	监控与评估
定义IT战略规划	确定自动化的解决方案	定义并管理服务水平	过程监控
定义信息体系结构	获取并维护应用程序软件	管理第三方的服务	评价内部控制的适当性
确定技术方向	获取并维护技术基础设施	管理性能与容量	获取独立保证
定义IT组织与关系	程序开发与维护	确保服务的连续性	提供独立的审计
管理IT投资	程序安装与鉴定	确保系统安全	
传达管理目标和方向	更新管理	确定并分配成本	
人力资源管理		教育并培训客户	
确保与外部需求一致		信息技术咨询	
风险评估		配置管理	
项目管理		处理问题和突发事件	
质量管理		数据管理	
		设施管理	
		运营管理	

COBIT模型是企业战略目标和信息技术战略目标的桥梁，使得信息技术目标和企业战略目标之间实现互动。COBIT考虑了企业自身的战略规划，对业务环境和企业总的业务战略进行了分析定位，并将战略规划所产生的目标、政策、行动计划作为信息技术的关键环境，由此确定了IT准则。在IT准则的指导下，利用控制目标模型，分别从规划与组织、获取与实施、服务与支持、监控与评估等过程来控制和管理信息资源，在信息系统管理和控制的同时，引入审计指南，从而保证IT资源管理的安全性、可靠性和有效性。

三、内部控制信息披露规范

内部控制信息披露建立在董事会和管理层对内部控制评价的基础上。为了解内部控制的设计是否适当、执行是否有效，企业管理层（或其指定人，如内部审计机构）应定期根据一定的标准对本单位内部控制设计和执行的有效性进行评估。内部控制信息披露就是管理层依据一定的标准定期对本单位内部控制设计和执行的有效性进行自我评估，并以某种方式提供给外部信息使用者。

内部控制信息披露可以包含在董事会报告或者其他报告中，也可以单独提供，即所谓的内部控制报告。我国目前并没有强制要求上市公司提供单独的内部控制报告，而只要求在有关报告（董事会报告、监事会报告等）中包含内部控制信息披露。具体来看，当前我国上市公司内部控制信息披露主要有4种形式，它们是投资者、监管者及所有证券市场相关人士获得上市公司内部控制信息的主要渠道。

1.公司年度报告中的监事会报告以及管理层陈述

在证监会2001年发布的《公开发行证券的公司信息披露内容与格式准则第2号——年度报告的内容与格式（修订稿）》中，要求一般上市公司的监事会在年度报告中应对“公司决策程序是否合法，是否建立了完善的内部控制制度，公司董事、经理执行职务时有无违反法律、法规、公司章程或损害公司利益的行为”发表独立意见。管理层陈述是指在年度报告开始部分，由管理层及董事会对上年度公司经营各方面情况进行的专门总结，一般涉及公司治理结构、市场营销、财务、经营情况等信息。在年度报告的管理层陈述部分中，也有的公司根据自身的习惯，披露部分内部控制信息。

2.招股说明书中的管理层对内部控制的自我评估

在证监会发布的《公开发行证券的公司信息披露内容与格式准则第1号——招股说明书（修订稿）》中，要求“发行人应披露公司管理层对内部控制完整性、合理性及有效性的自我评估意见以及注册会计师对公司内部控制的鉴证意见。注册会计师指出公司内部控制存在缺陷的，应予披露并说明改进措施”。在《公开发行证券的公司信息披露内容与格式准则第11号——上市公司发行新股招股说明书》中，要求“发行人应披露管理层对内部控制制度的完整性、合理性及有效性的自我评估意见，同时应披露注册会计师关于发行人内部控制制度评价报告的结论性意见。如注册会计师指出以上‘三性’存在重大缺陷，发行人对相关内容应予详尽披露，并说明改进措施”。

3.注册会计师对企业内部控制的评估报告及其结论性意见

注册会计师对企业内部控制的评估，是指注册会计师接受委托就被审核单位管理层对企业内部控制认定的再认定。根据接受委托的要求不同，评估报告的形式也不同。一种是基于财务报表审计的内部控制评价报告，另一种是基于专项鉴证目的的内部控制审核报告。

4.上市公司所发布的单独的内部控制自我评估报告

2001年7月17日，陕西秦川机械发展股份有限公司在国内上市公司中率先公开发布了第一份单独的内部控制自我评估报告。随后，福建福发股份有限公司也发布了单独的内部控制自我评估报告，以基本相同的模式介绍了公司内部控制状况。此外，安泰科技、新野纺织、美的电器等公司也披露了内部控制自我评估报告。但由于监管部门对是否要披露单独的内部控制报告无明确规定，而且单独披露内部控制报告又会增加上市公司的成本，目前自愿单独披露内部控制自我评估报告的公司所占比例仍然较少。

以上4种内部控制信息披露的载体，除了招股说明书有明确强制要求以外，对于其余的内容实际上并没有针对所有上市公司的内部控制信息作出强制披露的要求，至于具体采取哪一种形式披露内部控制信息以及披露的具体内容和覆盖范围更无明确规定。

第二节 沟通

一、内部沟通

充分的内部沟通对于企业控制环境、控制作业、风险评估等各方面都起着至关重要的作用，企业所采取的沟通方式应该能够达到顺畅沟通的目的，使员工们了解自己应承担的责任、应实现的目标，以及这些目标对企业的影响。有效的信息沟通需要合理考虑来自不同部门和岗位、不同渠道的相关信息，并进行合理筛选和相互核对。企业应当采取互联网络、电子邮件、电话传真、信息快报、例行会议、专题报告、调查研究、员工手册、教育培训、内部刊物等多种方式，实现所需的内部信息、外部信息在企业内部准确、及时地传递和共享，确保董事会、管理层和企业员工之间有效沟通。

二、外部沟通

若要实现良好的内部控制，不但要有适当的内部沟通，外部沟通也是必不可少的。企业有责任建立良好的外部沟通渠道，对外部有关方面的建议、投诉和收到的其他信息进行记录，并及时予以处理、反馈。有效的外部沟通既可以扩大企业的影响力，又可以使企业获得很多有效内部控制的重要信息。外部沟通应当重点关注以下方面：

1.与投资者和债权人的沟通

企业应当根据《中华人民共和国公司法》《中华人民共和国证券法》等法律法规、企业章程的规定，通过股东大会、投资者会议、定向信息报告等方式，及时向投资者和债权人报告企业的战略规划、经营方针、投融资计划、年度预算、经营成果、财务状况、利润分配方案，以及重大担保、合并分立、资产重组等方面的信息，听取投资者和债权人的意见和要求，妥善处理企业与投资者和债权人之间的关系。

2.与客户、供应商的沟通

企业可以通过客户座谈会、走访客户等多种形式，定期听取客户对消费偏好、销售政策、产品质量、售后服务、货款结算等方面的意见和建议，收集客户需求和客户的意见，妥善解决可能存在的控制不当问题。企业可以通过供需见面会、订货会、业务洽谈会等多种形式与供应商就供货渠道、产品质量、技术性能、交易价格、信用政策、结算方式等问题进行沟通，及时发现可能存在的控制不当问题。

3.与监管机构的沟通

企业应当及时向监管机构了解监管政策和监管要求及其变化，并相应完善自身的管理制度。同时，认真了解自身存在的问题，积极反映诉求和建议，努力加强与监管机构的协调。

4.与中介机构的沟通

企业应当定期与外部审计师进行会晤，听取外部审计师有关财务报表审计、内部控制等方面的建议，以保证内部控制的有效运行以及双方工作的协调。企业可以根据法定要求和实际需要，聘请律师参与有关重大业务、项目和法律纠纷的处理，并保持与律师的有效沟通。

第三节 COSO新框架的原则和要素

在信息与沟通要素中，COSO新框架提出了3个原则和14个要素（关注点）。具体内容见表5-2。

表5-2 **COSO新框架下信息与沟通的原则和要素（关注点）**[①]

要素（关注点）		要素（关注点）	
1	企业获取或生成和使用相关的高质量信息，以支持内部控制其他要素发挥效用	1	识别信息需求
		2	获取内部、外部数据来源
		3	将相关数据处理成信息
		4	在处理过程中保持信息质量
		5	考虑成本效益

① 佚名. COSO内部控制新框架常见问题解答［EB/OL］.［2014-04-27］. http：//www.docin.com/p-800953742.html，经作者整理。

续表

要素（关注点）		要素（关注点）	
2	在企业内部沟通的内部控制信息，必须能够支持内部控制的其他要素发挥效用	6	沟通内部控制信息
		7	与董事会沟通
		8	提供彼此独立的沟通渠道
		9	选择沟通方式
3	企业就影响内部控制其他要素发挥效用的事项与外部各方进行沟通	10	与外部各方沟通
		11	实现入站通信
		12	与董事会沟通
		13	提供彼此独立的沟通渠道
		14	选择沟通方式

【案例5-1】 ERP铸就联想内部控制新机制①

成立于1984年，以20万元、11个人起家的联想集团，在1997年步入迅猛发展的高速增长期。这种高速增长的业务对集团内综合管理能力，尤其是对信息系统的要求越来越高，而公司原有的管理程序软件已经很难支撑公司的高速运转。与此同时，来自公司外部环境的压力增大，IT技术发展的日新月异，国内外同行业竞争的加剧，使得联想不可避免地面临国内外大公司的挑战。

经过调研、选型和评估，善于挑战自我的联想决定选择当时最先进的信息管理系统软件——国际知名的SAP公司的R/3系统，来实施自己的信息化建设。联想集团ERP项目组与SAP公司的咨询顾问、德勤公司共同组成咨询组，从“摸着石头过河”到“铺路架桥，让大部队、正规军、重武器通过”。在联想全体员工的参与下，克服了对项目实施规律与关键要素认识不清、公司的现实需要与未来发展的冲突、团队建设、归属感与员工价值认同等一系列尖锐复杂风险问题的困难，终于到达成功的彼岸。

从1998年11月项目开发实施到2000年1月5日并行上线，再到2月14日联想ERP系统取代原有MIS系统独立运行，以及随后根据集团业务调整并行系统再造工程，经历了千难万险，取得了最终的辉煌成就。

一、实施背景

联想决定实施ERP，主要是从以下三个方面进行战略考虑的：

第一，集团业务高速增长，原有的信息管理系统已经成为公司发展的瓶颈。成立于1984年，以20万元、11个人起家的联想集团，在1997年步入迅猛发展的高速增长期。从1994年到1998年，公司的销售额平均增长率在43%以上。这种业务的

① 闫培金．企业内部控制经典案例［M］．北京：中国经济出版社，2001.

高速增长需要有力的管理内部控制机制，尤其是对信息系统的要求越来越高。1997年以前，在企业规模不大、业务增长不快的情况下，联想的信息管理系统是从企业的实际出发，由企业IT部门自主开发设计的。这在一定程度上适应了公司当时的业务发展情况，对联想的成长起到了较好的支撑作用。但是，1997年以后，企业的发展速度越来越快，经营规模越来越大，尤其是在联想集团中国内地与香港整合之后，对信息系统提出了更新的要求：除原有的准确、及时外，还要求提供集成的、可指导业务员操作的数据支持。因此，原有的MIS系统已经无法满足日益增长的需求，滞后的管理信息系统，使集团经营决策的风险逐渐加大。

第二，国内外竞争加剧，如何提升公司的核心竞争力已成为联想的重要课题。从外部环境来看，IT技术发展日新月异，国内外同行业竞争加剧，联想将不可避免地面临国内外大公司的挑战。一方面，一大批国外顶尖IT跨国公司已经开始在国内竞争，这些世界著名的企业以其管理科学、资金雄厚、技术先进的优势，冲击着中国的IT市场；另一方面，国内家电企业也凭借着其原有的行业和品牌优势，大搞多元化经营，进军计算机领域。如何提升公司的核心竞争力已成为联想亟须解决的重要课题。

第三，联想集团的整体战略对信息管理系统提出了更新、更高的要求。按照联想规划的目标，到2000年，联想集团要完成30亿美元的营业额，到2005年，要完成100亿美元的营业额，并逼近世界500强。在中国内地与香港整合后，联想的业务延伸到了海外，多种语言、多种币制的核算问题逐渐显现出来，联想需要功能强大的信息平台为集团的决策和管理提供保障。“上ERP有可能早死，不上ERP就只有等死。”在关系到联想生死存亡的这一大事面前，联想ERP项目实施起来只有一条道路可选择，那就是“只能成功，不能失败”。

二、计算机在管理控制中的应用

计算机是在20世纪60年代初开始应用于企业管理的。它在信息处理方面的先进性可以促进企业管理规范化与管理创新。人们曾预期，计算机信息处理技术应用于企业会极大地提高企业经济效益。然而事实表明，在20世纪90年代以前，计算机信息技术在企业的应用并没有给企业带来预期的经济效益。

信息技术最初在管理控制中的运用，是十分简单的，主要是记录一些数据，方便查询和汇总。现在信息技术已经发展到建立在全球Internet基础上的跨国家、跨企业运行体系的程度。其发展进程初步可分为如下阶段：

➢ MIS系统（Management Information System）阶段。企业的信息管理系统主要记录大量原始数据，支持查询、汇总等。

➢ MRP（Material Requirement Planning）阶段。企业的信息管理系统对产品构成进行管理，借助计算机的运算能力及系统管理客户订单、在库物料、产品构成，实现依据客户订单，按照产品结构清单进行计算并展开物料需求计划，实现了减少库存和优化库存的管理目标。

➢ MRPⅡ（Manufacture Resource Planning）阶段。在MRP管理系统的基础上，

增加了对企业生产中心、加工工时、生产能力等方面的管理，以实现计算机生产排程的功能，同时，也将财务管理的功能囊括进来，在企业中形成以计算机为核心的闭环管理系统。这种管理系统能动态监察到产、供、销的全部生产过程。

➢ ERP（Enterprise Resource Planning）阶段。进入ERP阶段后，以计算机为核心的企业级的管理系统更为成熟，系统增加了包括财务预测、生产能力、资源调度等方面的功能，配合企业实现JIT全面质量管理和生产资源调度管理及决策的平台工具的使用。

➢ 电子商务时代的ERP。Internet技术的成熟为企业信息管理系统增加了与客户或供应商实现信息共享和直接数据交换的能力，从而强化了企业间的联系，形成共同发展的生存链，体现了企业为达到生存竞争的供应链管理思想，使决策者及业务部门实现了跨企业的联合作战。

根据美国的一项统计，在整个20世纪80年代，美国企业在信息技术（Information Technology，IT）应用上投资了1万亿美元。在1975年至1985年这11年间，蓝领工人数量减少了6%，实际产出增长了15%，表面上看劳动生产率提高了21%，与产出增长的15%相比，生产率却下降了6%。这些巨大的投资并没有达到预期目标。经济学家们称之为“生产率悖论”，而众多的企业则认为它们在信息技术应用方面的投资掉进了这一悖论的“黑洞”。

另据我国有关方面的调查，20世纪80年代，我国企业在应用MRP系统方面已投资过80亿元人民币，但是应用成功率只有10%，达到预期目标的更是寥寥无几。

众多企业在应用信息技术方面难以达到预期目标，一些企业开始与研究机构合作进行这类问题的研究。其中最著名的研究成果就是MIT自1984年开始直至1991年告终的一项称为“90年代的管理”的研究报告。该项研究调查了IT应用计算机信息系统模拟手工业务处理流程的情况。研究表明，成功的企业在应用IT的方式上，考虑到了计算机化管理的特点，并对手工业务处理流程作出了很多改变。该项研究将企业应用IT的水平分为以下5个级别：

第1级，本地化应用。信息系统相互独立地应用在一个企业的各个部门，如财务部门、销售部门、库存管理部门等，以实现单项业务管理的计算机化和工作效率的提高。

第2级，集成化应用。当一个企业应用信息技术进入成熟期时，他们会认识到需要将财务与生产系统集成一体化。

第3级，业务流程重新设计。在应用信息系统前对企业手工业务处理流程进行重新改造或调整，以适应计算机信息处理的特点与计算机化工作方式的要求，而不是简单地模拟手工业务处理流程。

第4级，业务网络重新设计。重新设计企业与企业之间的业务处理过程，进而对企业的整个供应链的工作流程进行重新设计。

第5级，业务范围重新定义。通过信息技术的应用，重新审视和调整业务范围。

从第1级到第2级是一个自然发展的渐进过程，一般发生在开始应用信息技术一段时间之后。遗憾的是，这一阶段的收益也无疑是缓慢的，企业一般无法充分发挥信息技术手段的潜能。第3、4、5级则是革命性的变化，这些级别不是从现有的工作方式应用信息技术，而是注重对人们已习惯的原有工作方式与能力的调整和改造。第4级是在更大范围内进行业务流程重组，而第5级则是在更深层次（业务战略）上进行公司重组。

三、管理控制体系的平台——ERP系统

ERP（Enterprise Resource Planning）系统，即企业资源计划系统，是指建立在信息技术基础上的系统化的管理平台。ERP系统集信息技术与先进的管理思想于一身，成为现代企业的运行模式，反映时代对企业合理调配资源、最大化地创造社会财富的要求，成为企业在信息时代生存、发展的基石。ERP的核心管理思想就是实现对整个供应链的有效管理，主要体现在以下三个方面：

➢体现对整个供应链资源进行管理的思想。现代企业的竞争已经不是单一企业间的竞争，而是一个企业供应链与另一个企业供应链之间的竞争，即企业不但要依靠自己的资源，还必须把经营过程中的有关各方，如供应商、制造供销网络、客户等纳入一个紧密的供应链中，才能在市场上获得竞争优势。ERP系统正是适应了这一市场竞争的需要，实现了对整个企业供应链的管理。

➢体现精益生产、同步工程和敏捷制造的思想。ERP系统支持混合型生产管理思想表现在两个方面：其一是“精益生产（Lean Production）”思想，即企业把客户、销售代理商、供应商、协作单位纳入生产体系，同他们建立起利益共享的合作伙伴关系，进而组成一个企业的供应链。其二是“敏捷制造（Agile Manufacturing）”思想。当市场上出现新的机会，而企业的基本合作伙伴不能满足新产品开发生产的要求时，企业组织一个组成部分，运用“虚拟工厂”，把供应和协作单位看成是企业的一个组成部分，运用“同步工程（Synchronization Engineering）”组织生产，用最短的时间将新产品打入市场，时刻保持产品的高质量。多样化和灵活性是“敏捷制造”的核心思想。

➢体现事先计划与事中控制的思想。ERP系统中的计划体系主要包括：生产计划、利润计划、财务预算和人力资源计划等，而且这些计划功能与价值控制已完全集成到整个供应链系统中。另外，ERP系统通过定义事务处理（Transaction）相关的会计核算科目与核算方法，以便在事务发生的同时自动生产会计核算分录，保证了资金流与物流的同步记录和当选数据的一致性。从而实现了根据财务资金现状，可以追溯资金的来龙去脉，并进一步追溯发生的相关业务活动，改变了资金信息滞后于物料信息的状况，便于实现事中控制和实时作出决策。

ERP之所以能够成为管理内部控制体系的平台，主要表现在组织结构、业务流程、生产、采购、库存、成本、销售、人力资源管理等方面。

从组织结构来看，随着信息时代和知识经济社会的来临，企业需要具备更富有弹性、扁平化的组织结构，促使企业以更快、更灵活的方式满足市场和顾客不断变化的需要。我国企业的组织结构大多为金字塔式的职能型层次组织结构，且机构臃肿，人员繁多，严重影响了办事效率。凡此种种严重地阻碍了组织的发展，应当由新的扁平小组中心型流程式组织替代。我们应建立更富有弹性的流程型组织，组织的成员可能来自各个部门，也可能是企业外部的专家、顾问，实际上企业管理已超越企业本身的固有框架。ERP系统正是要求企业建立富有弹性的扁平化组织结构，对市场作出迅速敏捷的反应，以适应不断变化的需求，抓住市场机遇，从而建立企业的竞争优势。随着ERP系统的不断发展和改善，目前许多系统已具备高度的弹性，可支持随时调整的组织结构。

企业要实施ERP计划，首先要进行业务流程重组（BPR）。如果仅是遵循原有的业务流程实行信息化管理，就违背了ERP的宗旨。因为ERP首先是一种管理模式，其次才是技术手段。ERP的精髓在于管理技术与计算机的结合。我国企业的业务流程不合理的地方太多，经常是因人设事，人浮于事，扯皮现象不断发生。BPR要求我们理顺和优化业务流程，强调流程中每一个环节上的活动尽可能实现最大化增值，尽可能减少无效的或不增值的活动，并从整体流程全局优化的目标出发，设计和优化流程中的各项活动，消除本位主义和分散主义。ERP强调管理要面向业务流程，将业务的审核和决策点定位于业务流程执行的地方，缩短信息沟通的渠道和时间，从而提高对顾客和市场的反应速度，而这正是我国企业所缺乏的。

生产管理是制造型企业的主要活动，其完成的好坏取决于生产计划的制订，而ERP的核心正是计划系统。ERP是在MRPⅡ的基础上形成的，我国企业采用MRPⅡ的不少，但以失败告终的居多。其主要原因之一就是MRPⅡ系统未能真正实现其应有的功能，由于国内市场的不健全，企业内部基础数据的不完整、不准确，以及工艺条件的限制，使得计划没有变化快，从而导致整个系统不能发挥作用。ERP强调生产管理要以销定产，增加或完善与外部的接口，进行综合平衡的协调，从而实现生产管理的优化。ERP支持先进的生产模式，比如精益生产（LP）、准时生产（JIT）等，保证了生产管理的先进水平。

采购费用一直是我国企业成本的主要组成部分，我们应严加控制。遗憾的是对于这一方面，我国的企业并不是很重视，在与供应商打交道的过程中，很少货比三家，既没有严格的比价系统，也没有进行招标，采购的随意性很大。而且过程中有严重的“猫腻”现象，主管采购的人员有“吃回扣”的行为。如此采购，原材料的质量又怎能保证？所以，在我国企业的原料采购中，往往是价高质次，严重影响到企业的成本管理和产品质量，真是“赔了夫人又折兵”。实施ERP必将给企业的采购管理带来革命。ERP的核心思想是供应链管理，它强调企业与上游的供应商和下游的经销商形成一条供应链，企业与供应商成为利益共同体，这样，供应商必然会按期、按质、按量地供应原料，保证企业经营活动的高效率，也避免了采购过程中的种种弊端。

很多企业老是抱怨资金短缺，其主要原因便是产品积压严重，库存量太大（包括原材料和产品），导致企业的资金周转出现困难。库存管理的问题在于原料的采购没有按照生产计划的需求，导致原料的积压。ERP系统强调企业管理计划的重要性，要求企业按需定产，按产定购，库存管理工作必将大大改善，实现零库存已不是梦想。ERP系统强调企业管理的信息化，通过信息技术的手段，我们可以动态地掌握企业与市场、企业与供应商的供求关系，从而提高企业管理水平，加快企业流动资金的周转。

ERP系统既然名为“企业资源计划”，必然要求实现对企业成本的计划与控制。随着企业外部环境的千变万化，以及同行业竞争的日趋激烈，企业在其发展过程中面临着越来越多的挑战。企业管理者不仅要想方设法开拓业务渠道，扩大利润基础，而且还要加强内部成本核算，提高利润空间，即在“开源”的同时，还要注重“节流”。我国的企业大多重视“开源”，轻视“节流”，对成本管理远远不够。虽然也有邯钢“模拟核算，成本滞决”的成功经验，但大多数企业在成本控制方面是令人担忧的。因此，我们应当把目标成本管理纳入考核目标体系，运用管理会计的基本原理，以分部门核算的方法建立起成本收入对比模式，从而彻底改变各部门只关心业务开展而不注重成本和效益的状况，同时，由于成本管理的思想贯穿于ERP计划的全过程，可以大大提高企业的成本控制水平。

ERP系统在销售管理方面强调对销售网络的动态控制。通过Internet技术，企业可以实时地收集和分析业务数据，包括市场占有率、销售利润、销售成本、回款率、客户满意度，甚至竞争对手的情况。企业高层领导迅速掌握营销体系的资源动态，在此基础上，加以多角度科学化的分析，从而对企业营销的战略部署进行决策。此外，ERP系统十分强调客户关系管理（CRM），包括客户订单追踪、客户档案服务管理、绩效分析、售后服务、服务跟踪、来电管理，以及退货管理等，真正体现了“顾客就是上帝”的企业宗旨。我国企业的营销管理大多还停留在“推销管理”的概念上，只重视产品和销售，而忽视市场的预测和分析，忽视客户和管理，忽视营销战略的动态调整。通过实施ERP系统，我国企业可以准确地进行营销业务全过程的实时控制和管理，保证企业运营的效果和利润。

知识经济时代，企业间的竞争已不光是市场之争，还有人才之争。人力资源受到越来越多人的重视，我国企业的人力资源管理还有很多不足之处。首先，人才的招聘缺乏科学的测评手段，主要是凭经验和感觉。其次，人才的选拔主要是靠关系，而能力反倒是次要因素。最后，员工之间缺乏凝聚力，“窝里斗”现象严重。实施ERP系统可以实现我国企业人力资源的再造与整合。ERP系统强调，提高企业员工的素质，使其适应现代管理的要求。要做到人尽其能、人尽其才，合适的人在合适的岗位上，方可实现人力资本的最大增值。ERP系统强调因事设人，坚决杜绝人浮于事的现象，裁减不必要的人员。每一岗位的员工都有严格的岗位责任，员工必须切实地按制度办事。同时，强调团队精神，通过协作进一步提高企业凝聚力和战斗力。

事实上，ERP系统所能带来的巨大效益确实对很多企业具有相当大的诱惑力。据美国生产与库存控制学会（APICS）统计，使用ERP系统，平均可以为企业带来如下经济效益：

➢库存下降30%~50%。这是人们说得最多的效益。因为它可使一般用户的库存投资减少40%~50%，库存周转率提高50%。

➢延期交货减少80%。当库存减少并稳定的时候，用户服务质量提高了，使用ERP/MRPⅡ的企业的准时交货率水平平均提高55%，误期率平均降低35%，这就使销售部门的信誉大大提高。

➢采购提前期缩短50%。采购人员有了及时准备生产计划的信息，就能集中精力进行价格分析，选择货源，研究谈判策略，了解生产问题，缩短了采购时间，节省了采购费用。

➢停工待料减少60%。由于零件需求的透明度提高，计划作了改进，零件也能以更合理的速度准时到达，因此，生产线上的停工待料现象将会大大减少。

➢制造成本降低12%。由于库存费用下降，劳动力节约，采购费用节省等一系列人、财、物的效应，必然会引起生产成本的降低。同时，管理水平提高，管理人员减少10%，生产能力提高10%~15%。

由此可见，ERP系统的应用的确可以有效地促进企业管理的现代化、科学化，使其适应竞争日益激烈的市场要求，它的导入，已经成为大势所趋。

四、联想ERP实施过程

1998年11月24日，联想、SAP、德勤三方联名举行了“联想集团实施ERP新闻发布会及签约仪式”，正式宣布联想ERP项目的上马。

成功实施的联想ERP项目是联想参照顾问公司的方法，并根据联想的实际情况进行剪裁再创造的有联想特色的项目。项目实施的过程共分为范围评估、目标确认、流程重设计、系统配置和测试交付五个阶段，其间每个阶段均贯穿着基于SAP的BPR的业务流程重组、技术结构、流程与系统整体、变革管理、培训和文档六条线索的项目管理。

在联想ERP项目的实施过程中，每个阶段都制订了详细的实施计划并以具体的操作步骤进行计划落实。在联想集团上上下下的辛勤协作，项目组顾问的指挥下，经过联想ERP实施项目组400多个日日夜夜的艰苦奋战，取得了项目实施的最终成功：2000年1月5日，联想ERP项目开始实施战略计划和目标；2000年2月14日，龙年春节后第一个工作日，联想ERP系统作为联想集团新的管理信息系统平台，开始独立运行。

之后，为了适应联想集团业务调整的需要，联想ERP项目组又在2000年3月14日开始了ERP再造工程，也就是将已经成功上线运行的ERP系统分为联想电脑公司和联想神州数码公司两套系统。这项以联想集团为主导的再造工程在5月胜利上线。

联想在ERP项目实施过程中克服了数不清的困难。中国企业与市场经济长期脱节，企业在运营规范化、国际化方面的先天不足造成了企业管理思想落后、保守，而ERP对应的又是先进的管理思想手段。这就使得国内企业接受起来十分困难，实施的难度也就更大。

国际上将妨碍ERP项目成功的因素归结为十大风险：对变革的抵抗、领导支持不足、变革原因说不清、不实际的期待、项目管理不强、项目队伍技能不足、范围失去控制、缺乏变革管理策划、没有以流程为本和信息概念脱节。这些情况，联想在ERP项目的实施过程中，无一例外地遇到了。但是，联想通过坚持不懈的努力，成功地落实了“一把手”工程，成功地解决了项目范围失控的麻烦，成功地化解了业务部门与项目组在ERP实施过程中人员和业务压力之间的团队建设的问题，最终成功地克服了全部困难。

ERP项目之所以能够在联想实施成功，我们将其归结为以下几个方面的原因：

第一，就是联想集团高层领导对项目的重视。ERP项目是“一把手”工程，集团的高层领导深知ERP项目对公司的重大战略意义，花了大价钱，下了大决心，在组织人力、财力上也给予了全力支持。当联想高层领导意识到了自己是真正的项目拥有者的时候，开始主动、积极、有力地督导项目的推进，也就使这项工程落到了实处，最终为系统的成功上线铺平了道路。

第二，战略目标的制定、调整也是项目成功实施的关键。联想集团在实施ERP项目之前，制定了一整套实施战略，并在实施过程中适时地对战略目标和战略路线进行了调整，使项目实施更加符合联想的现实情况，为项目顺利完成打下了坚实基础。

第三，归功于联想良好的管理机制和基础，特别是在人才和资金方面的雄厚积累。ERP对于大多数国内企业来说还是一个陌生的事物，对联想也不例外。但是联想ERP项目组在实施过程中逐步学习和掌握了实施这一复杂系统的方法，并结合联想的实际情况，大胆地对一些流程进行了改造，有力地推动了项目的发展。此外，联想ERP项目实施模块多、周期长，需要大量的资金作保障，如果没有联想过去长期积累的雄厚资金作后盾，也就无法取得ERP项目实施的最后成功。

第四，ERP项目的成功充分证明了联想文化的力量。联想实施ERP，是在对项目管理规律逐步摸索的过程中向前挺进的，这里面本来就困难重重，更何况在联想业务飞速发展、内外部竞争压力巨大的情况下，ERP的实施变得更加坎坷。联想文化在ERP项目实施过程中对各种困难的成功克服发挥了重要作用，主要体现在两个方面：一是联想管理三要素和长期的企业文化积淀，锤炼了一批有特殊品格的干部和员工；二是联想文化强大的同化能力，使联想精神在项目组得到再现和升华，最终保证了项目的成功实施。

第五，得益于SAP、德勤顾问的全力合作。联想ERP项目是国际上知名的SAP公司的咨询组与联想ERP实施项目组共同负责实施的。其中，SAP作为软件供应商主要提供产品和技术方面的支持，德勤咨询公司提出了项目实施的EASTYUACK方法论和流程改造与设计的模板，为项目实施提供管理方面的咨询。与两家公司顾问之间的紧密合作也是联想ERP项目成功的重要因素之一。

五、成就和意义

联想ERP项目的成功实施，不仅提升了联想集团的整体管理能力与信息化建设水平，而且有重大的现实意义。联想ERP项目的成功实施和上线后的顺利运行，都达到了预期的目标：在第一个层面上，实现了信息系统的集成性、准确性和实时性；在第二个层面上，梳理了业务运作的主流程，部分流程得到了优化。

在一年多的时间内，联想在国内企业界实现了范围最广、难度最大、较为先进的ERP系统。联想ERP项目的实施范围包括财务会计、管理会计、销售与分销、物料管理、生产计划五大模块和电子商务等部分。这也是国内到目前为止一次性成功实施模块最多的企业。

联想通过实施ERP系统所形成的企业信息化平台优势正在逐步显现出来：联想ERP系统正在成为公司运营的信息中心和数据中心，正逐步成为战略制定和管理的基础信息平台，正在成为公司在新经济时代实现电子商务最基本、最核心的支持系统。

联想通过实施ERP项目，使公司从管理理念到管理模式都跃上了新的台阶。联想通过ERP项目的实施，将国外先进的思想消化、吸收为联想的管理理念，融入联想的日常管理工作模式中，未来这将转化为联想核心竞争力的重要内容。利用ERP系统实现对客户关系管理、供应链管理和产品研发管理，将为联想在IT业的继续领先提供保障，并为联想跻身世界著名IT企业行列奠定基础。

联想ERP上线运行后，对市场反应速度加快，这能降低企业经营运作的成本。在实施过程中，联想培养了一大批复合型人才，项目组最多时有100多名专职员工，项目实施涉及200多个最终用户，先后培训了员工几百人次，这将有助于提高公司的核心竞争力。同时，及时、准确的信息反映，提高了公司防范、控制经营风险的能力，为集团新经济时代和科学战略决策创造了必要的条件。

回过头来，让我们再一次审视联想ERP项目的实施。我们不难看出，实施ERP项目其实也是联想发展的必然，除此之外别无选择。这不仅仅是因为ERP系统是电子商务最基础、最核心的支持系统，更为重要的是，通过实施ERP项目，也使联想进入了新经济时代的跑道，进而成为联想在新世纪腾飞的起点。

【案例5-2】　大唐电信会计信息迷雾

一、公司背景

大唐电信科技股份有限公司是电信科学技术研究院控股的高科技企业。公司于1998年9月21日在北京海淀新技术开发试验区注册成立，同年10月，公司股票“大唐电信”在上海证券交易所挂牌上市。大唐电信是国内具有自主知识产权的信息产业高科技骨干企业，主要从事各类通信设备系统、各类通信终端、计算机软硬件、系统集成等业务，是国内专业覆盖面最广的通信设备制造商与服务商。公司与国防科技大学共同承担国家“863”重大攻关项目——中国高速信息示范网核心路由器等项目。公司和清华大学合作开发了下一代智能网络节点设备OXC和OADM等项目。

二、会计信息迷局

大唐电信是公认的明星股，但自2001年以来，该股一直迷雾重重，技术与业绩背离。2006年10月28日，大唐电信发布了业绩预增公告，称2006年1至9月公司累计盈利2 761.3万元，由于公司目前产业结构优化调整初见成效，经过公司财务部门初步测算，公司预计2006年全年实现盈利。上年同期亏损6.96亿元。

10月27日（星期五）大唐电信收盘于10.88元，此消息发布后的10月30日（星期一）收盘于10.91元。此后的5个月，大唐电信受到市场的追捧，股价一路飙升。截至2007年4月4日，其股价已经近20元。

2007年4月5日，正当市场期待扭亏为盈的年报出台时，大唐电信突然发布业绩预亏公告，市场哗然。公告称，根据年度审计机构北京立信会计师事务所有限公司与公司的沟通：尽管公司2006年度主营业务规模和主营业务盈利能力大幅提高，公司2006年12月进行的通信产业整合工作有利于进一步提高公司的盈利能力，但鉴于公司无线、光通信等传统通信设备产业历年经营留存的大量资产给公司带来预期的收益能力有限，依据会计审慎的原则，仍需对整合后的无线、光通信资产大幅计提减值准备，由此将造成公司2006年度财务报告亏损。具体数据以公司披露的2006年年度报告为准。

在短短5个多月的时间里，大唐电信对其2006年业绩给出了两个相反的预期，业绩“变脸”速度之快、幅度之大，令人瞠目结舌。

三、市场各方反应

律师表示，两个公告必然有一个是假的。大唐电信已经造成了误导性陈述，从行政角度来看，是应该遭到证监会的行政处罚的；从民事角度来看，只要因此给投资者造成了损失，投资者是可以索赔的，但是单个诉讼难度很大，最好是证监会能取得集团诉讼和代表诉讼制度的突破，我们支持这样的公益诉讼。

会计师表示，此次亏损纯粹是会计手法造成的，容易给人造成和某些资金力量配合的印象，目前尚不清楚它为什么要在这个时候大幅计提减值准备，而根据新会计准则，计提减值准备以后是不能转回的。

业内人士推测，这也许是大唐电信上演的一出“苦肉计”，大唐电信在TD-SCDMA上马的形势明朗、自身处于重组前敏感期时突然改以亏损姿态出现，很可能是期望尽快重组并获得更多支持。

四、尘埃落定

《中华人民共和国证券法》第六十三条规定，发行人、上市公司依法披露的信息，必须真实、准确、完整，不得有虚假记载、误导性陈述或者重大遗漏。而大唐电信两次截然相反的公告均声称是遵守上述规定的。而实际情况是怎样的呢？2007年5月10日，上海证券交易所发布的对大唐电信的公开谴责公告给出了答案。

上海证券交易所在10日发布的公开谴责公告指出：

“经审核，大唐电信在信息披露方面存在如下问题：大唐电信于2006年10月

28日披露了关于2006年年度业绩预增公告，预计公司2006年年度将实现盈利。而2007年4月5日公司公告，因会计师对公司存货计提大额减值准备，公司2006年年度业绩将再度出现大幅亏损，且公司股票交易将实行退市风险警示。

大唐电信上述行为严重违反了《上海证券交易所股票上市规则》的规定，以及上证所《关于做好上市公司2006年年度报告工作的通知》。上证所据此决定对大唐电信予以公开谴责。”

上证所在公告中重申：上市公司应当根据法律、法规和《上海证券交易所股票上市规则》的规定，认真履行信息披露义务；董事应当履行诚信勤勉义务，监事应当履行监督职责；董事会全体成员应当保证重大信息的及时和公平披露，保证信息披露的内容真实、准确、完整，没有虚假记载、误导性陈述或者重大遗漏，并就其保证承担相应的法律责任。

五、启示

上市公司如何遵守信息披露责任成为摆在监管层面前的重要课题。杭萧钢构安哥拉项目事件已经受到市场的高度关注。如今杭萧钢构烟云未消，大唐电信的“变脸”戏法又受到监管部门关注。根据统计，大唐电信并不是孤独的“舞者”，类似戏法在上市公司信息披露中频频上演。我们可以预见，如果对此等违规行为不进行严惩，股改所取得的成果将付诸东流。投资者对资本市场的信心也将严重受损。

对于上市公司而言，对外公告是公司与外部投资者、债权人、监管当局以及其他利益相关者进行信息沟通的主要渠道。公告的真实性和可靠性直接影响外部利益相关者对企业的投资决策。大唐电信对其2006年业绩预期如此反复无常，将投资者玩弄于股掌之中，让广大投资者对大唐电信公告甚至公司的诚信产生怀疑。可以想象，这样的公司必将受到市场的唾弃。

第六章　内部控制要素——监控

监督控制，是指企业对其内部控制的健全性、合理性和有效性进行监督检查与评估，形成书面检查报告并作出相应处理的过程。企业应当利用信息与沟通情况，提高监督检查工作的针对性和时效性；同时，通过实施监督检查，不断提高信息与沟通的质量和效率。

根据监督控制的内容和频率的不同，监督控制分为持续性监控和专项监控。在实践中，一般由内部审计部门承担监督职责。企业对在监督检查过程中发现的内部控制缺陷，应当采取适当的形式及时进行报告。

第一节　监控方式

COSO风险管理整合框架指出，整个企业风险管理都处于监控之下，必要时还会进行修正。通过这种方式，它能够动态地作出反应，根据条件的要求而变化。监控通过持续的管理活动、对风险管理的单独评价或者两者的结合来完成。

一、持续性监督检查

持续性监督检查，是指企业对建立和实施内部控制的整体情况所进行的连续的、全面的、系统的、动态的监督检查。持续监控是在及时的基础上执行的，对环境的改变作出动态的反应。它存在于单位管理活动之中，能较快地辨识问题。持续监控的程度越大，其有效性就越高，则企业所需的个别评估就越少。为了能有效地开展持续监督，企业应采取以下方法：

1.维护、变更、监督和考评控制活动

企业应对内部控制的体系进行维护，规范标准变更、监督及考评等控制活动，以保证内部控制体系有效运行。

2.获得内部控制执行的证据

获得内部控制执行的证据，是指企业员工在实施日常生产经营活动时，取得必要的、相关的证据，证明内部控制系统发挥功能的程度，主要包括以下几方面内容：①企业管理层搜集汇总各部门的信息、出现的问题，监督各方面的工作进展。②相关职能部门进行自我检查、监督，确保内部控制体系的有效运行；对发现的问题进行记录并提出解决方案；通过修改管理文件，完善内部控制系统。③内部控制部门监督、检查相关单位内部控制体系的运行情况。

3.内外信息印证

内外信息印证，是指来自外部相关方的信息支持内部产生的结果或能够反映内部的问题，主要包括以下两个方面：①来自监管部门的信息。企业接收监管部门的监督，汇总、分析监管反馈信息，制定整改措施。②来自客户的信息。企业通过各种方式与客户沟通，搜集客户信息，制定整改措施并监督该措施的执行。

4.会计记录与实物资产进行核对

企业应定期将会计记录的数据与实物资产进行比较，做到账实相符。

5.积极回应内外部审计建议的反馈

内外部审计建议的反馈，是指企业对内外部审计师定期提供加强风险管理建议所作出的反馈。审计师把注意力集中在关键的风险和相对应的控制活动设计上，确定其潜在的缺陷，提出建议。企业应对这些建议作出积极的响应，并根据实际情况提出整改方案，并监督该方案的执行情况。

6.管理层对内部控制执行进行监督

管理层应通过各种方式了解内部控制的执行情况及控制缺陷的反馈情况，主要有以下几种渠道：①审计委员会接收、保留及处理各种投诉及举报，并保证其保密性。②管理层在培训、会议上了解内部控制的执行情况。③管理层认真审核员工提出的各项合理建议，并不断完善建议机制。④监督管理部门定期组织专项检查和调研，对出现的问题提出整改建议。

7.定期考核员工

企业制定《员工职业道德规范》《高层管理人员职业道德规范》等相关文件，并以书面形式下发。管理人员应定期考核员工是否真正理解并遵守这些规范，监督管理部门协同人力资源部，根据高层管理者的授权，监督员工对职业道德规范的执行情况。

8.提高内部审计活动的有效性

企业应制定内部审计规范，明确审计的范围、责任和计划，以此为基础合理配置审计人员，并要求他们遵守企业职业道德规范及内部审计规范。审计部门应具有适当的地位并有足够的资源以履行其职责。审计部门根据授权可以参加有关经营及财务管理的决策会议，针对管理中存在的薄弱环节、违反国家法律法规的行为、内部控制管理漏洞，向管理层及时提出整改意见。

二、个别评估

个别评估，又称专项监督检查，是指企业对内部控制建立与实施的某一方面或者某些方面的情况所进行的不定期的、有针对性的监督检查。

尽管持续监控程序可提供内部控制其他要素是否有效的信息，但企业有时需要直接检查内部控制制度。这种做法也有利于考核持续监督程序是否一直有效。专项监控需要遵循以下程序：

1.选定监控主体

通常的评估采用自我评估的方式，就是说：特定单位或部门的负责人决定评估；评估主体根据国家法律法规的要求和企业授权，采取适当的程序和方法，对内部控制的建立与实施情况进行评估，形成检查结论并出具书面检查报告，再由管理层对各个部门的评估结果进行考核。内部审计部门是进行内部控制评估的主要力量，董事会所属审计委员会或者子公司、分部管理层辅以帮助，同时也可以借助外部审计的力量。评估主体应当加强队伍的职业道德建设和业务能力建设，不断提高监督检查工作的质量和效率，树立并增强监督检查的权威性。

2.确定监控的范围及频率

企业内部控制的范围和频率各不相同，取决于风险的重大性以及对企业经营管理的影响。对于个别评估来讲，在选定评估主体后，应在内部控制系统中选择适当的部分进行评估，其范围、覆盖的深度和频率应满足企业内部控制的需要。

企业应制定内部控制体系验收检查方案及标准，并逐步开展涵盖内部控制体系框架所有内容的验收测试工作，检查内部控制体系运行的有效性。

内部控制管理部门每年对重要的会计科目、披露事项、重要业务流程进行更新和确认，定期组织相关部门对关键控制管理文件进行修改和完善。

3.选择监控方法

常用的评估方法包括核对清单、调查问卷和流程图技术等，也有些企业将风险管理作为标杆，重点将风险管理构成要素在企业间进行比较。企业应派专人负责评估工作，制定评估程序，选择适合的方式进行评估。

4.开展监控过程

评估内部控制制度本身就是一个过程。评估者必须了解涉及每个内部控制制度的组成要素，了解制度的实际运行情况与原设计有何不同、各种变更是否适当，进而比较设计与执行之间的差距，并确认控制制度对已定目标的达成是否能够提供合理保证。

（1）组织测试人员开展测试前的培训，了解内部控制制度的构成要素、测试程序、方式和方法，以保证测试工作顺畅、有效。

（2）测试人员通过现场调查及符合性测试等方法评估单位内部控制体系的运行情况。

（3）测试人员对测试结果进行记录，编制测试结果报告及缺陷报告。

（4）文档记录。

第二节　内部审计

一、内部审计的定义与目标

1.国际内部审计师协会的界定

国际内部审计师协会（IIA，1999）把内部审计定义为：内部审计是一种独立、客观的保证与咨询活动，其目的是为机构增加价值并提高机构的运作效率。它采取系统化、规范化的方法对风险管理、控制及治理程序进行评价，提高它们的效率，从而帮助实现机构目标。国际内部审计师协会的定义在肯定检查和评价的基础上又强调了内部审计也要提供建议等咨询服务，以便更好地实现其提高效率、增加价值的目标。在对内部审计范围的界定上，国际内部审计师协会的定义也显示了它的先进性，对审计的范围不再使用“经营活动”的提法，而是将其具体为风险管理、（内部）控制和治理程序。此外，国际内部审计师协会的定义第一次提出了内部审计的目的之一是为机构增加价值，明确了内部审计是一种增值活动，赋予了内部审计更强的生命力。其他定义虽也不同程度地蕴含了这种思想，但均未明确表达。

2.英国会计师团体咨询委员会的界定

英国会计师团体咨询委员会对内部审计的定义为：内部审计是一个组织的管理层把对内部控制制度的检查作为服务于组织的活动而建立起来的一种独立性的评价活动。它客观地检查、评价和报告内部控制制度，为经济有效地利用资源作出贡献。

3.日本的界定

日本《新版会计学大词典》对内部审计的定义为：内部审计不同于以往以注册会计师为代表的外部审计。它是企业内部工作人员为了经营管理的目的而对企业各种经营管理活动进行检查和评价的审计。内部审计的本质在于，作为企业经营者的管理机能的一部分，对经营者使用的各种经营管理手段进行妥善和有效的检查和评价，以供经营者考虑采纳。

4.内部审计学家劳伦斯·B.索耶的界定

美国著名的内部审计学家劳伦斯·B.索耶（L.B.Sawyer）在《现代内部审计实务》一书中指出：内部审计是对组织中各类业务和控制进行独立评价，以确定其是否遵循公认的方针和程序、是否符合规定的标准、是否有效地使用资源、是否正在实现组织的目标。他还一再强调，内部审计要向经营活动和管理活动延伸，内部审计应该检查、评价各项经济活动的节约性、效率性和效果性。

5.我国内部审计协会的界定

我国内部审计协会对内部审计的定义（2003）为：内部审计是指组织内部的一种独立、客观的监督和评价活动。它通过审查和评价经营活动及内部控制的适当性、合法性和有效性来促进组织目标的实现。该定义很大程度上借鉴了国际内部审计师协会的定义。

6.本书的定义

企业内部审计是企业内部的一种独立的、客观的监督、评价和咨询活动。它的目的是发现并预防错误和舞弊，提高企业的运作效率，为企业增加价值。它采取系统化、规范化的方法对企业的内部控制、风险管理进行检查和评价，并提供建议等咨询，通过提高它们的效率，从而帮助实现企业的目标。与外部审计相比，企业内部审计具有相对独立性、内向服务性、范围广泛性和形式灵活性的特点。

二、内部审计模式

公司内部审计部门的隶属关系大体上可分为三种类型：监事会领导模式、董事会领导模式和总经理领导模式。

1.监事会领导模式

监事会领导内部审计模式，即内部审计部门直接由监事会领导，在监事会领导下对公司财务情况和董事、经理的经济行为以及经济责任进行审计。这种组织模式的好处是壮大了监事会的力量，监事会可以利用内部审计部门的工作更好地履行监督职能。但是，由于监事不能兼任公司的经营管理职务，没有经营管理权，而内部审计的主要任务是通过审计促进企业改善经营管理、提高经济效益，因此，这种模式的最大不足是内部审计不能直接服务于经营决策，难以实现其主要任务和目的。

2.董事会领导模式

董事会领导内部审计模式，即内部审计部门直接由董事会领导，在董事会领导下对公司经营情况、计划执行情况，以及经理职责履行情况进行审计。由于其领导层次较少，地位超脱，相对独立性和权威性最强，有利于董事会对公司大政方针的把握。不足之处在于董事会领导模式势必削弱公司经营的直接领导人和直接责任人（总经理）对公司经营情况的监督。

3.总经理领导模式

总经理领导内部审计模式，即内部审计部门直接由总经理领导，在总经理领导下对公司的整体经营情况和内部控制制度执行情况进行审计。有学者认为，总经理领导模式难以对公司财务和总经理的经济责任进行独立的监督与评价。笔者认为，对公司财务情况和总经理经济责任的监督和评价是董事会和监事会的职责所在，并非应由内部审计部门完成。总经理就公司的整体情况对董事会和股东会负责。总经理应当了解公司发生的每一项业务。限于公司经济活动的复杂性和总经理个人精力和能力的有限性，仅仅依靠个人的力量，总经理难以对公司经营的全过程实行监督，于是内部审计部门作为总经理职能的延伸对公司整体经营情况发挥监督评价作用就是很合理的事了。

作为对董事会监督职能的补充，英美国家公司的董事会普遍下设审计委员会。审计委员会为董事会的控制与监督职能服务。内部审计部门接受审计委员会的职能监督，通过审计委员会不受限制地接触董事会。从公司整体组织架构来看，审计委员会的地位高于内部审计部门，并对其形成一种监督。笔者认为，建立审计委员会下的内部审计部门顺应现代企业发展的要求，是一种最佳的模式，内部审计部门必须接受审计委员会的职能监督，通过审计委员会的监督，不断提高工作质量和工作效率。在业务上，内部审计部门向审计委员会负责并向其报告工作。

三、内部审计的工作程序

（一）审计准备与审计计划

充分的审计准备和详细的审计计划是确保内部审计工作顺利开展的关键环节。它可以避免审计目标和审计范围的偏差，保证有适当、足够的人力资源参与审计工作，时间分配得宜，实地审计工作能够达到最高效率。确定审计范围，要与被审计部门或子公司管理层进行沟通，同时提供审计准备清单；对审计资源进行合理配置，包括适当的人力资源和必要的审计工具等；拟订详细的审计计划，向被审计子公司下发审计通知。

（二）内部控制环境与业务流程分析

审计准备工作完成后，就进入正式的审计阶段。审计人员首先与部门负责人或子公司高级管理层进行访谈，索取各种资料，包括各种规章制度、业务报告、技术规范等。之后，审计人员对有关资料进行初步审阅，并根据需要进行有限度的简略测试，确定相关文件和审计人员所了解的情况是否准确无误。

（三）审计测试

审计测试是开展内部控制审计的重要方法，也是审计流程的关键一环。审计测试有很多种，如穿行测试、控制设计测试、符合性测试和实质性测试等。

1.穿行测试

该测试的目的是确认流程现状，在对相关业务人员的访谈和相关文件制度审阅的基础上进行。

2.控制设计测试

该测试的目的是检查相关业务流程的内部控制设计，即检查对流程中的各个风险环节是否设计了相应的内部控制活动。控制设计测试在表现形式上与穿行性测试相似，但穿行性测试仅仅记录流程现状，而内部控制设计测试需要对流程的风险进行分析，识别流程中的控制点和控制活动，然后进行差距分析，确认流程中的内部控制设计是否完善。如果内部控制设计存在缺陷，通常可以将其确认为一个审计发现。

3.符合性测试

该测试的目的是检查设计的内部控制活动是否在实际中得到有效遵循和执行。符合性测试的关键是测试样本的选择，要求测试样本充分、相关及可靠；样本数量足以证实审计流程；证据和审计目标相关联；能够反映审计相关流程的客观事实，以便得出相应结论。

4.实质性测试

该测试是针对内部控制设计测试中发现的控制缺失或控制失当，以及符合性测试中发现的执行不力等问题点而进行的旨在量化风险的一种测试。

（四）确认与评估审计发现

在审计测试中发现的内部控制缺失或不足，应与相关流程或环节的责任人员进行确认。在确认了审计发现之后，就要对每一个审计发现的风险等级进行评估。确认、评估审计发现的风险后，还有一个重要的步骤是：针对审计发现的内部控制缺失或不足，提出改进建议。

（五）审计报告

审计报告是一个审计循环最后的步骤，其目的是向被审计单位报告有关内部审计流程的发现及改进建议。审计报告应该以书面形式提交。如果有必要，还需要进行专门的口头报告，以对报告的具体内容进行解释和说明。一份完整的审计报告通常包括：项目目的、工作范围、工作方法、风险评估模型、审计发现及建议、被审计单位的反馈等内容。

四、如何提高内部审计质量

内部审计质量的内涵包括：审计活动的效率，即是否按照审计计划及时、充分地完成了审计工作；审计过程的规范性，即审计过程中是否严格遵循了审计活动的规范，是否保持了审计的独立性和客观性；审计建议的可行性，即提出的审计建议是否具有可操作性；审计活动的增值性，即审计活动是否真正能够为企业增加价值，这也是审计质量的核心要素。保证和提高内部审计质量，关键要做到以下几点：

1.加强内部审计的组织保证

建立科学的组织架构、清晰的业务和行政报告关系，保证内部审计部门的独立性：确立内部审计部门在组织中的地位，取得公司最高管理层的支持，是确保内部审计工作顺利、高效、优质开展的基本前提；建立《内部审计章程》等规范文件，明确内部审计的职权范围及其对组织的价值；通过企业风险管理观念和文化的灌输，使企业各个层面的管理人员理解内部审计的重要性。

2.不断提高内部审计人员的素质

内部审计工作的目标最终要通过一个个内部审计人员的工作来实现，因此，内部审计人员自身的素质也是影响内部审计质量的一个基本要素。除了要熟练掌握内部审计的方法、技能、工具之外，内部审计人员还需要具备以下关键素质：良好的人际沟通技能、敏锐的风险意识、良好的自我学习能力、整合能力等。提高审计人员素质的重点是要做好人员的甄选、培训和绩效考核三项工作。

3.认真做好审计前的准备工作

充分的审计准备可以避免在审计过程中出现方向的偏差或者一些重大的影响审计效率和效果的意外情况。详细的审计计划为审计活动提供明确的时间进度目标，保证开展审计项目所需的各项资源，同时也是评估审计工作开展质量的依据之一。

4.注意审计方法、技术、工具的合理运用

正确的审计方法、技术和适当的工具的运用，可以帮助审计人员用最短的时间和最少的资源投入达成审计目标。审计测试技术是对审计质量影响最大的因素之一。测试目标的选择、测试抽样的确定、测试结果的分析，以及测试结论的得出等方面出现的失当都会直接导致测试的失效。

5.强化审计规范和工作底稿管理

通过建立详细的内部审计标准和内部审计指引，规范内部审计人员的工作行为，保证审计过程中的独立性和客观性。对审计过程的每一步骤都要求有完整的工作底稿。主要的工作底稿包括：审计项目计划、访谈记录、审阅过的文件资料清单、审计程序指引、测试方案及结果、审计发现与建议、审计报告（中期）等。所有审计工作底稿都要按照统一的规则编号，建立索引，以备查核和引用。

6.做好审计报告

审计报告包括阶段性的报告和最终审计报告。审计报告的目的是向管理层或者被审计单位呈现审计成果、解释审计发现、提出审计建议，是内部审计工作价值的体现和展示。因此，审计报告做的好坏会在很大程度上影响整个审计项目的质量。

7.沟通、沟通、再沟通

内部审计过程是审计人员与被审计单位的互动过程。充分的沟通对保证和提高审计质量至关重要。这些沟通包括审计准备阶段的沟通（审计范围、方式、目的、意义等）、审计过程中的沟通（对流程、制度、风险和控制活动的理解等）以及审计发现和建议的沟通（确认、解释、可行性探讨等）。

8.内部审计质量评估制度化

保证和提高内部审计质量的最后一点就是建立内部审计质量评估制度，使内部审计质量管理制度化。

第三节 报告缺陷

企业对在监督检查过程中发现的内部控制缺陷，应当采取适当的形式及时进行报告。对于监督检查中发现的重大缺陷或者重大风险，应当及时向董事长、审计委员会和经理汇报。

一、什么是内部控制缺陷

内部控制缺陷，是指内部控制的设计存在漏洞，不能有效防范错误与舞弊，或者内部控制的运行存在弱点和偏差，不能及时发现并纠正错误与舞弊的情形。重大缺陷，是指业已发现的内部控制缺陷可能严重影响财务报告的真实可靠和资产的安全完整。

二、内部控制缺陷报告的内容

企业应当分析内部控制缺陷产生的原因，并有针对性地提出和实施改进方案，不断健全和完善企业内部控制。企业应当结合其内部控制，对在监督检查中发现的违反内部控制规定的行为，及时通报情况和反馈信息，并严格追究相关责任人的责任，维护内部控制的严肃性和权威性。企业应当结合内部控制监督检查工作，定期对内部控制的健全性、合理性与有效性进行自我评估，形成书面评估报告。评估报告应当全面反映企业在一定时期内建立与实施内部控制的总体情况。

第四节 COSO新框架的原则和要素

在监控要素中，COSO新框架提出了2个原则和11个要素（关注点）。具体内容见表6-1。

表6-1 COSO新框架下监控的原则和要素（关注点）[①]

原则		要素（关注点）	
1	企业选择、制定并实行持续及/或单独的评估，以判定内部控制各要素是否存在且发挥效用	1	考虑正在进行的多项和单独的评估
		2	考虑变化速率
		3	制定理解基准
		4	任用胜任的人员
		5	集成业务流程
		6	调整范围和频率
		7	客观评价
2	企业及时评估内部控制，并将有关缺陷及时通报给负责整改措施的相关方，包括高级管理层和董事会	8	评估结果
		9	向管理层汇报缺陷
		10	向高级管理层及董事会汇报缺陷
		11	监控纠正行为

【案例6-1】 **武钢内部审计提升企业价值**

武汉钢铁集团（简称“武钢”）是中华人民共和国成立后由国家投资建设的第一个特大型钢铁联合企业，于1955年10月破土动工，1958年9月13日正式投产。武钢地处“九省通衢”的武汉市东郊，长江南岸，主体厂区坐落在武汉市青山区，所辖的4座铁矿、2座辅助原料矿分布在鄂东、鄂南及河南焦作市，附近还有海南钢铁有限公司、襄樊钢铁长材公司。2005年，武钢和鄂钢、柳钢实现了联合重组，并开始在更大范围和更深程度上参与国际经济合作与竞争，提出了“把武钢建设成为国际一流的现代化钢铁企业和精品名牌生产基地”的国际化战略，并投入大量人力、物力，对国际化运作进行研究与实践，以应对各个领域出现的每一个变化。

武钢决策层注重内部控制，致力于控制环境建设，加强内部队伍的实力储备。

① 佚名. COSO内部控制新框架常见问题解答［EB/OL］.［2014-04-27］. http://www.docin.com/p-800953742.html，经作者整理。

这为其国际化运作战略提供了有力的支持。武钢的内部会计控制体系主要包括五大配套子系统：实施会计委派制，以集中会计控制权；坚持制度建设，以规范内部会计控制活动；实施会计稽查，以促进内部会计控制有效执行；强化内部审计，以实现内部会计控制再监督；派驻子公司监事会，以强化子公司的会计控制。调查分析后，武钢决定以内部审计作为内部控制的核心和突破口。经过多年探索和实践，武钢成功实行了审计业务流程再造，构建起国际化运作的中国内部审计模式，兼容并存国内外各种先进管理理念与方法，构筑现代内部审计实用控制技术体系，为企业打造核心竞争力实现“增值”审计。

一、内部审计模式

（一）由传统的财务收支审计转向为公司识别、防范风险服务

内部审计关注风险问题，标志着内审工作性质的转变。由于内部审计资源是有限的，而企业各种管理决策、业务活动、内部控制都属于内部审计的范围。在一年之内，内部审计不可能涵盖所有的方面。为了找准管理的重点和难点，2002年，武钢在全公司范围内开展了审计风险问卷调查。调查涉及公司产、供、销、人、财、物等32类168项问题，调查面覆盖了公司领导、管理者及职工代表各个层面。近千份问卷的统计分析将企业的风险直指投资领域、采购领域、建设工程领域，以及易被忽视的专项费用、福利费用的使用，形成了应对风险的审计总体规划。公司每年均以开年的1号文件下发各单位审计计划，为规范审计行为提供依据。公司内部审计计划制订流程如图6-1所示。

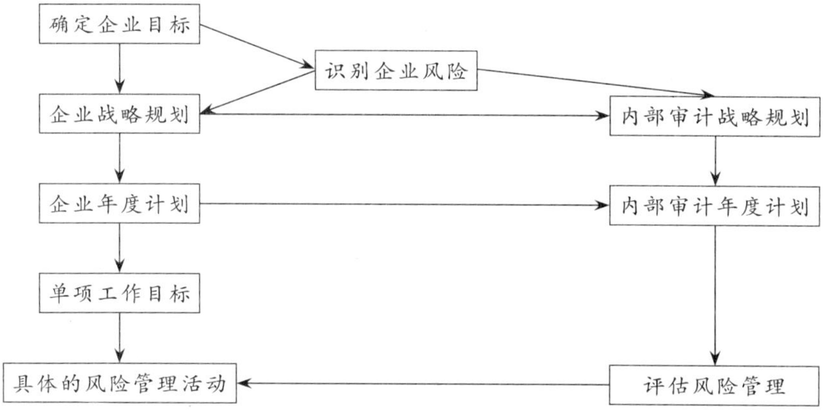

图6-1 以风险管理为导向的内部审计计划制订流程

（二）经济责任审计由事后评价拓展为事中制约

在法人治理结构中，经济责任审计从事后评价向事中制约延伸，从而提升了资本效率，防范了经营风险。目前，这已成为管理层、职能部门及企业员工共同关注的焦点。法人治理结构被视为微观的民主与法制框架，而领导者经济责任制度则成为这一治理结构的核心。

武钢的内部审计与时俱进，适应了这一转变。早在2001年，武钢对全公司领导干部离任审计率就已经达到了100%，监事会对子公司经营者现职评价率亦达

到100%（国家五部委要求离任审计的比例是30%）。着力加大对现职领导干部的审计力度，提高了广大领导干部增加全面履行职责、确保国有资产保值增值的自觉性。

（三）专项审计渗透到深层领域

在内部审计过程中，武钢致力于发挥内部审计“经济良医”和“管理顾问”的服务作用，作出了几点有益的尝试。

1. 审计公示

审计公示是探索与被审计对象之间进行有效的互动性管理、以最简捷的方法收到最大成效的一种尝试。这种在被审计单位的中层以上干部及职工代表中公布审计报告的做法使得内部审计成果迅速转化为生产力。

2. 培训被审计者

培训被审计者就是对厂矿长、高级管理人员等进行培训，要他们了解内部审计的重要性。这也给武钢高层管理者的管理带来了利益，减少了冲突，在共同目标下形成合力。

3. 审计奖励制度

审计奖励制度是对被审计单位由硬约束转为正面激励的又一创新，也是内部审计在总经理授权下特有的职权。

4. 审计服务

审计服务使管理层经常性地考虑降低基层监管成本的问题。根据成本效益原则，认真论证公司内部审计、监事会、会计委派三者之间的关系，明确各自的职责和范围，减少基层接受监管的负担。在实践中，做到与财务部门认真沟通与配合。

（四）发挥内部审计在内部控制框架构建中的联动效应

流程再造是创新型企业的灵魂。但是，创新又不可避免地会与现行法规制度形成碰撞，与现行的利益格局发生冲突。在这种整合之中，唯有内部审计能够凭借比其他部门聚集信息更多、管理范围更大、内容更丰富的优势，迅速形成一支创新型、反应快速的学习型团队，对开放的、动态的复杂管理系统发表更具权威性的评价。

武钢汇集了来自集团各管理岗位的力量，针对各类主题联手攻关。这种无边界的组织效应和新型的“借脑”运作产生了很大的合力效应。审计力量投入的重点不再是各个管理环节本身，而是管理的接口部位这一权利与责任的传递点。这样就使相关部门各自敲响警钟，主动承担责任的联手管理，能够迅速切断流向不明渠道的资金，使审计建议的实施成为实实在在的管理增效的源泉。

针对不同的经营环节，武钢采取了各种适合的审计方法：在投资环节实施的“信息真实性审计”增强了大多数投资者对国有资产保全的责任感；在物资采购环节联手实施“四大循环审计”，完善了“阳光采购”的内涵；在资产重组、资源利用的管理接口部位联合实施“审计穿行试验技术”，促进了国有资产的保值增值。

通过评价内部控制制度，促进规范管理；通过评价营销制度，促进开拓市场；通过评价采购制度，促进增收节支；通过评价市场风险，促进优化决策；通过评价部门职责，促进闭环运行。通过对已报告的审计发现进行后续审计，求根溯源，最终形成部门联手管理，筑起控制企业利益流失的防线。

（五）创新审计方法的精细化管理

内部审计在现代管理中与各个环节的专业管理协调日益紧密。审计的工具和技术、管理方法与这些部门的管理手段和措施也日益兼容并存。不少控制难点的突破往往是双方管理技术共同借鉴和弥补的结晶。

近年来，武钢逐步建立起自身的方法体系，致力于审计战略研究，移植来自国际的控制理念及实务技术：在内部审计资源管理中建立了标准系统；在企业横向管理中创建了跨部门的“多元循环法”，评价业务流程的“接口部位突破法”“网络比价法”“同级审计制”。同时，“双向承诺制”“审计备案法”“穿行试验”“内部控制矩阵图”“多维分析表”等近百种审计工具和技术的应用更使得内部审计做到了精细化管理，促进企业管理水平的同步提高。

二、实施的意义和成就

武钢的内部审计已经实现了由传统的内部审计向风险导向内部审计的转变，并且形成了独具特色的内部审计模式。其审计经验对于丰富我国内部审计理论和实践具有重要的意义。

首先，内部审计的理念借鉴了西方风险导向内部审计的技术，在进行内部审计时以风险为出发点，并以企业风险管理框架作为风险导向内部审计的对象。这样可以依据成本效益原则，将人力、物力资源尽可能分配到风险大的事件或环节上。

其次，内部审计的方式也发生了转变，由事后监督评价转向事前的预警防范，做到了审计关口前移，提高了内审工作的时效性，也解决了事后审计难处理的问题。

最后，审计方法关注“成本效益原则”。武钢内部审计非常注意在严格的内部控制和经营效率间寻找平衡点，因为太严格的内部控制往往要以牺牲效率为代价。“所控制的风险是否值得这样控制”成为内部审计工作中常常考虑的问题。

国际化运作与风险导向内部审计以及良好内部控制的结合，其成果是显而易见的。2004年，武钢（集团）公司实现利润总额超过25亿元。至此，武钢已经连续3年实现利润以每年10亿元的速度增长。8年来，累计降低成本费用57亿元，占同期利润总额的86.6%。

武钢以预算管理控制为主要手段，以成本费用控制、资金管理控制、对外投资控制为重点内容，将内部会计控制渗透于财务活动的全过程，有效保证了资产的安全完整和经营效率、效益的提高。近年来，其资本保值增值率均在我国冶金行业名列前茅，各类资产损失压缩到了最低限度。在武钢60多项经济技术指标中，每年都有40多项创历史最高水平。

【案例6-2】 国资委总会计师监控责任[①]

"总会计师"的提法源自苏联的计划经济体制。当时"总会计师"是一个既对国家负责，又对企业行政"一把手"负责的职位。1990年，国务院发布的《总会计师条例》要求国有大中型企业设立总会计师岗位，并规定总会计师是单位的最高财务负责人。《中华人民共和国会计法》和《企业国有资产监督管理暂行条例》等都对总会计师的地位、职责、权限等进行了相关规定。2006年4月14日，国务院国有资产监督管理委员会第37次主任办公会议审议通过了《中央企业总会计师工作职责管理暂行办法》（以下简称《暂行办法》），自2006年5月14日起施行。

根据《暂行办法》的规定，总会计师是指具有相应专业技术资格和工作经验，在企业领导班子成员中分工负责企业会计基础管理、财务管理与监督、财务会计内部控制机制建设、重大财务事项监管等工作，并按照干部管理权限通过一定程序被任命（或者聘任）为总会计师的高级管理人员。国务院国有资产监督管理委员会（简称"国资委"）依法对企业总会计师工作职责的履行情况进行监督管理。

一、担任企业总会计师应当具备的条件

担任企业总会计师应当具备以下条件：

（1）具有相应的政治素养和政策水平，坚持原则、廉洁奉公、诚信至上、遵纪守法。

（2）大学本科以上文化程度，一般应当具有注册会计师、注册内部审计师等职业资格，或者具有高级会计师、高级审计师等专业技术职称或类似职称。

（3）从事财务、会计、审计、资产管理等管理工作8年以上，具有良好的职业操守和工作业绩。

（4）分管企业财务会计工作或者在企业（单位）财务、会计、审计、资产管理等相关部门任正职3年以上，或者主管子企业或单位财务、会计、审计、资产管理等相关部门工作3年以上。

（5）熟悉国家财经法规、财务会计制度以及现代企业管理知识，熟悉企业所属行业基本业务，具备较强的组织领导能力以及较强的财务管理能力、资本运作能力和风险防范能力。

二、总会计师的工作职责

总会计师的工作职责是指总会计师在企业会计基础管理、财务管理与监督、财务会计内部控制机制建设，以及企业投融资、担保、大额资金使用、兼并重组等重大财务事项监管工作中的职责。

1.企业会计基础管理职责

企业会计基础管理职责主要包括以下内容：

---

① 董月超. 总会计师、首席财务执行官、财务总监之区别［J］. 国有资产管理，2008（7）.

（1）贯彻执行国家方针政策和法律法规，遵守国家财经纪律，运用现代管理方法，组织和规范本企业的会计工作。

（2）组织制定企业会计核算方法、会计政策，确定企业财务会计管理体系。

（3）组织实施企业财务收支核算与管理，开展财务收支的分析、预测、计划、控制和监督等工作，组织开展经济活动分析，提出加强和改进经营管理的具体措施。

（4）组织制定财务会计人员管理制度，提出财务会计机构人员配备和考核方案。

（5）组织企业会计诚信建设，依法组织编制和及时提供财务会计报告。

（6）推动实施财务信息化建设，及时掌控财务收支状况。

2.企业财务管理与监督职责

企业财务管理与监督职责主要包括以下内容：

（1）组织制定企业财务管理规章制度，并监督各项财务管理制度的执行情况。

（2）组织制定和实施财务战略，组织拟定和下达财务预算，评估分析预算执行情况，促进企业预算管理与发展战略实施相连接，推行全面预算管理工作。

（3）组织编制和审核企业财务决算，拟订公司的利润分配方案和弥补亏损方案。

（4）组织制订和实施长短期融资方案，优化企业资本结构，开展资产负债比例控制和财务安全性、流动性管理。

（5）制订企业增收节支、节能降耗计划，组织成本费用控制，落实成本费用控制责任。

（6）制订资金管控方案，组织实施大额资金筹集、使用、催收和监控工作，推行资金集中管理。

（7）及时评估监测集团及其各级子企业财务收支状况和财务管理水平，组织开展财务绩效评价，组织实施企业财务收支定期稽核检查工作。

（8）定期向股东会或者出资人、董事会、监事会和相关部门报告企业财务状况和经济效益情况。

3.企业财务会计内部控制机制建设职责

企业财务会计内部控制机制建设职责主要包括以下内容：

（1）研究制定本企业财务会计内部控制制度，促进建立健全企业财务会计内部控制体系。

（2）组织评估、测试财务会计内部控制制度的有效性。

（3）组织建立多层次的监督体制，落实财务会计内部控制责任，对本单位经济活动的全过程进行财务监督和控制。

（4）组织建立和完善企业财务风险预警与控制机制。

4.企业重大财务事项监管职责

企业重大财务事项监管职责主要包括以下内容：

（1）组织审核企业投融资、重大经济合同、大额资金使用、担保等事项的计划或方案。

（2）对企业业务整合、技术改造、新产品开发及改革改制等事项组织开展财务可行性论证分析，并提供资金保障和实施财务监督。

（3）对企业重大投资、兼并收购、资产划转、债务重组等事项组织实施必要的尽职调查，并独立发表专业意见。

（4）及时报告重大财务事件，组织实施财务危机或者资产损失的处理工作。

三、总会计师的工作权限

企业应当赋予总会计师有效履行职责的相应工作权限，具体包括：对企业重大事项的参与权、对重大决策和规章制度执行情况的监督权、对财务会计人员配备的人事建议权以及对大额资金支出的联签权。

1.总会计师对企业重大事项的参与权

总会计师对企业重大事项的参与权是指总会计师应参加总经理办公会议或者企业其他重大决策会议，参与表决企业重大经营决策，具体包括以下内容：

（1）拟定企业年度经营目标、中长期发展规划以及企业发展战略。

（2）制订企业资金使用和调度计划、费用开支计划、物资采购计划、筹融资计划，以及利润分配（派）、亏损弥补方案。

（3）贷款、担保、对外投资、企业改制、产权转让、资产重组等重大决策和企业资产管理工作。

（4）企业重大经济合同的评审。

2.总会计师对重大决策和规章制度执行情况的监督权

总会计师对重大决策和规章制度执行情况的监督权具体包括以下内容：

（1）按照职责对董事会或总经理办公会议批准的重大决策执行情况进行监督。

（2）对企业的财务运作和资金收支情况进行监督、检查，有权向董事会或者总经理办公会提出内部审计或委托外部审计建议。

（3）对企业的内部控制制度和程序的执行情况进行监督。

3.总会计师对财务会计人员配备的人事建议权

总会计师对财务会计人员配备的人事权是指企业财务部门负责人的任用、晋升、调动、奖惩，应当事先征求总会计师的意见。企业总会计师应当参与组织财务部门负责人或下一级企业总会计师的业务培训和考核工作。

4.总会计师对大额资金支出的联签权

总会计师对大额资金支出的联签权是指企业应当建立由总会计师与企业主要负责人联签制度，按规定使用大额资金。对于应当实施联签的资金，未经总会计师签字或者授权，财务会计人员不得支出。

四、总会计师工作履职评估制度

为督促企业总会计师正确履行工作职责，应当建立规范的企业总会计师工作履职评估制度。

总会计师履职评估工作分为年度述职和任期履职评估。年度述职应当结合企业年度财务决算工作和下一年度财务预算工作，对总会计师年度履职情况予以评估；任期履职评估应当结合经济责任审计工作，对总会计师任职期间的履职情况进行评估。对总会计师履职情况的评估应当根据总会计师在企业中的职责权限，全面考核总会计师职责的履行情况，具体应当包括以下内容：

（1）企业会计核算规范性、会计信息质量，以及企业财务预算、决算和财务动态编制工作质量情况。

（2）企业经营成果及财务状况，资金管理和成本费用控制情况。

（3）企业财务会计内部控制制度的完整性和有效性，企业财务风险控制情况。

第三部分

内部控制设计

第七章 内部控制设计的原则与方法

第一节 内部控制设计的原则

企业在设计内部控制的过程中，应当遵循以下基本原则：

一、合法性原则

合法性原则是指企业在设计内部控制制度时，必须符合国家有关法律法规和有关政府监管部门的监管要求。合法性是企业从事经营、创造价值、实现内部控制目标的前提，是一种约束性条件。合法性原则要求：在构建内部控制制度时，企业既要遵循一般法律法规，如《中华人民共和国公司法》、税法、《中华人民共和国合同法》、《中华人民共和国会计法》、《企业会计准则》等，又要根据自身行业特点和性质，遵循行业内部控制规范，如《上市公司治理准则》《证券投资基金管理公司内部控制指导意见》《商业银行内部控制指引》等。

二、适应性原则

内部控制制度必须符合管理者的要求，对其经营管理有用。这是适用性原则的要求。各种控制制度是切实可行的规定，是管理者的控制工具。它要考虑国家的要求，更要考虑单位经营的特点与内外环境的实际情况。由于各企业的营运目标、具体任务、规模大小、人员结构、技术设备等都不相同，内部控制的设计要因地制宜。

内部控制应当合理体现企业经营规模、业务范围、业务特点、风险状况以及所处具体环境等方面的要求，并随着企业外部环境的变化、经营业务的调整、管理要求的提高等不断改进和完善。

三、全面性原则

企业风险管理控制系统必须包括控制环境、目标设定、风险识别、风险评估、风险应对、控制活动、信息与沟通、监督8项要素，并覆盖各项业务和部门。各项控制要素、各业务循环或部门的子控制系统必须有机构成企业内部控制的整体架构，这样才能发挥其应有的效用。这就要求各子系统的具体控制目标必须服从于整体控制系统的一般目标。

全面性原则要求：内部控制在层次上，应当涵盖企业董事会、管理层和全体员工；在对象上，应当覆盖企业各项业务和管理活动；在流程上，应当渗透到决策、执行、监督、反馈等各个环节，避免内部控制出现空白和漏洞。

四、相互牵制原则

相互牵制原则，是指一项完整的经济业务活动必须分配给具有互相制约关系的两个或两个以上的职位，由其分别完成。相互牵制原则包括横向和纵向两个方面：①在横向关系上，至少要由彼此独立的两个部门或人员办理，以使该部门或人员的工作接受另一个部门或人员的检查和制约；②在纵向关系上，至少要经过互不隶属的两个或两个以上的岗位和环节，以使下级受上级监督，上级受下级牵制。相互牵制原则的理论依据是在相互牵制的关系下，几个人发生同一错弊而不被发现的概率等于每个人发生该项错弊的概率的乘积，因而远远低于单个人独立完成某项任务或工作出现错弊的概率。常见的需要分离的职责主要有授权、执行、记录、保管、核对。

五、协调性原则

协调性原则，是指在各项经营管理活动中，各部门或人员必须相互配合，各岗位和环节都应协调同步，各项业务程序和办理手续需要紧密衔接，从而避免扯皮和脱节现象，减少矛盾和内耗，以保证经营管理活动的连续性和有效性。协调性原则是对相互牵制原则的深化和补充，是为了避免一味强调互相牵制所带来的负面影响。贯彻这一原则，尤其要求避免只管牵制错弊而不顾办事效率的机械做法，必须做到既相互牵制，又相互协调，从而实现在保证质量、提高效率的前提下完成经营任务。

六、有效性原则

内部控制应当能够为内部控制目标的实现提供合理保证。企业全体员工应当自觉维护内部控制的有效执行。内部控制建立和实施过程中存在的问题应当得到及时的纠正和处理。

有效性原则包括两层含义：①各种内部控制制度，包括最高决策层制定的业务规章和发布的指令，必须符合国家和监管部门的规章，必须具有高度的权威性，必须真正落到实处，成为所有员工严格遵守的行动指南。②执行内部控制制度不能存在任何例外，任何人（包括董事长、总经理）不得拥有超越制度或违反规章的权力。

七、成本效益原则

成本效益原则是指为进行控制而花费的成本与缺乏控制时所遭受的损失相比，当控制的效益大于成本时，该项控制措施才是可行的，否则就是不可行的。控制成本包括便于归属计量的直接成本和不便于归属计量的间接成本。控制效益包括短期效益、长期效益、企业自身效益和社会效益等。在实际中，有些工作的效益是难以用金额表示的，但执行该控制有利于企业各项控制目标的实现，如员工职业操守的培养、经济项目的审核程序、信息的反馈等。

贯彻成本效益原则，要求企业力争以最小的控制成本取得最好的控制效果。因此，在构建内部控制制度时，应根据企业经营业务的特点、规模的大小、具体的管理情况，既要考虑控制设计成本、执行成本和修订成本，又要考虑企业整体效率和效益的提高；既要把企业的各项经济活动全面置于经济监控之中，又要对经营管理的重要方面、重要环节实行重点控制，力争以最小的控制成本取得最大的控制效果。

八、授权控制原则

授权控制原则，是指企业单位应该根据各岗位业务性质和人员要求，相应地赋予其作业任务和职责权限，规定操作规程和处理手续，明确纪律规则和检查标准，以使职、责、权、利相结合。授权控制原则在实际工作中以岗位工作程式化的方式来体现，要求做到事事有人管，人人有专职，办事有标准，工作有检查，以此定奖罚，以增加每个人的事业心和责任感，提高工作质量和效率。

九、可容性原则

可容性原则，是指内部控制制度不仅要体现公认的管理原则，要能够被外部环境所接受，同时还要体现一致性原则，即企业内部同类业务在不同部门、不同年度的处理要保持一致。更重要的是，内部控制制度的基本构架要保留一定的弹性，以增加其可容性。企业内的制度会因外部经济环境的变化和内部业务流程的改变而得到适时修正，但不能因经常改变其基本框架而破坏制度的稳定性和连续性。因此，在最初制定制度时要留有充分的余地，以便于未来的修订和补充。

十、独立性原则

独立性原则，是指内部控制的检查、评价部门必须独立于内部控制的建立和执行部门，直接的操作人员和直接的控制人员必须适当分开，并向不同的管理人员报告工作。在存在管理人员职责交叉的情况下，要为负责控制的人员提供可以直接向最高管理层报告的渠道。

十一、预防为主原则

内部控制制度的总体性质属于预防性控制，同时包含部分事后查处性控制。建立内部控制制度，主要是预防经营单位发生无效率或违法行为。既要保证单位各项业务活动有序进行，又要避免在运行中发生浪费、舞弊或混乱而带来经济损失。它是一种事前控制手段，如单位采取的组织控制、人事控制、程序控制等。当然，有些问题是无法预防的，因此，内部控制制度需要辅以一些事后控制措施。事后控制从某种意义上说，是检验预防控制效果的一种方式，如内部稽核、内部审计等。事后控制所需要耗费的资源要远远大于事前控制。因此，内部控制制度的制定应以预防为主，以查处性控制为辅。这样既可以防范于未然，又可以减少实施控制时的耗费，有利于提高控制的效率和效益。

十二、电子信息技术基础原则

业务运行通过信息系统的反应和衔接，可以极大地提高运营的效率。电子信息系统能够在很短时间内进行更大范围的核查，极大地提高内部控制的效率。充分运用电子信息技术基础原则，要求有条件的企业建立一种电子信息平台，能够把各种业务的处理集中到该平台上，通过程序设计来实现控制，就如同建立企业的企业资源计划系统——ERP系统一样。

第二节　内部控制设计的方法

具体的内部控制设计可以结合企业的具体情况，以内部控制的一些规范为指导来进行。下面介绍一些设计时会经常采用的5种方法。

一、组织系统图设计

组织系统图主要描述企业内部各阶层的组织机构，显示每一个职位在企业中的地位及其上下隶属与纵横的关系。现代企业组织庞大、部门众多、层次不一、关系复杂，因此只有以组织系统图的方法描述出来，才能使人一目了然。图7-1是一张完整的企业组织结构图。

二、职责划分设计

一个企业有很多业务，也有很多部门。各个部门职责的划分应详细、明确，使每一事项的发生都有部门负责办理，而且要做到不重复，也无遗漏。如果一项业务需要由两个以上部门共同完成，那么对各部门应负责任的范围也应该有明确的规定。下面以图7-1中的部门为例，说明如何对岗位职责进行内部控制设计。

1.市场部的职责

（1）实现企业销售目标。

（2）制订和实施销售计划。

（3）销售管理，销售政策的制定与施行，销售人员管理。

（4）市场调研与市场预测。

（5）策划。

（6）销售工作的监察与评估。

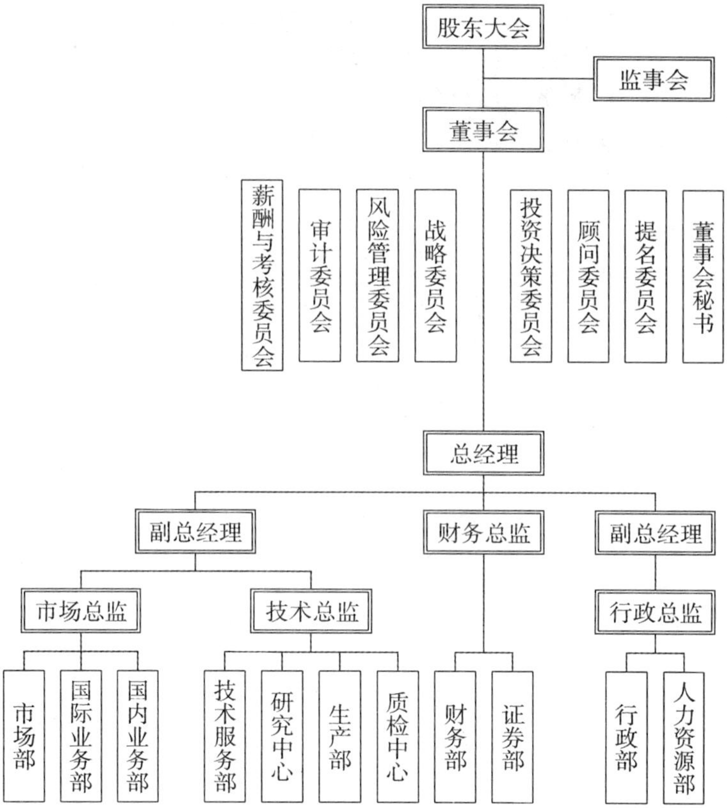

图7-1 企业组织结构图示例

2.技术服务部的职责

（1）拟订企业年度技术支持、技术服务工作开展计划，并组织协调计划的分解和落实。

（2）负责企业技术支持系统的建立和完善。

（3）搜集国家、地区及行业的相关技术标准、规定，并负责在企业内宣传和推广。

（4）负责企业范围内技术问题的汇总分析，拟订解决方案，并组织、协调各部门。

（5）面向企业其他部门进行技术咨询，提供技术支持和服务，并接受一定范围内的技术投诉。

（6）负责对企业技术服务体系人员的指导、考核和监督。

（7）对企业内其他员工进行技术培训及指导。

（8）负责解答客户的相关技术问题。

3.人力资源部的职责

（1）编写并组织实施企业的人力资源规划，制定企业的人力资源管理制度。

（2）有效开发与合理配置企业的人力资源。

（3）负责公司企业文化建设的规划，并组织贯彻实施。

（4）参与对企业管理人员的考核与管理。

（5）审核、办理机关员工出差任务单。

（6）拟订并审核企业的人员招聘计划，负责组织员工的招聘和培训工作。

（7）审核企业的定员编制、工资总额、经营管理者的薪酬分配。

（8）负责拟订企业的岗位设置、人员编制及工资分配方案。

（9）负责员工培训费用的计划与监控。

（10）检查人力资源规划和有关制度的贯彻落实情况。

（11）办理企业员工人事关系的转移、职称评定及因公出国人员的审批手续。

（12）负责企业员工的工资发放、社会保险的缴费、劳动合同的签续和人事档案的管理工作。

4.财务部的职责

（1）严格遵守国家财务工作规定和公司规章制度，认真履行其工作职责。

（2）组织编制公司年、季度成本、利润、资金、费用等有关的财务指标计划。定期检查、监督、考核计划的执行情况，结合经营实际，及时调整和控制计划的实施。

（3）负责制定公司财务、会计核算管理制度。

（4）负责按规定进行成本核算，定期编制年、季、月度财务报表，做好年度会计决算工作。

（5）负责编写财务分析及经济活动分析报告。

（6）负责固定资产及专项基金的管理。

（7）负责流动资金的管理。

（8）负责对公司低值易耗品进行盘点核对。

（9）负责公司产品成本的核算工作，制定规范的成本核算方法，正确分摊成本费用。

（10）负责公司资金的缴、拨，按时上缴税款。

（11）负责公司财务审计和会计稽核工作。

（12）负责进销物资货款的把关。

三、工作说明书设计

工作说明书是描述工作性质的文件，是职工工作的说明。其表示方法是就单位的每一个工作职位编制一份详细的说明，用来反映担任那个职位的人应该履行的职责。岗位工作说明书应包括岗位名称、岗位要求、工作内容、薪酬标准、工作条件等。表7-1是财务总监岗位工作说明书。

表 7-1　　财务总监岗位工作说明书

职位名称	财务总监（CFO）	职位代码		所属部门	
职　　系		职等职级		直属上级	企业总经理
薪金标准		填写日期		核 准 人	

职位概要：
主持企业财务战略的制定、财务管理及内部控制工作，筹集企业运营所需的资金，完成企业财务计划

工作内容：
1.利用财务核算与会计管理原理为企业经营决策提供依据，协助总经理制定企业战略，并主持企业财务战略规划的制定
2.建立和完善财务部门，建立科学、系统、符合企业实际情况的财务核算体系和财务监控体系，进行有效的内部控制
3.制订企业资金运营计划，监督资金管理报告和预、决算
4.负责制订企业的利润计划，制定资本投资、财务规划、销售前景、开支预算及成本标准
5.对企业投资活动所需要的资金筹措方式进行成本计算，并提供最为经济的筹资方式
6.筹集企业运营所需的资金，满足企业战略发展的资金需求，审批企业重大资金流向
7.主持对重大投资项目和经营活动的风险评估、指导、跟踪和财务风险控制
8.协调企业同银行、工商、税务等政府部门的关系，维护企业利益
9.参与企业重要事项的分析和决策，为企业的生产经营、业务发展及对外投资等事项提供财务方面的分析和决策依据
10.审核财务报表，提交财务管理工作报告
11.监督企业遵守国家财经法令、纪律，以及董事会决议
12.完成总经理临时交办的其他任务

任职资格：
教育背景：
◆会计、财务或相关专业大学本科以上学历
培训经历：
◆接受过管理学、战略管理、组织变革管理、人力资源管理、经济法、企业产品的基本知识等方面的培训
经　　验：
◆8年以上跨国企业或大型企业集团财务管理工作经验
技能技巧：
◆具有较全面的财务会计专业理论知识、现代企业管理知识，熟悉财经法律法规和制度
◆熟悉国家、地方各项与企业业务相关的财税、金融、经济政策及行业管理办法
◆熟悉财务相关法律法规、投资、进出口贸易、企业财务制度和流程
◆参与过较大投资项目的分析、论证和决策
◆熟悉税法政策、营运分析、成本控制及成本核算
◆具有丰富的财务管理、资金筹划、融资及资本运作经验
◆具有良好的口头及书面表达能力
态　　度：
◆工作细致、严谨，并具有战略前瞻性思维
◆具有较强的判断和决策能力、人际沟通和协调能力、计划与执行能力
◆遵纪守法、遵章守则、奉公廉洁、忠于职守、作风正派、具有大局意识
◆具有较强的工作热情和责任感

工作条件：
工作场所：办公室
环境状况：舒适
危险性：基本无危险，无职业病危险

工作联系对象：
报告对象：副总经理
监督对象：财务部、证券部经理、副经理、会计、出纳等
对外接触人员：税务部门、金融部门及各级上级主管部门和各种类型的公司客户

四、方针和程序手册设计

方针和程序手册，主要是指以书面形式来表达管理层的指令及同类业务处理方法，也可以说，是以书面形式详细描绘业务处理的方针与程序。下面以销售和收款业务为例，说明如何设计方针和程序手册。

1.企业接受订单，同时编制销售计划

销售部门承接客户订单，根据订单和生产计划、库存等情况，编制产品销售计划，并经部门领导审核签字，将该计划传递给企业负责人审定批准。

2.编制、审定销售实施方案和信用政策

销售部门根据经过审定的销售计划及企业有关产品价格管理等规定和产品生产、库存、销售情况，提出销售产品的品种、规格、型号、数量、价格、货款支付方式等具体销售实施方案。销售产品拟采用赊销方式的客户，信用管理部门要对其进行信用审核。重大赊销方案需要报总经理审批。

3.签订销售合同

法律部门、财务会计部门根据本部门职责对销售合同进行审核；企业负责人、总会计师依据审核部门的意见审定销售合同，并按内部授权交由授权人员签订。销售部门将签订的合同分别送交财务会计、仓储等部门。若销售合同需要变更或提前终止，应获得企业负责人、总会计师的同意。

4.组织销售与收款

销售部门根据已签销售合同、销售订单向仓储部门传送发货通知单；仓储部门组织发货；财务部门向销售部门开具收款通知单；采用赊销方式销售的产品，销售部门及其主管人员应负责货款的按时回收。

5.开发票及记账

财务会计部门依据销售合同、核准的发货单等相关单据开出销售发票，并加盖印章。财务会计部门据此编制、录入相应会计凭证，经复核后过账。

6.销售折让及退货处理

销售部门受理客户提出的折让或退货申请，根据折让或退货理由组织相关部门检查、核实，提出处理意见，交由企业领导及总会计师审定，并将审核意见分别传递给财务会计部门及仓储部门；仓储部门审核退货通知单后，将退回货物验收入库；财务会计部门审核销售折让通知单或退货通知单及退货产品入库单，编制、录入折让或退货会计凭证，经复核后过账。

7.盘点对账

销售、财务会计、仓储等部门定期对产品销售及存货情况等进行对账和实物盘点，核实产品库存，对差异情况应及时查明原因并进行处理。财务会计部门应及时结清赊销货款；未按合同结清的，及时通知销售部门采取措施。期末，财务会计部门应对应收账款进行账龄分析，合理计提坏账准备，并提出催收措施及建议，报企业负责人及总会计师审核同意后实施。

8.关闭合同

合同执行完毕，销售部门应对合同执行情况进行清理、关闭，并建立客户信用档案。

五、业务流程图设计

业务流程图是利用图解形式描述各经营环节业务处理程序的一种图示。它显示了凭证和记录资料的产生、传递、处理、保存及其相互关系，从而直观地表达内部控制的实际情况。对于无法在图中表示的问题，可用简要的文字进行说明，作为业务流程图的附件。图7-2是产品销售业务流程图。

所谓流程，是指企业经营过程的一个阶段，它由若干项作业组成，而作业由若干项任务组成。在典型的制造企业中，其经营过程包括研究开发、设计、制造、营销、配送和售后服务等流程。各流程都包括若干项作业。例如，制造流程包括材料入库，材料存储，材料搬运、加工，半成品搬运、加工，成品入库存储，成品包装发运等项作业。每项作业都包括若干项任务。例如，材料入库包括卸载、验收、盘点、移动、摆放、记录等项任务。特别重要的是，任务是由组织成员经由授权完成的。授权和责任在这里可以体现出来。任务还可以细分为若干步骤。在流程设计中，就是要按这种相对的“流程→作业→任务→步骤”4个因素的顺序进行。

流程设计所要解决的是如何干的问题，即既定的治理主体、内部单位和岗位如何完成各自的功能作业。企业只有把流程理顺，才能更有效地完成任务。按照内部控制的观点，任何业务的处理必须经过申请、授权、批准、执行、记录、检查等控制程序，而这些程序都应经由不同部门或人员去完成，任何一个人不能独揽所有业务。衡量一个企业的业务流程控制是否有效，主要在于考核其是否实施了严密的内部牵制，而其前提条件是要有完善的流程设计。因此，内部控制制度的设计要注重流程设计，以防止混乱及错弊的发生。

（一）业务流程图设计标准

每个流程的设计要符合一定的标准，以便在企业内部达成一致，有利于内部控制的实施。下面，我们就简要介绍一下流程设计的基本顺序及标准。

第一步，编制流程目录。流程目录可分为几级，编制规则为：一级流程·二级流程·三级流程……企业可根据实际需要选择流程级数。新增的一级流程或二级流程，添加在原有流程目录的最后，并顺延编号。

第二步，选定业务流程图的符号。本书业务流程图描述全部采用纵向垂直方式，自上而下表示流程发展的时间或逻辑等顺序。职能带区设置为纵向。业务流程图的命名规则为：子流程编号+子流程名称。当一个业务流程图需要多页才能绘制完成时，则以-1、-2等区分。业务流程图符号是业务流程图的语言，由一系列几何图形符号组成。目前，我们还没有全国统一的业务流程图符号。世界各国的业务流程图符号也不一致。本着简易、形象和共识的原则，本书采用了如图7-3所示的一套符号。

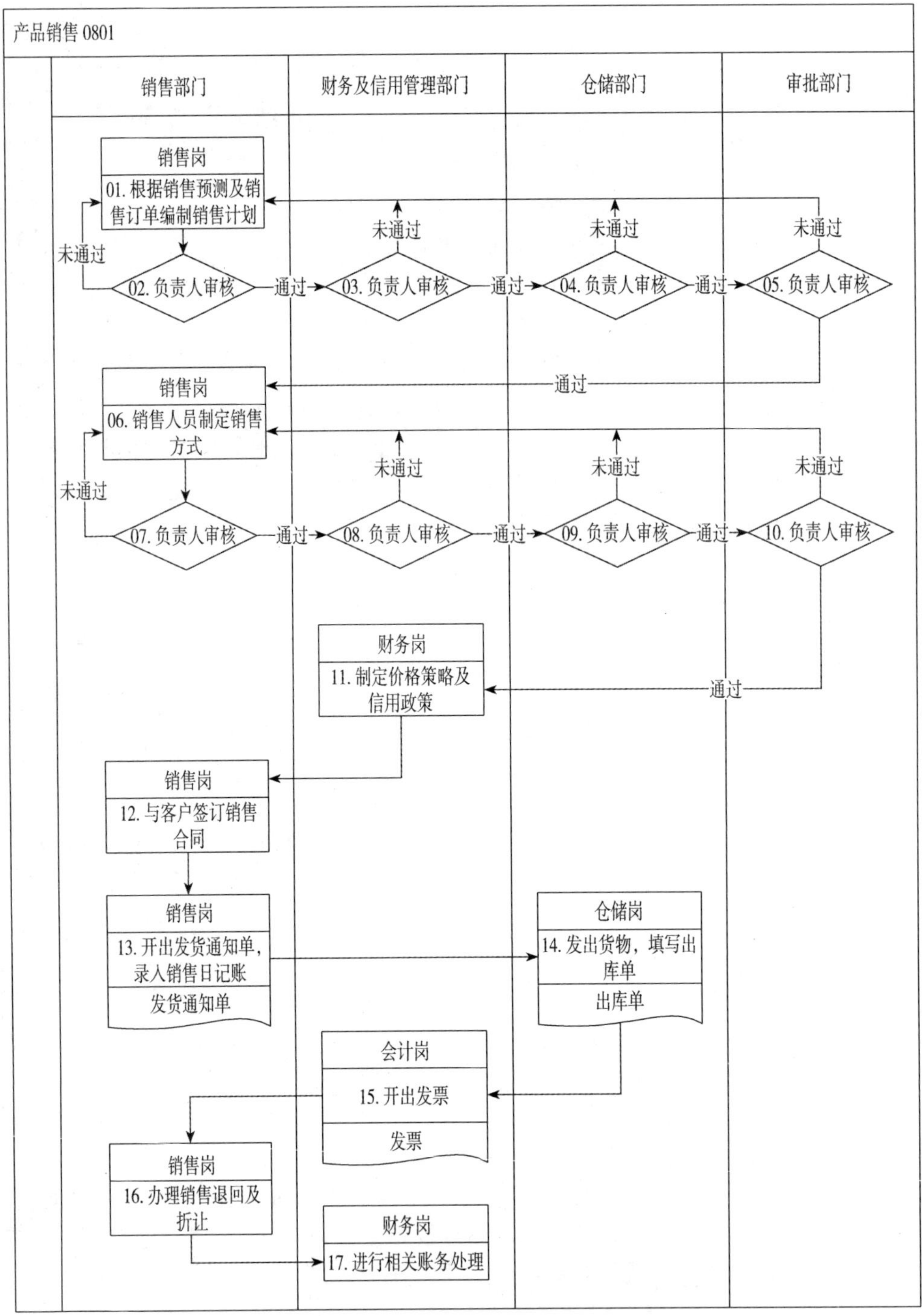

图 7-2 产品销售业务流程图

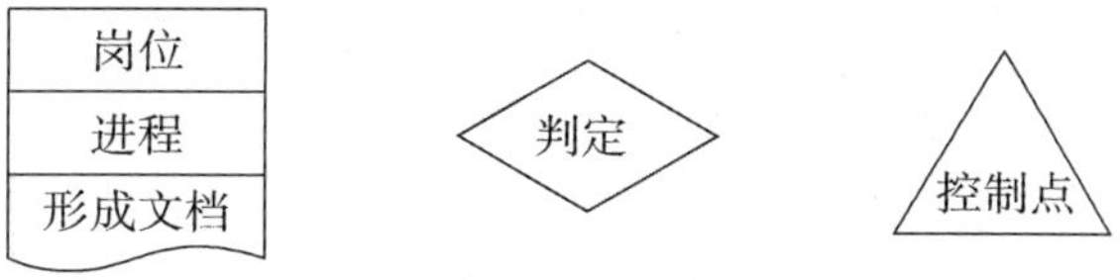

图7-3 业务流程图符号

在步骤内容描述中，负责人员应尽量细化到岗位。企业也可以根据实际情况进行调整。步骤描述格式为："步骤编号（从01开始）+文字描述"。如果多个步骤同时开始，并且内容相同或类似，可以出现重复的步骤编号；如果出现多个文件或表单，无须使用多个文档符号，只需在一个文档符号中按顺序填列即可，但是每个文档名称前需要加编号；如果在判断框后出现两个以上分支流程，则编号规则为，从左边的分支流程开始，对其中的每个步骤按顺序编号，然后对第二个分支流程中的每个步骤按顺序编号，依此类推；文字描述体现岗位人员实行的行动和结果。

判断框至少有两个出处：通过、未通过；是、否。如果判断框的内容是审批、审核等，则其内容描述和编号规则与步骤的内容描述和编号规则相同。

若一个步骤中出现多个风险控制点，则应该在一个图形框中体现，无须增加图形框。控制点的描述格式为："x.xM，x.xM"或"x.xA，x.xA"。"M"表示人工控制，"A"表示自动控制。

第三步，编制风险控制文档。鉴于在业务流程图中难以显示各控制点的控制措施，应另行编制文字说明表，以使业务流程图更容易理解。该文字说明表应主要反映各控制点的控制措施以及对应的控制目标。

以上业务流程图的绘制标准并不是一成不变的。企业可根据自身的实际需要，选择合适的业务流程图符号、模板。重要的是，企业需要统一自己所采用的符号，并使员工理解控制流程，达到绘制业务流程图的最终目的。

（二）业务流程目录

企业在划分业务流程时，遵循从下至上、逐层汇总的原则，即从业务流程的最低级作业层开始编制业务流程图，汇总较低层级的业务流程图形成上一层级的业务流程图，直至形成一级业务流程图。确定最低级作业层的标准是：在一张业务流程图中能够清晰地显示业务处理涉及的部门、关键控制点以及相关文档。所有业务流程汇总后即形成业务流程目录。表7-2是标准的关键控制业务流程目录。

表7-2 关键控制业务流程目录

流程编号	一级流程	二级流程	三级流程	四级流程
RCM01	发展战略与规划			
RCM01.01		战略管理		
RCM01.01.01			战略制定	
RCM01.01.02			战略可行性分析	

续表

流程编号	一级流程	二级流程	三级流程	四级流程
RCM01.01.02.01				企业内部环境分析
RCM01.01.02.02				企业外部环境分析
RCM01.01.03			战略分解	
RCM01.01.04			战略执行	
RCM01.02		战略规划		
RCM01.02.01			中长期规划	
RCM01.02.02			年度计划	
RCM01.02.03			年度生产经营计划	
RCM02	会计控制			
RCM02.01		会计手册的制定与维护		
RCM02.02		会计业务处理		
RCM02.02.01			原始凭证填写与审核	
RCM02.02.02			结算	
RCM02.02.03			复核	
RCM02.02.04			记账	
RCM02.02.05			核对	
RCM02.03		内部审计		
RCM02.03.01			审计系统管理	
RCM02.03.01.01				审计规划
RCM02.03.01.02				审计资料管理
RCM02.03.02			审计实施	
RCM02.03.02.01				审计准备
RCM02.03.02.02				现场实施
RCM02.03.02.03				审计报告
RCM02.03.02.04				审计费用结算
RCM03	人力资源管理			

续表

流程编号	一级流程	二级流程	三级流程	四级流程
RCM04	技术发展			
RCM05	采购与付款			
RCM06	生产过程			
RCM07	存货管理			
RCM08	销售与收款			
RCM09	预算管理			
RCM10	货币资金管理			
RCM11	资产管理			
RCM12	合同与纠纷			
RCM13	健康、安全、环保			
RCM14	信息管理			
RCM15	投资管理			
RCM16	筹资管理			
RCM17	财务报告编制			

第三节 内部控制的框架设计

企业内部控制体系从层级来看，可以分为公司层面内部控制和业务（流程）层面内部控制。公司层面内部控制从公司总体出发对内部控制环境加以规范，它奠定了公司内部控制的总体基调，可以说是内部控制的“上层建筑”。业务层面内部控制根据企业生产经营的特点，从具体业务出发对流程中各环节的风险管理加以规范。

根据我国内部控制规范体系的要求，公司层面内部控制涉及5个应用指引，包括《企业内部控制应用指引第1号——组织架构》《企业内部控制应用指引第2号——发展战略》《企业内部控制应用指引第3号——人力资源》《企业内部控制应用指引第4号——社会责任》《企业内部控制应用指引第5号——企业文化》。公司层面内部控制的设计一般遵循四个步骤：

第一，分类整理企业已有的相关管理制度。以组织架构为例，梳理已有的公司章程、组织结构图、部门职责和岗位责任说明书、授权审批制度等。

第二，根据规范体系的要求，对照分析企业现有制度存在的风险，明确关键风险点。

第三，以上述风险分析结果为导向，根据规范体系的要求，结合企业自身经营和管理的特点，选择恰当的控制措施。

第四，修订形成公司层面内部控制。

公司层面内部控制是公司总体控制机制的安排，一般采用文字的表现形式。其实施效果取决于企业高层的风险管理理念。

我国内部控制规范体系中有13个应用指引与业务层面内部控制相关，企业在开展内部控制设计时不限于此，可以参照应用指引的要求进行全部业务的内部控制设计。与公司层面内部控制相比，业务层面内部控制的设计更为复杂，也会形成更多的控制文档。业务层面内部控制的设计一般遵循三个步骤：

第一，梳理业务流程。这个步骤至关重要。企业需要把所有的经营业务按照分类、分级的方法进行整理，说明每一项业务从开始到结束经过多少工作环节，涉及多少部门或岗位，经过多少审批层级，以及形成什么样的结果文档。这项工作完成后，应形成至少两类文档，即业务流程目录表（表7-2）和业务流程图（图7-2）。

第二，进行风险分析。在第一步确立业务流程的基础上，按照目标设定、事项识别和风险分析的方法来明确业务流程中的关键风险点，建立风险数据库（表7-3）和风险控制矩阵文档（表7-4）。

表7-3 **风险数据库**

项目	主要内容
风险大类	
风险子类	
风险编号	
风险名称	
风险描述	
原因	
发生频率	
影响程度	
风险评级	
风险责任人	
已有管理措施	
相关流程	

第三，修订完善制度。根据第二步风险分析的结果，确定企业现有制度的内部控制缺陷，统一制定整改意见，并下发到各单位，明确责任人以及时间安排。

【案例 7-1】

中远公司内部控制设计

一、中远国际货运公司风险管理组织

中远国际货运公司（简称“中远公司”）为适应风险管理的需要，构建了如图7-4所示的组织结构。

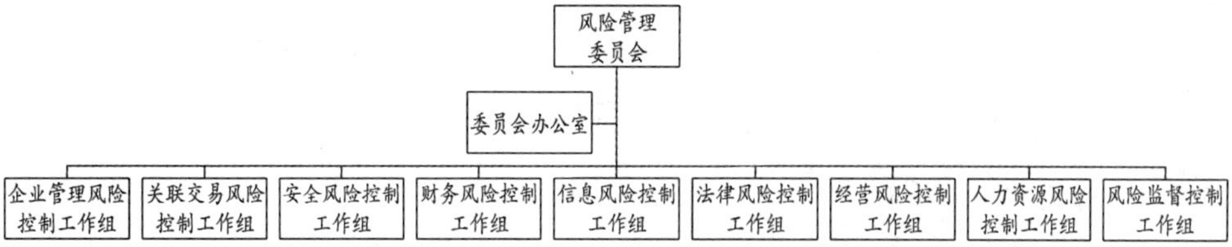

图 7-4 中远公司风险管理组织结构图

二、财务风险识别与控制

中远公司对财务风险进行了分析、评估后，形成了财务风险控制矩阵表（见表7-4）。

表 7-4 **财务风险控制矩阵表**

风险内容	应对策略	相关控制制度	应对措施	备注
1. 资金管理、融资、担保等	1. 清查银行账户开立情况，杜绝不合规定的账户及以个人名义开立的账户； 2. 加强对外汇账户的管理； 3. 严格银行印鉴管理制度； 4. 加强对运费资金的管理； 5. 严格审批制度，大额资本性支出需提交计划及可行性报告，需报上级单位审批； 6. 银行贷款需经中远公司审核后报集团审批； 7. 不得对集团外部单位提供担保，严格按担保程序办理； 8. 贯彻资金收支两条线； 9. 加强会计人员培训，提高风险防范意识； 10. 定期进行财务自查及内部审计检查	资金风险防范办法	成立财务突发事项应急小组，对出现的资金方面的问题，立即向主管领导汇报，并及时调查原因，追究责任人，提出处理方案	
2. 会计信息披露	1. 强化会计信息的保密制度，在上市公告前不对外提供财务数据； 2. 保证会计信息质量的真实性、合法性，尤其是要加强网点会计信息的真实性； 3. 加强对会计信息的分析制度； 4. 加强对会计从业人员的继续教育和培训，提高其专业技能和职业道德	会计信息披露风险防范办法	1. 及时向主管领导汇报； 2. 为避免财务信息系统出现问题，采取异地备份、多机备份的办法； 3. 对泄密人制定惩罚措施	
3. 客户信用风险管理	1. 建立完善、动态的客户信用等级评定制度； 2. 建立客户信用档案，动态跟踪，更新相关信息； 3. 对信用不好的客户或没把握收回运费的业务坚决不揽取	客户信用风险管理细则	1. 立即向主管领导汇报，并与业务部、商务部商定应对措施，使公司损失最小化； 2. 停止订舱，扣发提单，法律追索	

三、关联交易风险识别与控制

中远公司对关联交易风险给予特别关注，根据证监会和财政部发布的有关规定，对公司的关联方及交易进行梳理，识别、评估风险，编制关联交易风险控制矩阵表（见表7-5）。

表7-5 关联交易风险控制矩阵表

风险内容	相关控制制度	应对措施	备注
1.上市公司在进行关联交易时，能充分顾及股东的整体利益，防范因上市公司的董事、高管层或主要股东（或上述人员的联系人）利用其职位取得利益而侵害小股东利益	《中远集装箱运输有限公司关联交易监控规程》和《中远国际货运有限公司关联交易监控规程》	按照《中远集装箱运输有限公司关联交易监控规程》和《中远国际货运有限公司关联交易监控规程》有关规定执行	
2.对关联交易的识别	《中远集装箱运输有限公司关联交易监控规程》和《中远国际货运有限公司关联交易监控规程》	按照《中远集装箱运输有限公司关联交易监控规程》和《中远国际货运有限公司关联交易监控规程》有关规定上报中远集运风险管理工作组进行确认	
3.关联交易的定价	《中远集装箱运输有限公司关联交易监控规程》和《中远国际货运有限公司关联交易监控规程》	按照《中远集装箱运输有限公司关联交易监控规程》和《中远国际货运有限公司关联交易监控规程》有关规定上报中远集装箱运输有限公司风险管理工作组进行确认	
4.关联交易的控制	《中远集装箱运输有限公司关联交易监控规程》和《中远国际货运有限公司关联交易监控规程》	按照《中远集装箱运输有限公司关联交易监控规程》和《中远国际货运有限公司关联交易监控规程》有关规定上报中远集装箱运输有限公司风险管理工作组进行汇总	
5.关联交易在执行过程中超出正常进度或预计会超过豁免金额	《中远集装箱运输有限公司关联交易监控规程》和《中远国际货运有限公司关联交易监控规程》	应立即将具体原因书面上报中远集装箱运输有限公司关联交易工作组，并在关联交易工作组的指导下采取果断的措施，绝对禁止超出年度豁免金额的现象发生	

四、信息风险识别与控制

企业对信息系统进行风险评估，形成信息风险控制矩阵表（见表7-6）。

表 7-6 信息风险控制矩阵表

风险内容	应对策略	相关控制制度	应对措施	备注
1. 企业公文风险，其中包括： （1）企业公文流转过程风险； （2）企业公文的管理风险	1. 制定相关制度，规范各个环节的管理； 2. 实施公文流转的流程管理，理顺各个流转关键点的职责，查缺补漏	1.《中远公司公文处理办法》； 2.《中远公司本部办公自动化管理规定》； 3.《中远公司档案管理办法》； 4.《中远公司本部文件流转程序》	1. 立即进行流程技术性中止； 2. 根据工作需要和出现的问题随时修订制度和公文流转流程	
2. 企业印章（含电子印章）使用风险	1. 制定相应制度； 2. 对公司的所有印章（含电子印章）进行清理并进行分级分类管理，对掌管公司重要印章的人员进行必要的管理督查	1.《中远公司印章使用管理办法》； 2.《中远公司本部印章使用审批单》； 3.《中远公司印章分级管理登记表》； 4. 公司一级印章管理使用登记簿	立即上报主管领导，制订应对方案	
3. 保密、密码工作风险	1. 制定相应制度； 2. 每年定期对员工进行保密教育，对公司的保密工作进行自查，及时整改； 3. 加强对密码设备的管理	1.《中远公司保密工作管理规定》； 2.《中远公司密码工作管理规定》	立即中止泄密行为，及时上报主管领导，由其制定解决方案	
4. 对内、对外信息披露风险	1. 执行《中国远洋信息披露管理办法》； 2. 制定中远公司相应制度	《中远公司信息披露管理办法》	立即中止不规范行为，并上报公司风险管理委员会商定解决方案	
5. 高层重要会议管理风险	1. 制定相应的会议制度； 2. 界定公司高层重要会议类别，确定风险管理范围； 3. 进一步规范会议材料，会议记录起草人、记录人和保管者的行为	1.《中远公司本部会议制度》； 2. 对中远公司高层重要会议进行界定	立即中止不规范行为，并上报相关主管领导	
6. 对内、对外宣传工作风险，其中包括： （1）各类内部杂志、简报、信息、电子刊物管理； （2）各类宣传稿件、报送材料管理； （3）网站管理； （4）广告管理； （5）媒体管理； （6）通信员、信息员管理	1. 执行相关制度； 2. 逐项梳理审批流程，规范管理链条； 3. 对相关从业人员进行培训，加强教育管理	1.《中远公司宣传工作管理办法》； 2. 对外宣传报道审批程序、接受各类媒体采访审批程序、广告宣传审批程序、内部稿件投送审批程序、电子刊物审批程序； 3.《中远公司网站管理办法》	立即中止有关行为，视情况向主管领导或公司风险管理委员会汇报，商讨解决方案	

【案例7-2】 中小企业内部控制设计特点①

根据我国第九届全国人民代表大会常务委员会第二十八次会议于2002年6月29日通过的《中华人民共和国中小企业促进法》的精神，原国家经济贸易委员会、原国家发展计划委员会、财政部、国家统计局于2003年2月19日发布了《关于印发中小企业标准暂行规定的通知》(国经贸中小企〔2003〕143号)，对主要行业的中小企业的标准作出了明确的界定。该标准是根据企业职工人数、销售额、资产总额等指标，结合行业特点制定的。中小企业的发展是我国企业发展不可或缺的重要环节。

一、我国中小企业内部控制现状不容乐观

(一) 管理者对内部控制的认知严重不足

我国很多中小型企业对内部控制的认识还停留在比较原始的阶段，认为内部控制就是内部监督。企业大多把内部控制制度看作是给别人看的；或者认为内部控制就是增加管理人员，而对内部控制的目标和方法不清楚；或者认为企业由于受规模、财力和人力的限制，很难进行内部控制。

(二) 财务报告数据严重失真

一些单位或因为内部管理松懈而削弱了会计基础工作，导致账目混乱、财产数据失真，或为了掩盖真实的财务状况和经营成果，任意伪造、变造虚假的凭证、会计账簿、财务报表。不少企业管理层对会计制度的认识和重视程度远远不能满足现实的需要。他们简单地认为做账不过是为了应付各主管机关的检查，只需要摆摆样子。遇到具体问题，以强调灵活性为由而不按规定程序办理，大事小事领导说了算，有时甚至为了谋取个人利益或企业集体的利益而不择手段，弄虚作假、改账目，无视会计法律法规的存在，有章不循、执法不严，使会计制度失去严肃性，流于形式。

(三) 没有充分认识到内外审计的重要性

我国现行的内部审计主要是在行政干预的基础上发展起来的。1985年，国务院发布的《国务院关于审计工作的暂行规定》要求："大中型企事业组织应当建立内部审计监督制度。"我国内部审计迅速发展，说明我国内部审计的组建带有很浓厚的行政色彩，而这种过多依靠行政干预建立起来的内部审计机构受到企业重视。被调查企业的内部审计人员大多是从财务会计部门转来的，也有从其他部门调来的，而且一般未经过专门培训，缺乏审计专业知识。这种情况下组建起来的内部审计机构很难发挥其应有的作用。内部审计作为对内部控制的再控制，本身就应从第三者的立场客观公正地对企业的经济监督进行再监督，其地位理所应当是超然独立的。中华人民共和国审计署1995年第1号令规定："内部审计机构在本单位主要负责人的直接领导下……独立行使内部审计监督权，对本单位领导负责并报告工作。"这说明我国内部审计实行的是单一的厂长经理模式。由于指导思想上的区

① 夏志勤. 内部控制理论在中小企业的应用研究［D］. 南京：南京林业大学，2008.

别，多数审计人员未能摆正自己的位置。有些人将自己等同于厂长经理的行为工具，处处依厂长经理的指令行事；有些则由于工作不好开展而心灰意冷或充当好人，使内部审计形同虚设。

外部审计包括政府审计、社会审计。政府审计带有目的性、强制性，主要针对国有大中型企业，很难顾及中小型企业，特别是中小型民营企业，而外部审计对企业的内部控制也是睁一只眼闭一只眼。

二、中小企业内部控制的设计原则

中小企业内部控制制度的设计必须依据政府法令、会计法规和《企业会计准则》，根据企业所处的经济背景、单位管理的需要以及内部控制的要求与处理方法等进行设计。内部控制制度的设计前提和基础是企业的生产经营特点和管理要求。内部控制制度设计的出发点和归宿是企业的根本利益和理财目标。基于以上要求，中小企业内部控制制度设计应当考虑以下原则：

（一）原则性和灵活性协调配合

企业在制定内部控制制度时必须遵守国家的法律法规和政策，但同时也必须注意企业运转特点，即企业人、财、物、信息各种因素，产、供、销各个过程，筹资、投资、收入与分配各个环节，都要综合发挥作用。在各项经营管理活动中，各部门或人员必须相互配合，各岗位和环节都应协调同步，各项业务程序需要紧密衔接，从而避免相互扯皮和脱节现象，以保证经济管理活动的连续性和有效性。因此，中小企业内部控制制度的设计不仅要有原则性，而且还应根据其目标、任务、环境、人员素质的高低等因素的变动而具有灵活性。

（二）讲究成本效益原则

内部控制的任何分工、审核、制衡都必须考虑是否符合成本效益原则。如果分工和制衡的成本高于其效益，则不应当采用该项控制。内部控制设计的目的就是要规范企业经济行为，保证企业经营管理目标的实现。因此，在设计内部控制时，要考虑其设计和运行成本与效益的关系，以实现成本与效益的最佳组合。对重要经济业务活动要进行重点控制，对每一项经济业务活动的关键环节实行重点控制。

三、中小企业内部控制的目标设计

内部控制目标是内部控制所要实现的目的或收到的效果。企业内部控制的目标与其经营目标紧密相关。企业经营目标一般包括提供良好的产品与服务、超越竞争对手、为员工提供合理的待遇、维持正常的发展、维持合理的投资报酬、重视社会整体利益等。与之相对应的内部控制的目标主要有维护资产安全、完整并保证其能得到有效使用，以最少的成本获得最多的盈利，提高企业的效益或效率。

在设计内部控制时，要明确控制目标。要依据企业的长远目标制订公司的近期方案，并细分至相关部门；各部门再据以制定更详细的目标。例如，将销售任务分解落实到具体业务员，成本分解落实到具体班组，费用包干至具体部门落实到各个项目上等。有了控制目标，企业的一切工作才能有的放矢。更重要的是，必须在计划的执行过程中强化控制目标的刚性。企业的生产经营总是处于动态变化之中的。

实际的运行会与计划有所偏差。当实际工作没有达到计划目标时，不能轻易容忍差距，而应认真分析执行过程，寻找原因。这样坚持下去，一方面可以督促企业全体人员施展才干、各负其责，为完成总体计划尽最大努力；另一方面也可以使制定的控制目标更科学。

四、中小企业内部控制的设计重点

（一）以人为本

人是管理创新的根本和灵魂。企业制定经营目标、设置核算机制以及企业中具体业务的运作都必须依靠具体的工作人员来完成。如果一个企业的员工素质较高，那么即使内部控制管理制度制定得不是十分完善，员工也会主动去适应和调整，从而减少不必要的损失。反之，如果一个企业的员工素质不高，总是想方设法钻管理上的漏洞，那么再完备的法规也不好防范这些员工。所以，如何全面提高企业员工的素质，是一个企业领导者工作中的重中之重。强调以人为本，要求企业内部控制充分发挥人的作用，依靠提高人的综合素质、道德水准和法规意识，充分发挥控制者和被控制者的主动性、积极性和创造性，从而达到内部控制的最佳效果。内部控制的成败取决于企业员工的控制意识和行为，而企业领导者的内部控制意识和行为是关键。企业领导者应注重内部控制，通过系统化培训机制，全面提高员工的综合素质，促进整个企业健康、持续、快速地发展。

（二）建立健全内部控制体系

1.实行预算控制

企业的经济业务一般情况下必须由工作人员编制预算，并报经领导批准后方可执行。企业编制的预算必须体现其经营管理目标，并明确责权；执行后，需将执行结果与原预算相核对，严重偏离预算的应查明原因并追究当事人责任。

2.实行实物控制

企业的资产是内部控制管理的主要对象。为防止企业资产被挤占、挪用和贪污，企业应做好如下两方面的工作：首先，应严格控制对实物资产的接触，只有经过授权的人才能接近现金、存货等，以减少资产的损失；其次，定期进行财产清查，做到账实相符，发现问题及时处理。

3.建立一个有效的会计系统

实施会计控制是内部控制制度的关键，在企业以会计准则为指导、自行设计会计制度日渐成为我国对会计管理体制要求的情况下，会计系统的建立也就是企业会计制度的设计。在进行会计制度设计和会计机构及岗位的设置时，要综合考虑企业所有的经济业务，考虑企业中其他各部门和经营管理活动的影响，还要考虑发生在企业各部门之间各类经营管理活动中财务处理程序的具体规定，把内部控制制度的抽象性和具体业务的程序性融合为企业会计制度中具体可操作的方法和程序。

4.建立内部审计机构

条件允许的中小企业可以在企业内部设立独立的内部审计机构，分派专职人员从事审计工作。在设置内部审计机构时，要给予其充分的权力，使其直接受最高权力机关的领导，以保证其在行使职权时不受其他方面的影响。内部审计机构是强化内部控制制度的一项措施，其职责应不仅包括审核会计账目，还应包括稽查、评价内部控制制度是否完善和企业内各组织机构执行指定职能的效率，并向企业最高管理部门提交报告，从而保证企业内部控制制度更加完善和严密。

第四部分

内部控制评价

第八章　内部控制评价概论

第一节　内部控制评价概述

一、内部控制评价的概念

内部控制评价，是通过评价主体对企业现有的内部控制系统的设计和执行的健全性及有效性进行审查、测试、分析和评价的活动。内部控制系统是由识别和分析风险、制定控制政策和方法、监督和评价、持续改进组成的闭合循环。因此，内部控制评价是内部控制的有机组成部分，也是内部控制必不可少的环节。通过内部控制评价，可以发现企业内部控制的缺陷和薄弱环节，便于有针对性地提出改进意见和建议，从而不断改进和完善内部控制系统。

内部控制评价伴随着内部控制理论和实务的发展而不断完善。在内部控制的不同发展阶段，内部控制评价的内涵、侧重点、技术方法都有所不同。

二、内部控制评价的作用

美国的安然、世通、雷曼兄弟，中国的中航油、长虹，都制定了内部控制制度，然而其内部控制制度却无一例外地没有发挥作用，没能真正成为企业的“防火墙”。这使人们不由得反思内部控制的执行和评价问题。如今，世界各国监管当局越来越重视内部控制评价的规范，内部控制评价在实务中也得到广泛推广。

（一）内部控制评价是提升企业内部控制效果的根本保证

内部控制评价是对内部控制的设计和运行效果的全面检查。首先，需要了解内部控制各要素的详细构成情况，并在此基础上，针对每个要素，进一步了解其实施结果。其次，根据了解记录的情况展开分析评价。通过分析现有内部控制系统，可以发现内部控制制度在多大程度上能够保证控制目标的实现，关键控制点的选择是否契合企业经营业务的实际状况。通过与理想控制模式的比较，明确现行控制与理想模式的差距，分析产生差距的原因及可能造成的后果。通过对内部控制实施结果的记录和分析，可以发现内部控制运行的薄弱环节，准确定位内部控制责任区和责任人。从这个意义来看，内部控制评价是对企业机体中内部控制系统的一次“健康体检”。通过体检，可以充分了解内部控制系统自身的健康状况及其病症所在。“对症下药”，有的放矢地改进，才能够真正改善企业内部控制的效率和效果。

（二）内部控制评价是实现内部控制自我完善的主要途径

任何好的管理制度都必须与特定企业的经营业务相适应。内部控制制度同样如此。从管理层次来看，内部控制分为公司层次和业务层次的内部控制制度。其中，业务层次的内部控制制度是针对经常性业务设置的。当企业经营模式发生改变时，就需要适时调整内部控制制度，以适应企业新的发展需要。因此，内部控制本质上是动态的、系统的过程。通过定期或不定期的内部控制评价，可以及时发现现有内部控制制度的缺陷，不断完善、改善内部管理，从而提升企业价值。

（三）内部控制评价是提高管理层内部控制水平的压力机制

任何信息，只要公开就会产生一定的压力，因为信息公开就意味着接受公众的监督，能够在某种程度上敦促被监督者不断改进工作，提高工作成效。这就是所谓的压力传递机制。它在内部控制评价中同样存在。内部控制评价后相关信息被公开披露，包括投资人、债权人、监管机构在内的利益相关者将据此判断公司内部控制是否得到了有效执行，并进一步分析管理层所提供的财务报告在多大程度上可靠，是否能确保公司的资产安全和完整，公司的经营目标能否实现，从而对管理层的绩效进行综合评价。内部控制评价越规范，利益相关者越关注内部控制信息，对管理者的监督力度就越大。

（四）内部控制评价是促进内部审计职能发挥的基础

前面已谈到，内部审计既是对内部控制的再控制，是其有机组成，同时又有独立的理论和方法体系。两者之间相互重叠的内容主要体现为内部控制评价。内部控制评价和内部审计相互依赖、相互促进。借助内部控制评价结果，可以了解内部控制系统的薄弱环节和高风险领域，更准确地确定审计的范围、审计的重点和采用的审计方法，从而提高审计效率。健全的内部控制制度还可以保证审计测试的质量。在审计测试中，无论是符合性测试还是实质性测试，都存在抽样误差。如果被审计单位内部控制制度健全，则抽出样本的代表性就强，审计结论风险就小；反之，则抽样测试所得出的审计结论可能会有较大的风险。

三、内部控制评价的理论基础

内部控制是一个整合系统。它通过某种制度安排将企业内部各种资源，包括资金、人员、信息、文化等融合在一起，形成真正的生产能力。内部控制是一种控制机制，通过分析、计划、执行和评价反馈将各要素耦合在一起，使之朝着企业既定的目标努力。内部控制是一个信息系统，从识别经营中的关键风险点，制定风险控制策略，到评价控制效率和效果并反馈给相关人员，体现了信息的获取、加工和处理、传递的过程。控制论、信息论和系统论恰好为内部控制评价的建立提供了理论上的支持。内部控制评价系统作为内部控制的子系统，其建立和发展理所当然受到上述理论的影响。

（一）控制论与内部控制评价

控制论是研究复杂动态系统控制调节规律的科学。根据控制论的观点，一切控制系统所共有的基本特性是信息的交换和反馈过程。利用这些特征可以达到对系统的认识、分析和控制的目的。在控制论基础上发展起来的经济控制论，以研究系统和经济过程如何发挥功能，如何控制经济过程为目的，着重探讨由各种耦合元素组成的系统的调节和控制的一般规律。根据COSO的报告，内部控制是一个由企业的董事会、管理层和其他员工共同参与的，应用于企业战略制定和企业内部各个层次和部门的，用于识别可能对企业造成潜在影响的事项并在其风险偏好范围内管理风险的，为企业目标的实现提供合理保证的过程。从控制论的角度分析，内部控制着眼于企业内各具体组织的内部经营管理过程。每个单位发挥其应有的管理功能，并在管理过程中实现自我调节和自我控制，最终使企业向着既定目标努力。控制在很大程度上使管理工作成为一个闭环系统。

在内部控制系统中，股东是最终控制主体，董事会、管理层和其他员工及其相互之间的信息、资金、设备、文化等要素耦合在一起。该要素集合具体表现为两个层级，即公司层级和业务层级。在这两个层级中，控制可以是从事具体作业的人员在工作过程中的自我控制，也可以是作业人员的上级对作业人员的间接控制。随着企业规模的不断扩大，以及管理层级与管理幅度的增加，间接控制将成为最主要的控制形式。内部控制评价是最有效的间接控制形式之一。控制论对内部控制评价的影响表现为：内部控制系统是管理控制系统的有机组成部分；内部控制评价系统的设计以清晰的战略目标为前提；内部控制评价系统必须与企业的组织结构相联系；内部控制评价必须采用适合不同评价对象的信息；内部控制评价标准必须客观合理；找出关键内部控制评价指标；发现偏差以后必须及时采取行动，予以纠正（文胜泽，2007）。

（二）信息论与内部控制评价

信息论产生于20世纪60年代，由信号传递理论与信息系统论组成。根据信息传递理论，内部控制评价有助于提高信息的可信程度，促进有效的决策。美国《萨班斯-奥克斯利法案》正是这一思路的体现。《萨班斯-奥克斯利法案》的103条款要求，注册会计师对公司财务报告内部控制出具鉴证报告；404条款则要求，管理层分别提供内部控制报告以及内部控制评价报告。投资人可以利用内部控制评价报告披露的关于内部控制健全性和有效性的信息，分析财务报告的真实性和可靠性，进而作出正确的投资决策。根据信息系统论，形形色色的财务舞弊案件的实质都是企业对外传递低劣和虚假信息。信息系统论认为，内部控制评价是以委托代理理论为基础的，对于受托方提供的信息，通过信息输入、信息加工、信息输出3个阶段，最终达到能够提供一个客观公正的信息系统的目的。

（三）系统论与内部控制评价

系统是相互关联、相互制约、相互作用的若干要素组成的具有特定功能的有机整体。系统论研究系统、要素、环境三者的相互关系和变动的规律性。系统论认为：应该全面地，而不是局部地看问题；应该动态地、发展地，而不是静止地看问题；应该全方位地，而不是孤立地看问题；应该灵活地，而不是呆板地看问题。内部控制具有四个目标、八大要素和两个层次。根据系统论，它们之间存在一定的逻辑关系：四个目标是组织努力的方向，八大要素是实现这些目标所必需的条件，两个层次则是实现目标的途径。具体来说，公司为了实现既定的四个目标，应该在公司和业务两个层次按照八个方面加以控制。而且，内部控制不是一种静态的制度，而是一个不断发现问题、解决问题的循环往复的动态过程。内部控制评价系统是内部控制大系统中的子系统，其不同要素之间也是有机地联系在一起的。一个有效的内部控制评价系统包括评价目标、评价主体、评价客体、评价指标、评价标准、评价方法和评价报告等构成要素。

第二节　内部控制评价的最新进展

一、国外内部控制评价的最新发展

随着企业外部竞争的加剧和企业内部管理的强化，内部控制理论得到了前所未有的发展。企业管理者越来越重视内部控制评价在整个内部控制系统中的重要性。传统的企业内部控制评价由内部审计部门来完成。但是，内部审计人员常常由于缺乏管理者的支持、企业员工对内部控制认识不足以及内部审计机构缺乏独立性等原因，不能有效开展内审工作，导致内部控制处于监控盲点。因此，企业一直在不断寻求更好的内部控制评价方法来对企业的内部控制作出评价。与此同时，监管当局也认识到内部控制评价对提高财务报告质量以及企业管理水平的重要意义。来自企业自身和外部监管的需求共同推动了内部控制评价的快速发展。下面是一些具有代表性的内部控制评价的最新成果。

（一）内部控制评价的有效性——美国《萨班斯-奥克斯利法案》

2002年7月，美国国会通过的《萨班斯-奥克斯利法案》首次对财务报告内部控制有效性提出了明确要求。内部控制评价同上市公司财务报告及其审计一样成为法定事项。该法案的103条款、302条款和404条款分别对财务报告内部控制评价作出了规定：

（1）第103条款规定，注册会计师需要对管理层财务报告内部控制自我评估进行审核，评价公司的内部控制政策和程序是否包括详细、合理的记录，以准确、公允地反映公司的资产交易和处置情况；内部控制是否合理保证公司对发生的交易活动进行了必要的记录，以满足财务报告编制符合公认会计原则的要求；是否合理保证公司的管理层和董事会对公司的收支活动进行了合理授权。

（2）第302条款规定，公司首席执行官和首席财务官应当对所提交的年度或季度报告签署书面证明，确保所在公司财务报告的真实性，并保证公司拥有完善的内部控制系统，能够及时发现并阻止公司欺诈及其他不当行为。

（3）第404条款规定，所有除投资公司以外的企业，其年报中都必须包括：①管理层建立和维护适当内部控制结构和财务报告程序的责任报告；②管理层就公司内部控制结构和财务报告程序的有效性在该财政年度终了出具的评价；③注册会计师已就②中提到的管理层评价出具的鉴证报告。

《萨班斯-奥克斯利法案》规定，上市公司在对财务报告内部控制进行评价时，应选择被业界普遍接受的内部控制框架作为评价标准。因此,《萨班斯-奥克斯利法案》推荐使用COSO框架。

（二）内部控制评价的标准——美国COSO报告

1992年，美国COSO委员会提出了《内部控制——整合框架》，定义了由内部控制的三个目标和五个要素组成的内部控制框架。COSO框架的发布和广泛采用标志着内部控制在理论和实践上走出了审计领域，成为企业整个管理体系的组成部分。2003年，COSO委员会在COSO报告的基础上进行了修订和补充，发布了《企业风险管理——整合框架》。企业风险管理（ERM）框架将内部控制的重点转向风险管理，在结构上扩展为四个目标和八个要素。COSO内部控制框架的提出得到了许多国家的认可，很多企业开始运用COSO框架指导内部控制构建，并将其作为内部控制评价体系的标准。

（三）内部控制评价的方法之一——加拿大COCO委员会的评估控制指南

加拿大特许会计师协会（CICA）下属的控制标准委员会（COCO）继1995年发布了《控制指南》后，又于1999年发布了《评估控制指南》，其明确规定：为评估内部控制的有效性，企业需形成一份由10步程序和20个具体标准构成的评估报告。该评估报告针对实体的具体情况，从目的、承诺、能力、监督与学习4个方面把评价指标设计成一系列问题，根据问题的答案来评价内部控制的有效性程度。其主要的评价问题表述如下：

1.在目的方面

（1）我们清晰地理解了组织的使命和愿景吗?

（2）我们理解了我们的目标以及这些目标如何与组织内的其他目标相协调吗?

（3）我们可以获取的信息能够使我们识别和评估风险吗?

2.在承诺方面

（1）我们的诚信原则和伦理价值观得到了共享和实施吗?

（2）根据组织的目标和价值观，员工们公平地获得了回报吗?

（3）我们清晰地了解我们负责的内容吗?

（4）我们清晰地界定了权力和责任吗?

3.在能力方面

（1）我们有合适的人员、技术、工具和资源吗?

（2）错误、坏消息和其他信息可以及时地传递给需要知道的人，而不用担心报复吗?

（3）我们的对策与组织的其他部分协调一致吗?

4.在监督与学习方面

（1）我们审查内部和外部环境时，是否考虑需要对目标和控制作出改变?

（2）我们参考相关目标和指标监控绩效吗?

（3）我们质疑我们目标背后的假设吗?

（四）内部控制评价的方法之二——控制自我评估

1987年，加拿大海湾公司首次提出了“控制自我评估”（Control Self-Appraisal,

CSA)，又称“内部控制自我评价”。一种崭新的企业内部控制评价方法出现了。这种评估方法满足了管理者将内部控制评估作为有效管理手段的要求，由以传统的审计人员检查单据、实施符合性测试程序为导向，转化为在审计人员的指引下由管理部门和员工共同研讨，体现了一种新的内部控制思想，即内部控制系统是企业所有成员的事情。控制自我评估带来了内部控制系统评价的革命，其理念得到了国际内部审计委员会等理论界及实务界的赞许和推广。目前，这种方法在美国、加拿大及欧洲得到了广泛运用，是西方发达国家公司内部控制评价的一个新趋势。

1.控制自我评估的含义

国际内部审计师协会认为，控制自我评估是检查和评价内部控制的效率和效果的流程，其目的是为实现企业的目标提供一定程度的合理保证。简单来说，控制自我评估就是企业不定期或定期地对其内部控制系统进行评价，评价内部控制的有效性及其实施的效率、效果，以期能更好地实现内部控制的目标。控制自我评估是被用来评价企业关键经营目标、围绕该目标实现的风险和为管理该风险而设计的内部控制等的一套新兴的审计技术方法体系。

2.控制自我评估的特征

1996年，国际内部审计师协会在研究报告中总结了控制自我评估的3个基本特征：关注业务的过程和控制的成效，由管理部门和职员共同进行，用结构化的方法开展自我评估。控制自我评估的核心理念在于“参与了风险评估的过程并进行了全过程的控制的人才有能力对控制作出有效评价”。控制自我评估实施的普遍方法是内部审计人员与被评价单位管理人员组成一个小组，管理人员在内部审计人员的帮助下，对本部门内部控制的恰当性和有效性进行评价，然后根据评价和集体讨论改进建议、出具报告，并由管理者实施。

控制自我评估是一种自发的自我评估程序。它将传统的只由内部审计人员从事内部控制评价转为公司各部门参与作业的人员亲自评估，以帮助他们认识到内部控制评价不只是内部审计工作的责任，也不仅仅是管理层关心的问题，而应该是组织所有成员的事。这种评价程序使组织成员了解哪里存在缺陷以及可能导致的后果，然后让他们自己采取行动改进这种状况，而不是等内部审计人员站出来指出问题。实施控制自我评估的方法对于一个组织加强管理、提高劳动生产率、改进内部审计程序和业务经营程序、控制风险都具有积极的作用。

3.控制自我评估的构成

完整的内部控制自我评价结构包括以下几个方面：

（1）前期计划和前期审计工作。

（2）组织人们在同一时间或同一地点开会，甚至包括有利于交流和活动的座位安排（U字形会议桌）及会议设施。参加人员是管理者——直接涉及检查中的具体问题的管理人员和其他职员。他们对这些问题最了解，对于适当的程序控制的实施具有重要作用。

（3）安排结构化的议事日程，以使参加人员检查过程的风险并进行控制。通常针对这些议事日程都要拟定框架或模型，以确保参加者发现所有的问题。模型可集中于控制和风险上，也可集中于有关该项目的理论问题上。

（4）可以有选择地聘用一位书记员对各阶段的现场工作进行记录并处理电子投票的技术问题，以使参加人员可以不记名地发表自己的感想。

（5）报告和实施行动计划。因为被审计者要对自己的风险和控制活动进行评估，所以也经常用到让过程的负责人填制调查表的方式，但是这种方法不如把人们集中起来开会讨论风险和控制问题更具创新性。然而，为研究起见，控制自我评估指的是研讨会方法或更为便利的方法。其他的一些方法是指以调查为基础的自我评估（这种区别的目的在于界定研究的主题，而不是肯定或批评一种方法）。

4.控制自我评估的主要方法

控制自我评估主要采取研讨会法、问卷调查法和管理层分析法三种方法。

（1）研讨会法。研讨会法是一种从代表组织不同层次，尤其是风险薄弱环节的工作组中收集内部控制信息，召集尽可能多的业务人员共同分享信息、讨论问题的方法。研讨会法不同于一般的会议，它本身不进行任何决策，只提供评价及改进意见。研讨会在具有经验的引导师（Facilitator，通常由对内部控制有一定认识的内部审计人员担任）的引导下，对内部控制、风险等进行评价并提出改进意见。引导师应接受过有关内部控制制度设计和一般的简约化技能（Facilitation Techniques）的训练。他并不参与讨论或对讨论的具体内容表现出肯定或否定的态度，其职责是引导工作组的人员围绕工作目标、内部控制和风险等问题进行讨论。引导师只为参与者提供内部控制、风险管理等概念，确定控制自我评估的讨论方法，确保参与者均能自由地发表意见。研讨会一般没有高级管理人员参与。这样可以避免参与者因为有高级管理人员在场而怯于管理发表意见。

研讨会法的工作形式包括：

在研讨会法中，内部审计人员与被评价单位管理人员组成评价工作小组；管理人员在引导员（通常为内部审计人员）的帮助下，对企业或本部门内部控制的恰当性和有效性进行评价，然后根据评价和集体讨论来提出改进建议，出具评价报告，并由管理者实施。根据评价工作小组对内部控制评价的范围和具体内容性质的不同，研讨会分为基于控制、风险、流程和目标4种基本形式。

①基于控制的研讨会形式

该形式研讨会重点关注内部控制的实际运行状况，即内部控制执行的有效性。控制自我评估专家从高级管理层的视角决定内部控制的目标、技术和运用的程序与方法。通过研讨会，企业管理层可以了解内部控制制度的实际运行情况，与内部控制制度设计预期达到的运行效果进行比较分析，确定差异，寻求改进措施。

②基于风险的研讨会形式

该形式的研讨会重点关注风险识别和风险管理。该形式的研讨会容易为正确行动识别出显著的剩余风险，也较其他方法更易作出全面的自我评估。该形式的研讨会一般遵循以下步骤：首先，分析在设定目标中存在哪些风险；其次，探讨利用什么内部控制来管理这些风险；最后，分析内部控制运行后的重大剩余风险。例如，销售与收款业务控制目标之一是降低应收账款坏账率。研讨会重点讨论相关风险，即存在什么情况使目标无法达到。在此基础上，制定相应的内部控制程序。然后，研讨会进一步分析在控制程序执行后应收账款仍无法收回的可能性，即显著的剩余风险。

③基于流程的研讨会形式

该形式研讨会重点检查所选择过程内的执行活动情况。该研讨会的意图是评价、更新或改进选择过程。除确定评估目标外，专家也决定哪些流程能在研讨会召开之前很好地满足关键经营目标实现的需要。该研讨会形式比基于控制的研讨会形式具有更大的分析幅度，能够使流程再造的努力或团队积极的行动更加有效。

④基于目标的研讨会形式

该形式的研讨会重点关注完成目标的最优途径的选择。目标是否由专家决定不得而知，但来自工作团队的显著投入却是重要的。研讨会的目的是确定是否选择了最佳的内部控制技术，这些技术是否在可接受的剩余风险水平下得到了有效的运行。

在实践中，企业往往使用多种形式的组合。

控制自我评估普遍使用研讨会法。上述4种形式，各有其关注的重点，企业可根据实际情况进行选择。以目标为基础可以突出评价的目的，通过确定目标使评价工作更具有现实指导意义，评价的结果也能较好地运用于企业经营管理中。因此，为满足企业经营管理的需要，企业开展控制自我评估时，基于目标的形式是较好的选择。大多数情况下，研讨会由内部审计人员或高层管理者充当引导者，由其主持召开，其通常包括计划、预备工作、单独的研讨会、系列的联席会议、报告和行为方案的实施等一系列过程。

第一步，计划。控制自我评估要求参与的组织成员理解内部控制的重要性，掌握一定的内部控制知识，明确自己在活动中的角色。这些必要的知识可由企业的内部审计部门提供，为控制自我评估的开展奠定坚实的基础。

第二步，预备工作。预备工作主要是使参与者熟知企业目标及内部控制的目标，包括企业的规章制度和管理层预定的发展方向与战略。然后，参与者按照制度要求、发展方向与战略，对企业的内部控制实际情况进行调查，并形成个人意见。

第三步，单独的研讨会与系列的联席会议。参与者形成个人意见后，通过会议的形式发表自己的意见，对企业的内部控制系统进行评价。在实际操作中，研讨会通常采用匿名的形式进行。这样可以鼓励参与者尽量发表自己的真实意见，有助于发现问题并解决问题。

第四步，报告和行为方案。经过多次研讨会后，作为主要的负责机构，内部审计部门要对研讨会的内容进行综述，描述被评价部门的情况，而参与研讨会的管理者要负责对发现的问题起草解决方案。

（2）问卷调查法，是一种用于只需简单回答“是/否”或者“有/无”的调查工具。业务流程的具体操作者使用调查结果去评估他们的控制结构。

（3）管理层分析法是不使用上述两种方法的其他方法。通过该方法，管理层可生成一种业务流程的全员研究。控制自我评估专家（可能是内部审计师）将研究结果与其他经理和关键人物收集的信息结合起来。通过综合这些素材，控制自我评估专家开发出一种业务流程的具体操作者在其控制自我评估中可以运用的分析框架。

一项国际内部审计师协会基金资助的研究表明，大部分组织选择研讨会法执行控制自我评估。国际内部审计师协会建议执行一项组织分析来决定如何有效地接受和支持参会者实事求是地发言。如果组织文化属支持性的，国际内部审计师协会推荐采用研讨会法。如果组织文化不属于支持性的，那么调查问卷的回复和管理层对内部控制制度的分析能够强化控制环境。

二、我国内部控制评价的发展现状

20世纪80年代末至20世纪90代初,随着内部控制的发展，内部控制评价在我国开始受到关注，但此时的内部控制评价只是作为一种咨询业务，还没有作为一项专项鉴证业务，企业自身也没有对内部控制评价的迫切性。20世纪90年代后期以来,我国政府开始重视内部控制评价的规范化建设。财政部、审计署、证监会、银监会等先后出台了关于内部控制评价方面的规范。但是，在随后的一段时期内，内部控制评价出现了政出多门，不统一、不系统，甚至相互冲突的问题。近年来，随着内部控制理论研究的系统深入以及企业内部控制实践的不断探索，我国内部控制评价的法规法规体系已日趋完善。

2008年6月，财政部会同证监会、审计署、银监会、保监会联合发布了《企业内部控制基本规范》，并于2009年7月1日起率先在上市公司实施。为了配合《企业内部控制基本规范》的施行，财政部在2010年发布了配套指引，其中《企业内部控制评价指引》和《企业内部控制审计指引》分别从企业和会计师事务所两个角度对内部控制评价加以规范。2015年10月,中国人民银行颁布了《商业银行内部控制评价指南》（以下简称《评价指南》）,《评价指南》在充分考虑银行业特点的基础上，明确了“由谁评价”、“评价什么”、“如何评价”和“评价结果如何利用”等一系列问题，对商业银行开展内部控制自我评价工作做出了统一规范、具体全面的指导，旨在提升商业银行风险管理水平。下面我们着重对《基本规范》和配套指引进行简要介绍。

（一）《企业内部控制基本规范》

1.评价主体

《企业内部控制基本规范》（以下简称《内部控制规范》）在“总则”中明确指出，国务院有关部门应对企业建立与实施内部控制的情况进行监督检查；接受企业委托从事内部控制审计的会计师事务所对企业内部控制的有效性进行审计，出具审计报告。这就界定了内部控制评价的外部主体是监管部门和注册会计师，明确了相关政府监管部门对内部控制的外部监督检查和注册会计师对内部控制有效性的鉴证。

《内部控制规范》在“内部监督”一章中规定，企业应当结合内部监督的情况，定期对内部控制的有效性进行自我评价，出具内部控制自我评价报告。这一规定表明，企业本身是内部控制评价的主体。由于内部控制的建立和实施是分层次进行的，内部控制评价主体也应根据内部控制主体分层次设定。根据《内部控制规范》，企业可以由审计委员会指导内部审计部门对内部控制进行评价，监事会行使监督职责。综合来看，《内部控制规范》规定，内部控制评价的主体包括企业内部评价主体、企业外部的相关政府监管部门和注册会计师。

2.评价内容

《内部控制规范》没有明确规定内部控制评价的内容，而是指出：“内部控制自我评价的方式、范围、程序和频率，由企业根据经营业务调整、经营环境变化、业务发展状况、实际风险水平等自行确定。国家有关法律法规另有规定的，从其规定。”

内部控制评价的目标是内部控制目标的实现。根据《内部控制规范》，内部控制的目标是“合理保证企业经营管理合法合规、资产安全、财务报告及相关信息真实完整，提高经营效率和效果，促进企业实现发展战略”。为了促进企业发展战略这一终极目标的实现，首先，要确定内部控制目标的实现程度，即对内部控制的合理保证程度予以评估；其次，要确定经营合法合规、资产安全、财务报告及相关信息真实完整，而经营效果和效率目标的实现则取决于企业内部控制制度是否健全和适当，即内部控制是否按照五要素全面设计以及是否得到了有效执行。这就表明企业内部控制评价的内容是内部控制的设计和执行情况。

（二）《企业内部控制评价指引》

1.评价主体

《企业内部控制评价指引》（以下简称《内部控制评价指引》）中将内部控制评价定义为：由企业董事会和管理层实施的，对企业内部控制的有效性进行评价，形成评价结论，出具评价报告的过程。由此可见，内部控制评价实际上是企业的自我评价，是狭义的企业内部控制评价。

2.评价内容

《内部控制评价指引》规定，企业实施内部控制评价，包括对内部控制设计有效性和运行有效性的评价。所谓内部控制设计有效性是指为实现控制目标所必需的内部控制要素都存在并且设计恰当；内部控制运行有效性是指现有内部控制按照规定程序得到了正确执行。《内部控制评价指引》还指出，当企业运用信息系统加强内部控制时，应当对信息系统的有效性进行评价，包括信息系统一般控制评价和信息系统应用控制评价。

《内部控制评价指引》规定，内部控制评价应特别关注以下内容：

（1）在内部控制设计方面

①企业应关注内部控制是否按照控制环境、风险评估、控制活动、信息与沟通

以及监督五个要素进行全面、系统的设计。

②是否在风险评估的基础上涵盖了企业层面的风险和所有重要业务层面的风险。

③内部控制设计的方法是否适当，内部控制建设的时间进度安排是否科学，阶段性工作要求是否合理。

（2）在运行有效性方面

①内部控制设计和运行的组织是否有效，人员配备、职责分工和授权是否合理。

②是否建立了有利于促进内部控制各项政策措施落实和问题整改的机制。

③被评价单位是否开展了内部控制自查并上报了有关自查报告。

④在评价期间是否出现过重大风险事故等。

3.评价原则

《内部控制评价指引》明确了企业内部控制自我评价中的风险导向，提出了风险导向原则。在确定评价范围时，要求企业以风险评估为基础，根据风险发生的可能性和对目标实现的影响程度按照自上而下的原则来确定需要评价的分支机构、重要业务单元、重点业务领域或流程环节。在内部控制缺陷认定中，应确定与实现整体控制目标相关的风险，并据此认定和报告内部控制中的缺陷。

4.评价信息披露

《内部控制评价指引》规定，在内部控制评价过程中，应该将内部控制缺陷分为设计缺陷和运行缺陷，并分别加以分析。

根据内部控制缺陷影响整体目标实现的严重程度，内部控制缺陷可分为一般缺陷、重要缺陷和重大缺陷。企业结合年末控制缺陷的整改结果，编制年度内部控制评价报告。企业应当定期对内部控制整体有效性进行评价、出具评价报告，并向董事会、监事会和管理层报告内部控制设计与运行环节存在的主要问题以及将要采取的整改措施。

（三）《企业内部控制审计指引》

1.评价主体

《企业内部控制审计指引》（以下简称《内部控制鉴证指引》）所称的内部控制鉴证，是指会计师事务所接受委托，对企业与财务报告相关的内部控制的有效性进行鉴证，并发表鉴证意见。《内部控制审计指引》界定的企业内部控制鉴证，实际上是由注册会计师执行的内部控制评价。

2.评价内容

《内部控制审计指引》将注册会计师执行的企业内部控制鉴证界定为对企业与财务报告相关的内部控制的有效性进行鉴证，使得内部控制鉴证的内涵过于狭窄。之所以如此规定，一方面是由于注册会计师专业水平的限制，其缺乏内部控制的知识和技能；另一方面是由于对与财务报告相关的内部控制以外的整体内部控制进行鉴证是一项较为庞大的工程，在某种程度上属于咨询范畴，而咨询业务应该由企业选择进行，通过法律法规的形式加以规范有失妥当。但也必须承认，由于实践中将与财务报告相关的内部控制从内部控制中清晰地划分出来并非易事，而且注册会计师需要将对内部控制有效性的鉴证与对管理层的内部控制评价报告的鉴证统一起来，因此，从发展来看，内部控制鉴证的范围应包含整体的内部控制，而不应仅仅局限于与财务报告相关的内部控制。

3.评价信息披露

《内部控制审计指引》规定，按企业内部控制存在的不足的严重程度分为缺陷、应关注缺陷和重大缺陷，并要求注册会计师在完成内部控制鉴证后，单独对内部控制出具鉴证报告。

（四）《商业银行内部控制评价试行办法》

1.评价主体

《商业银行内部控制评价试行办法》（以下简称《办法》）明确规定，商业银行内部控制评价由银监会及其派出机构组织实施。这表明《办法》所规范的内部控制评价是企业外部监管当局的一种监管行为。但是，《办法》实施的主旨在于使商业银行认识到建立符合监管基本要求的内部控制体系是其自身内在的需求和责任，通过内部控制评价可以进一步明确监管部门的作用，有利于形成内部控制和外部监管的互动机制。

2.评价内容

《办法》规定，商业银行内部控制评价是指对商业银行内部控制体系建设、实施和运行结果独立开展的调查、测试、分析和评估等系统性活动。

内部控制评价包括过程评价和结果评价。《办法》第三条对内部控制体系进行了界定，“内部控制体系是商业银行为实现经营管理目标，通过制定和实施系统化的政策、程序和方案，对风险进行识别、评估、控制、监测和改进的动态过程和机制，由内部控制环境、风险识别与评估、内部控制措施、监督评价与纠正、信息交流与反馈等5个相互关联、相互作用的过程构成”。因此，过程评价是对内部控制环境、风险识别与评估、内部控制措施、监督评价与纠正、信息交流与反馈等体系要素的评价。结果评价是对内部控制主要目标实现程度的评价。

根据《办法》的相关条款，可以得出监管当局的监管思路：重结果监管，但更重过程监管。这一思路一方面秉承了监管当局的内部控制指导思想，即商业银行必须树立“基于过程的风险控制”；另一方面在《办法》中得到了充分体现。《办法》第八条提出：内部控制评价应从充分性、合规性、有效性和适宜性等4个方面进行：①过程和风险是否已被充分识别；②过程和风险的控制措施是否遵循相关要求，是否有明确规定并得以实施和保持；③控制措施是否有效；④控制措施是否适宜。在评分标准中也有所体现，两项评价的得分所占的比重能直观地反映：结果分值占内部控制评价得分的30%，过程分值占内部控制评价得分的70%。

3.评价标准

《办法》对内部控制评价采用了定量评价标准，对过程评价和结果评价运用不同的评价方法和评价标准分别开展评价。在对内部控制过程进行评价时，应按照内部控制环境、风险识别与评估、内部控制措施、监督评价与纠正、信息交流与反馈5个要素的具体要求，结合上文《办法》第八条的4个方面展开，转换为具体评价问题，并根据测试情况对被评价项目进行评分。对结果评价采用指标分析，其主要包括10项指标：资本利润率、资产利润率、成本收入比、大额风险集中度指标、关联方交易指标、资产质量指标、不良贷款拨备覆盖率、资本充足指标、流动性指标、案件指标。根据每项指标数值对内部控制的结果进行评分。将过程评价和结果评价进行综合即可得到内部控制评价的最终得分。

三、什么是内部控制审计评价

在我国，企业主要由内部审计部门通过实施内部审计来对内部控制状况进行评价。2014年，中国内部审计协会发布的《内部审计基本准则》中，将内部审计定义为“一种独立、客观的确认和咨询活动，它通过运用系统、规范的方法，审查和评价组织的业务活动、内部控制和风险管理的适当性和有效性，以促进组织完善治理、增加价值和实现目标。”2018年1月最新发布的《审计署关于内部审计工作的规定》第三条中也明确规定：“内部审计是指对本单位及所属单位财政财务收支、经济活动、内部控制、风险管理实施独立、客观的监督、评价和建议，以促进单位完善治理、实现目标的活动。”从两个规范对内部审计的定义可以看出，内部审计的根本目标是提升企业治理水平，促进企业各项目标的实现，因此其主要工作之一是对内部控制和风险管理进行评价和建议。

内部审计是组织内部为检查和评价其经济活动和为本组织服务而建立的一种独立评价活动，其在内部控制中的作用在联合国公共行政和财务处编制的《发展中国家政府审计手册》中有着精辟论述。可见，内部审计既是企业内部控制的重要组成部分，又是企业内部控制的特殊方式。评价企业内部控制是内部审计与生俱来的重要职责，也是内部审计对内部控制最重要的贡献。因此，我们又将内部控制审计评价称为内部审计评价。

【案例8-1】　　中国企业内部控制评价系统构建①

中国企业内部控制评价系统是指由中国企业内部控制评价范畴的有关要素组成的一个相互联系、相互制约、内涵与外延相统一的有机整体。其主要包括内部控制评价内涵、评价目的、评价模式、评价主体、评价客体、评价模型等。针对上述内容，下面分别进行研究。

一、企业内部控制评价的内涵与目的

按照《基本规范》，企业实施内部控制的目的是“合理保证企业经营管理合法合规、资产安全、财务报告及相关信息真实完整，提高经营效率和效果，促进企业实现发展战略”。所以，企业内部控制的有效性源自企业内部控制目标的实现程

① 节选自：张先治，戴文涛.中国企业内部控制评价系统研究［J］.会计研究，2011（1），有改动.

度，内部控制的有效性应当是内部控制为内部控制有关目标提供合理保证的程度和水平。企业内部控制评价是对企业内部控制的有效性进行的评价，也就是指企业内部控制评价主体根据一定的内部控制评价标准对企业在一定时期内（通常是一个财务年度）的内部控制合理保证内部控制目标的实现程度或水平而进行的评价活动。如果企业的内部控制价结果达到或超出了一定的内部控制评价标准（合理的保证水平），企业的内部控制就是有效的内部控制；如果评价结果低于一定的内部控制评价标准，企业的内部控制就是无效的内部控制。

在我国，对企业内部控制状况进行评价，主要目的有三个：

1.科学、合理地评价企业内部控制质量，为政府以及资本市场监管部门了解企业内部控制状况、制定相关的法律法规提供客观依据。

2.对上市公司形成强有力的声誉制约，激励企业努力提高内部控制质量，完善企业内部控制，保护投资者和其他利益相关者的权益。

3.使企业了解内部控制状况，找出内部控制存在的薄弱环节，提高经营质量。同时，为投资者提供投资依据，繁荣我国的资本市场。

二、企业内部控制评价模式

建立内部控制评价模式已经成为一项国际惯例。内部控制评价模式是内部控制的评价与报告模式，其实质是内部控制评价与报告的制度安排。仔细研究一下《萨班斯-奥克斯利法案》的内容便可发现：美国成立独立的公众公司会计监察委员会（PCAOB），要求管理层对企业财务报告内部控制的有效性进行评价、注册会计师对财务报告内部控制的有效性进行审计，其实质是基于“规制或监管”的视角而建立一种内部控制评价与报告的制度安排，目的是通过财务报告内部控制评价强制要求确保财务报告的可靠性，维护市场秩序和市场的有效性。美国做出这样的制度安排，与其制度环境密切相关。美国企业制度的典型特征是公司制，股权的高度分散使得公司股东不能有效地监控经理层的行为，从而容易产生“弱股东，强管理层”的代理问题。这种代理问题的解决主要依赖直接融资与公司控制权市场及破产法律等外部机制。依靠市场的力量和法律的作用是美国管理资本市场的重要特色，同时，这也决定了政府监管部门在市场中的定位，即维护市场秩序和市场的有效性。美国的监管制度由美国证券交易委员会（SEC）和实施证券交易的条文性法规组成。由于美国的公司法只存在于州的层面，而不是联邦层面，当美国决定需要在联邦层面采取行动时，他们只能使用证券监管，而不能通过公司法（张宜霞，2008）。

中国的制度环境与美国的制度环境有很大的不同，直接将美国的内部控制评价模式移植到国内可能会产生水土不服的现象。中国存在特殊的制度环境，如股权结构较特殊、投资者法律保护不健全、资本市场不平衡、公司治理机制有缺陷等，使得中国企业内部控制评价的视角首先应当是规制或监管。在现代企业制度下，企业经营活动的目标是实现企业价值最大化，因此，中国内部控制评价视角除了基于监管之外，还要基于企业管理。根据财政部等五部委发布的《基本规范》和《配套指引》等相关规定，我国提出企业内部控制制度体系建立目标，即通过三至五年的努力，基本建立以监管部门为主导、以各单位具体实施为基础、以会计师事务所等中介机构咨询服务为支撑、政府监管和社会评价相结合的内部控制实施体系。因此，“董事会内部控制评价＋注册会计师财务报告内部控制审计＋政府监管部门（或非营利性机构）内部控制综合评价”是较适合我国制度环境的内部控制评价模式。

董事会内部控制评价和注册会计师财务报告内部控制审计是两个平行且相互独立的业务流程，其依据各自独立的审核测试程序，分别完成内部控制自我评价报告和审计鉴证报告。政府监管部门或非营利性机构根据董事会的内部控制自我评价报告披露和注册会计师的财务报告内部控制审计披露，结合企业财务报告信息、外部监管信息以及通过访谈、问卷等形式获得的企业内部控制补充信息对企业内部控制质量进行综合评价，并披露内部控制评价结果。将企业内部控制评价和审计分为两个独立的业务流程可以明确划分各自的责任，有利于对企业内部控制的有效性进行对比分析和相互印证，保证评价结果的真实、可靠。在企业内部控制披露以及注册会计师内部控制审计披露的基础上，由政府监管机构或外部非营利性机构对企业内部控制状况进行综合量化评价，有利于对比分析企业内部控制状况的变化情况，更直观地反映企业内部控制质量，指导政府、投资者、银行及其他利益相关者进行相关决策。在这种评价模式下，内部控制外部评价主体主要是政府监管部门或外部非营利性组织。考虑到我国对大多数非上市公司没有强制要求披露内部控制状况，也没有对内部控制审计做出强制性规定，现阶段内部控制评价的客体是所有中国上市公司。

三、企业内部控制评价模型

企业内部控制评价模型包括评价指标体系、评价分值构建方法、评价指标权重和评价标准等内容。由于内部控制评价指标体系非常重要，有必要单独对其进行重点研究，所以，本部分只讨论内部控制评价分值构建方法、评价指标权重确定和评价标准建立问题。

1.企业内部控制评价分值构建方法

在中国企业内部控制评价模式下，基于政府监管部门或外部非营利性机构的内部控制评价，既不同于管理层内部控制评价（《企业内部控制评价指引》规定，管理层要依据内部控制“五要素”对企业内部控制状况进行评价），也不同于审计师财务报告内部控制审计（《企业内部控制审计指引》规定，注册会计师主要对企业财务报告内部控制进行评价），它是一种基于内部控制目标的实现程度而进行的综合量化评价，是在一套反映企业内部控制评价本质特征和目标要求的评价指标体系基础上，通过一定的方法，将企业内部控制状况评价结果转化成一个指导决策、易于比较的具体数值——中国企业内部控制评价分值，因此中国企业内部控制评价也称为中国企业内部控制综合分值评价，或简称为企业内部控制评价分值。如何将企业内部控制评价结果通过一定的方法转化为企业内部控制评价分值是中国企业内部控制评价系统中除内部控制评价指标体系之外的另一个关键要素。因此，有必要研究企业内部控制评价分值构建方法。

企业内部控制评价属于多指标综合评价范畴。多指标综合评价作为现代管理决策的基础，是认识和评价研究对象的基本工具，被广泛地应用于各个方面，如微观层面的企业经营业绩、经济效益和偿债能力评价，宏观层面的社会发展水平、城市化水平、社会保障能力评价等。目前较常用的综合评价方法主要有层次分析法（AHP）、模糊评价法、德尔菲法、熵值法、主成分分析法等。由于上述综合评价方法各有所长，人们往往根据评价指标性质和评价目的配合使用。将AHP法与模糊综合评价法相结合构造多层模糊综合评价方法是一种综合运用两种方法优点的科学方法。

企业内部控制评价的特点决定了选用多层模糊综合评价方法的必然性。首先，内部控制目标可以分战略、经营活动效率效果、财务报告可靠性、相关法律法规遵循程度等子目标，而这些子目标又可以按影响因素或实现这些目标需要考虑的方面等进行细分，具有一定的层次性。其次，一些内部控制评价指标尤其是定性评价指标很难严格界定其评价标准。由于缺少客观的标准，在利用定性评价指标如企业文化设情况、管理层的经营理念和管理理念评价企业内部控制时一般只能用模糊语言如“优、良、中、差”，“中、低”等来描述，这时运用传统的评价方法就遇到了障碍，但是如果基于层次分析法确定各层指标权重，然后运用模糊综合评价法就能在相当大的程度上解决这一问题。再次，企业内部控制评价是一种综合量评价，单一的定量评价指标或者定性评价指标都不能得到令人满意的结果，必须采用定性评价指标和定评价指标相结合的方法。而多层模糊综合评价方法就是一种定性评价和定量评价相结合的方法，模糊数中的隶属度概念满足了模糊性的特点，模糊数学的模糊变换方法考虑了权重不同的各因素的影响。

2. 企业内部控制评价权重确定和评价标准

（1）企业内部控制评价权重的确定

企业内部控制评价除了依据有关理论选择合适的评价指标之外，评价指标权重的确定十分重要，其大小影响到企业内部控制评价结果。由于选择了基于层次分析法的模糊综合评价方法，所以内部控制评价指标权重确定方法应当采用AHP法，即在建立好评价指标体系的基础上，首先利用萨蒂（TL. Saaty）教授提出的1－9标度法构造某一层元素相对于上一层元素重要程度的比较判断矩阵，然后逐行计算各判断矩阵的几何平均值，并对其进行归一化，得到单一准则下某个元素的相对权重。为检验所构造的判断矩阵以及由之导出的权重向量的合理性，最后应对判断矩阵进行一致性检验。对于一级指标权重，由于其数值的大小直接关系到最后的评分值，还可以运用信息论中的熵技术进行修正。

（2）企业内部控制评价标准

企业内部控制评价标准是企业内部控制评价模型的重要组成部分，缺乏科学的评价标准，就无法利用内部控制评价结果对企业内部控制状况做出正确的判断。由于企业内部控制评价是对企业内部控制合理保证内部控制目标实现程度进行的评价，所以本研究从内部控制评价结果入手，采取等级制的形式，建立企业内部控制评价标准，以直观地显示企业内部控制状况的优劣，也方便评价机构、投资者、审计人员、监管者和其他利益相关者判断企业内部控制质量的高低，见表8-1。

表8-1 企业内部控制评价标准

企业内部控制状况等级	评价标准	运行质量	所处状态	说明
A类	内部控制评价分值90分以上，各目标层评价分值不低于60分	控制较好	安全	各目标层评价分值不到60分，降为B类
B类	内部控制评价分值在75~90之间，各目标层评价分值不低于60分	控制正常	基本安全	目标层评价分值达不到60分，降为C类
C类	内部控制评价分值在60~75分之间	控制较弱	有风险	
D类	内部控制评价分值60分以下	控制较差	有较大风险	

【案例8-2】 宝钢国际内部控制的自我评价①

上海宝钢国际经济贸易有限公司（以下简称“宝钢国际”）是上海宝钢集团公司的全资子公司，原名为宝钢集团国际经济贸易总公司，于1993年成立，注册资本为14.5亿元人民币。2001年公司更名为上海宝钢国际经济贸易有限公司，并于2002年、2003年先后两次增资，现注册资本为22.49亿元人民币。宝钢国际作为宝钢集团的三大产业支柱之一，负责宝钢股份和集团内其他公司的购销、进出口业务，是钢铁产业链中重要的一环。公司现已建立覆盖全国乃至全球十多个国家和地区的营销网络，并利用自身及宝钢集团的技术、产品、服务和大规模国际采购与销售的优势，与客户建立了长期、广泛的经营合作关系及战略伙伴关系。宝钢国际是一家集矿业、钢材贸易、加工配送、金属资源业、设备工程业、钢制品业、物流业、电子商务业和汽车贸易于一体的综合性贸易公司，公司员工为2 200人。

一、实施背景

宝钢国际自成立以来一直在推进ERP的实施和完善，提出“所有的权力在系统中实现，所有的交易在系统中运行，所有的资源在系统中受控”。公司的业务流程优化也备受关注，作为一个既有内贸，又有外贸，拥有40余家子公司的大型贸易公司，业务流程的优化是一项持续的工作，而内部控制可作为ERP和流程优化的保证。缺少了内部控制，这两项工作将成为空中楼阁。所以，对内部控制状况展

① 张谏忠，吴轶伦.内部控制自我评价在宝钢的运用［J］.会计研究，2005（2）.

开全面、系统的评价就成为宝钢国际的重点任务。另外，宝钢国际作为市场化运作的企业，面临着各类经营风险，必须对风险进行管理和控制。内部控制评价工作的内容之一是对风险的识别和管理。这为公司在经营领域开展全面风险管理作了前期工作，可视为风险管理工作的序曲。

同时，从宝钢国际的组织发展来看，其实施内部控制自我评估有一定的必然性。原因是：一方面，宝钢国际拥有6个事业部，经营的业务涵盖钢铁、矿石、汽车、成套设备贸易、废钢加工回收业务、招标、电子商务及物流服务等方面。这与控制自我评估在西方国家诞生时的组织背景一样。由于业务复杂多变，受人力资本和工作时间的限制，完全依赖少量的审计人员实施完整有效的审计监督十分困难。宝钢国际目前的经营风险比以往任何时候都大。另一方面，由于宝钢国际采取事业部制，使得在此组织结构下职能部门和业务单元的冲突无法避免，而以监督和检查为天职的内部审计部门首当其冲。为了创造和谐环境，更为了深入业务，内部审计部门需要在监督的同时做好指导、服务工作。控制自我评估作为一种很好的双向沟通机制，从其在美洲国家出现的那天起就受到企业中审计部门和业务单位的一致好评。宝钢国际有望借助控制自我评估这一平台使各部门间减少摩擦，创造和谐环境。

二、实施过程

在对控制自我评估进行前期了解后，宝钢国际决定进行控制自我评估项目试点，实施主体是设备工程事业部下的3个业务单元——物资贸易部、备件贸易部和设备工程贸易部。由审计部人员与被评估业务单元的管理人员共同组成控制自我评估项目评价小组，在外部咨询顾问——德勤会计师事务所的指导下，协同事业部管理部，从内部控制特别是控制环境和业务流程人手方面关注岗位设置有无牵制、业务模式有无缺陷、执行者是否了解并遵循制度、有没有超越授权范围、有没有不在财务报告和公开的业务台账上反映的违规违法业务等高风险环节，帮助各业务单元自发提出切实可行的改善建议，并明确责任人和改善时间。宝钢国际是按以下步骤实施内部控制自我评价的：

1.前期计划工作

在取得管理层的支持后，公司选择了德勤会计师事务所的风险管理部作为合作方，由其在工作方法和智库方面提供帮助。公司组织了评价小组，并对事业部中高级管理者和评价小组成员作了讲解和培训。

2.风险初步确定

通过访谈和穿行测试，确定内部控制评价范围，设计并发放调查问卷。通过反馈的问卷，分析内部控制的薄弱环节，并将其列为研讨会讨论重点。

3.研讨会的组织与召开

确定参加人员和会议时间，提前通知参加人员并提供讨论大纲。使用独立的会议室，使用电子投票设备或其他匿名投票方式以最大限度保证与会人员的意见不受他人影响。每次研讨会，评价小组都指定一位会议主席主持，并安排书记员及时记录。所提的问题和讨论应紧紧围绕高风险的内部控制的薄弱环节。会议主席应调动所有与会人员充分发表意见，独立思考，并针对内部控制的缺失提出建设性的改善建议。会议主席还应控制会议进程，避免跑题和陷入互相指责、争吵的混乱局面。

4.出具内部控制自我评估报告

评价小组对讨论的问题进行归类整理，认真分析，并适当作出中肯的评论。我们运用热力图的方式表达各个具体评价对象的风险程度。例如，在采购环节中，“采购价格”是5分（风险最高，用红色表示），“供应商资信”是4分（风险较高，用黄色表示），而“票据结算”是1分（风险最低，用白色表示）。重要的是，在每个高风险点后都应有集体讨论后提出的内部控制完善措施和责任人、完成时间。对此，我们运用了风险控制矩阵（Risk Control Matrix，RCM）。RCM是一个矩阵式的表单，包括流程环节、控制点、控制措施、风险程度、改善措施、责任人、完成时间。经过持续完善后的RCM可作为公司内部管理手册和风险控制的模板。

5.落实整改措施

落实整改是内部控制持续完善的关键一步，也是开展内部控制评价的最终目的。

审计部在业务人员实施整改后安排后续追踪，同时还运用调查问卷的方法了解员工对控制自我评估的认知度，以及对本次内部控制评价的看法和建议，以便在下次评价活动中进一步完善工作方法。

项目小组充分利用内部审计人员的专长，设计了内部控制评价的专用工作手册，同时保留了控制自我评估的核心理念，研讨会是其集中体现。研讨会是本次控制自我评估项目中最主要、最具特色的一种开展方式，集中体现了控制自我评估的核心理念。研讨会的特色集中体现在以下3个方面：首先，研讨会的讨论内容以风险为导向（特别是控制环境和控制活动中的软控制）。研讨会召开之前，评价小组通过前期的访谈和问卷调查就控制环境和业务流程中影响公司目标实现的风险达成一致，并决定研讨会的特定议程和问题。研讨会上，主持人引导与会者就目前的业务操作严格围绕所列问题积极讨论其所涉及的风险、风险发生原因和可能造成的后果，并归纳整理出相应的控制措施。其次，研讨会是一个发现问题、分析问题、解决问题和分享信息的双向沟通过程。研讨会上，一方面通过主持人的提问引出适合会议目标的业务、数据和改善方案，另一方面每一个与会者都能看到其他人员所关注的问题，这样就使信息和思想在与会者之间进行了传递，帮助与会者达成统一共识，使研讨会达到和谐并取得最佳预期效果。这个过程不仅有助于管理人员进一步发现经营过程中那些容易发生错弊而需要加以控制的关键环节，也有利于管理层推行改进后统一的管理方法。最后，对于所有与会者来说，研讨会也是一次很好的跨专业领域的学习机会。对业务部门员工来说，研讨会提高了他们的内部控制和风险防范的意识，帮助他们在今后的业务操作过程中自发地进行规范化操作和风险的事前、事中控制，也便于他们接受研讨会后以管理文件、公司制度等形式落实下来的管理规范。此外，通过研讨会的前期准备和举办，审计部人员深入到业务部门，了解部门职能、人员职责和业务流程，也为今后客座审计等工作的开展奠定了基础。

当然，在具体实施中，评价小组还遵循了国际内部审计师协会及COSO委员会的要求，在评价的第一层次——内部控制要素评价标准上借鉴了美国COSO报告的研究成果，把内部控制组成要素分为控制环境、风险评估、控制活动、信息与沟通、监督。在评价中涉及的问题见表8-2。

表8-2 **内部控制要素与相关评价问题**

要素	问题	要素	问题
控制环境	我的上司或公司高级管理层在工作中展现了高度的职业操守	风险评估	我能自主制定工作目标
	我的上司或公司高级管理层在工作中严格遵循国家法律和公司规章		我有充足的资源来实现工作目标，公司一定会支持我
	我的绩效目标或公司的绩效目标是实际的，而且可达成		工作流程的重大改变都被适当地管理了
	我的同事或下属具有专门的知识、技能来完成他们的工作		在制订计划时，我们充分考虑了影响计划实现的因素
	我的同事或下属具有从错误中学习、改进的能力	信息与沟通	公司的信息系统能定期向不同的管理层提供详略得当的信息
	诚信是公司经营管理所看中的		我与我的上司以及公司高级管理层能对大部分管理事项达成共识
	我和我的同事被一视同仁地对待，大家都有职业发展机会		跨部门之间的横向沟通是有效的
控制活动	公司现行的管理制度和作业流程能让我有效地完成工作		我的上司或公司的高级管理层了解我的实际业绩
	员工的舞弊行为将被公司发现	监督	我们有足够的信息来监督供应商的合同执行情况
	员工违反国家法规、公司规章受到严厉的处罚		我们有足够的信息来了解用户对我们的满意度
			我或我所在部门的绩效可以明确地衡量
			我和同事们对绩效实现的差异能进行分析并提出改进措施
			我的上司和我会定期审查工作成果

第二层次是内部控制作业层级评价标准，遵循传统审计的方法，按照业务流程

划分为采购、存储、生产和销售。

控制自我评估项目通过在宝钢国际设备工程事业部若干业务单元的尝试，取得了预期的效果，3个业务单元分别在采购询价和比价、规范合同文本、供应商的选择和信息维护等方面针对各自的业务特点总结出了相应的风险热力图、关键流程风险和改进建议，并落实了具体的责任人和改善时间。

三、思考与展望

内部控制自我评价在宝钢国际取得了较好的效果，对完善内部控制大有裨益。通过总结控制自我评估实施的经验和教训，宝钢国际认为以下几点特别值得关注：

首先，集团公司应注意公司总部、事业部、子公司在经营模式、业务类型等方面的差异。各家子公司、事业部都是大系统中的小系统，其外部环境、企业文化都会有或多或少的差异。评价小组在每次开展内部控制评价前都必须运用SWOT方法进行分析。其中，对控制环境的评价是一个重要且不可或缺的工作。

控制自我评估工作本身就是要通过评价内部控制来完善内部控制，把组织文化、内部环境调整到更好的状态。在控制环境中最为重要的是，公司战略的选择和对公司战略的理解与执行。这和公司及各级业务部门的营销政策、价格体系、信用政策、组织结构有重大关系。试想，当业务部门把公司“服务集团，做大做强社会贸易”的战略片面地理解为“不细分市场，不选择客户，不培育稳定的供应商，盲目开展社会贸易，对市场风险、信用风险缺少清醒的认识”，其营销政策、价格体系、信用政策必定是不规范的，而其组织结构多数是业务主导型的，采购销售、审批付款等不兼容岗位由一人操作到底。

其次，在现场工作时要充分考虑信息系统、技术界面等技术条件对评价工作的影响。由于信息技术在各家子公司都得到了广泛的运用，内部控制的评价应包含信息系统的评价。建议在评价小组中安排信息系统方面的专家，对各家公司的信息系统作深入调研，并视其信息系统对子公司业务的控制度为评价小组安排适当的专业培训，避免评价小组在对系统不了解的情况下进行讨论和评价，出现盲人摸象的现象。

最后，控制自我评估小组的成员的素质高低对项目能否成功推广很关键。他们具体负责项目的推进，应具备必要的任职条件。成员应拥有丰富的审计经验和扎实的财务知识，有发现问题、分析问题的能力；应具备一定的管理知识，对该项目有认同感；应对业务有深入的了解，能带领同伴提出建设性的改进建议。应对评价小组成员组织有针对性的培训，并对小组成员的工作进行调整，以保证他们有能力和精力完成评价工作。

第九章　内部控制评价体系

第一节　内部控制评价的目标

如前文所述，内部控制评价是评价主体对企业现有内部控制系统的设计和执行的健全性和有效性进行审查、测试、分析和评价的活动。通过内部控制评价，企业管理层能够发现内部控制是否符合企业的生产经营特点，是否在全体员工、生产的全过程中得到了贯彻执行，是否能够保证提供真实与有用的信息，是否能够及时防范和发现错误与弊端，是否能够识别经营中的风险因素，是否有助于战略目标的实现等。从这一层面上理解，内部控制评价是对内部控制的再控制，因此，其最终目的就是实现内部控制目标，即合理保证企业经营管理合法合规、资产安全、财务报告及相关信息真实完整，提高经营效率和效果，促进企业实现发展战略。

在具体界定内部控制评价目标时，不同的评价主体对内部控制评价目标的侧重有所不同。内部评价主体，如审计委员会、管理层和内部审计部门关注所有的内部控制目标，但更侧重经营目标和战略目标，因为他们对企业内部控制的评价是出于内部管理的需要，评价企业为达到经营效果和效率所付出努力的有效性，以及合理保证企业的内部控制制度有利于企业战略目标的实现。外部评价主体，如政府监管机构和注册会计师实施的内部控制评价一般侧重于报告目标和合规目标的实现。注册会计师在管理咨询内部控制评价中还会关注经营目标的实现。

第二节　内部控制评价的主体和客体

一、内部控制评价的主体

评价主体是指由谁来实施内部控制评价。内部控制是由包括董事会、总经理、员工在内的所有人员实施的控制过程，因此，内部控制评价主体也应该由董事会、总经理和其他全体员工构成。然而，传统的内部控制自我评价方法将内部控制的评价完全交给审计人员，主要依靠内部或者外部审计人员来实施。传统内部审计方法适用于内部控制，诸如财务报告、资产与记录相分离、岗位处理等“硬控制”的评价，但无法对高层管理理念、员工胜任能力等“软控制”进行有效评价。外部审计人员由于不熟悉企业业务，有时无法对内部控制作出准确评价。因此，完整的评价主体应包括内部评价主体和外部评价主体。

（一）内部评价主体

为了保证内部控制评价的效率和效果，企业需要将评价主体进行适当分类。

1.审计委员会

借鉴美国的审计委员会制度，我国企业可在董事会下面设审计委员会机构。审计委员会是内部控制的最高管理机构。审计委员会的工作重点集中在检查和评价关键内部控制指标制定及执行的有效性，检查和评价关键员工的责任、业绩与品质，以及监督内部审计部门等方面。审计委员会受公司董事长的直接领导，具有较强的独立性和权威性，其工作范围不受管理部门的限制，能够确保评价工作的顺利进行，评价结果受到足够的重视，进而可提高内部审计的效率。

审计委员会通过内部审计部门来开展内部控制的具体评价工作。审计委员会可以充分利用其自身的人力资源优势，对内部审计部门的内部控制评价进行业务上的指导。当内部审计部门在工作中遇到阻力时，审计委员会可以利用自身的超然地位为内部审计部门保驾护航，可以将内部控制评价结果快速、及时地传递给董事会。

2.监事会

监事会作为企业最高的监控评价主体，其主要工作是对董事和经理内部控制执行情况进行评价以及对审计委员会工作进行评价、指导和监督。

3.内审部门

内审部门是内部控制评价的组织者和主要参与者。由于内部审计提供的内部控制评价服务与传统审计不尽相同，这就要求内审人员的胜任能力随之转变。国际内部审计师协会发布的《内部审计人员胜任能力框架》研究报告对内审人员的任职条件提出了新的要求（见表9-1）。

表9-1 **《内部审计人员胜任能力框架》提出的内审人员任职条件**

知识技能	能力	能够熟练地根据确定的路线工作
	分析设计技能	识别问题、确定任务并构建典范的解决方案
	鉴别技能	在复杂环境中能作出准确的、有创意的判断
行为技能	个人技能	能应对挑战、压力、冲突、时间紧迫以及各种变化
	人际技能	通过人际互动能够取得收获
	组织能力	运用组织网络能够取得收获

4.其他员工

内部控制评价最终应实现全员参与，即采用控制自我评估的方式。作为评价对象的内部控制系统包含多重目标，涉及企业多个层面和各项业务。可以说，每一项作业和每一个员工都是控制的对象，仅仅依靠个别部门实施评价工作显然是不够的。员工的广泛参与，一方面可以对企业和业务层面的各类风险进行更透彻的分析和评估，并进一步对控制政策和程序的完善性实施有效评价；另一方面可以增强员工的风险管理和内部控制意识，这种意识在原先仅处于被控制地位时是很难自觉形成的。当然，完善的控制自我评估的实施需要一定的过程。为此，企业应对员工进行适当的培训。在前期阶段，可以选择某些业务作为试点，一旦成功，再逐渐推广。

（二）外部评价主体

外部评价主体包括注册会计师和监管当局。监管当局实施的内部控制评价体现了对内部控制的强制性披露要求。2002年7月美国发布的《萨班斯-奥克斯利法案》强制要求企业披露有关内部控制的信息，但是披露主体为企业和注册会计师。我国银监会颁布的《商业银行内部控制评价试行办法》是银监会及其派出机构自行实施的监管行为。当然，其披露主体也就是评价主体。

注册会计师在内部控制评价方面一直起着重要的作用。但是，有观点认为，注册会计师实施内部控制评价存在诸多不足：第一，不符合内部控制的原理；第二，会降低披露的准确性；第三，不利于改进内部控制；第四，不利于注册会计师行业的健康发展。鉴于此，应现有企业有关管理者应定期对内部控制设计和执行的有效性进行评估，出具评估报告，然后再由注册会计师进行审核。其审核并不是对内部控制作出直接评价，而是对管理层的内部控制评价报告发表意见。

二、内部控制评价的客体

内部控制评价的客体是指内部控制评价的实施对象，即对什么内容进行控制。内部控制评价客体的确定应遵循以下原则：

（一）全过程性原则

从时间范畴看，COSO报告认为，内部控制是一个过程，其有效性是该过程在特定时点的状态和情况，因此，评估者要分析内部控制设计和执行在某一时点的效果，以决定这些制度是否能对已制定目标的达成提供合理保证。同时，由于内部控制是动态变化的，还要将内部控制评价作为一个过程。内部控制评价应贯穿于企业日常业务和企业业绩评价中。

从空间范畴看，内部控制是对企业的生产经营活动全过程进行的控制，即包括对计划、营销、供应、生产、销售、财务、人力资源等方面的控制。因此，内部控制评价应当打破传统内部控制的狭隘性，拓宽内部控制的内涵，由局部的会计控制、财务控制扩展到对整个企业的生产过程的控制，从而可以更系统、更全面地构建内部控制评价体系。

（二）分层次原则

COSO报告认为，内部控制体系分为公司层面和业务层面。在公司层面和业务层面都应从治理和文化，战略和目标设定，绩效、检查和修正，信息，沟通和报告5个方面加以控制，但是侧重点有所不同。因此，在进行内部控制评价时，评价内容也会有所不同。

以治理和文化为例，将COSO报告应用于公司层面控制的评价时，应坚持若干原则。企业可以根据自身情况，增加或删除具体内容。在进行业务层面内部控制评价时，企业更关注控制活动的有效性。2017年新COSO《企业风险管理框架》在公司层面内部控制的评价内容见表9-2（以治理和文化为例）。

表 9-2　　COSO 框架在公司层面内部控制的评价内容

COSO 要素	原则	关注点
治理和文化	履行董事会风险监督职能	董事会必须担负起风险监督的职责
		具备提供有关监督所必需的技能、经验和业务知识
		董事会大多由独立人员组成
	建立治理和运营模式	管理和治理该模式可能会触及一些新的和不同的风险或复杂情况，进而影响到企业执行战略、管理风险及实现目标
	定义理想的企业行为	英明果断的领导力
		当仁不让的管理风格
		对行动和行动结果认真负责的态度
		决策过程中对风险的明确考量
		积极开放的风险对话
	恪守诚信和职业道德	中层基调必须与高层保持一致
		建立和评价有关行为准则
		坦诚地沟通有关风险及风险承担情况
	实施问责	问责制应始于董事会和 CEO
		通过适当的绩效预期、激励和奖励机制从上到下渗透至整个企业
		确保企业内部的压力不会造成不负责任的和/或违法行为
	吸引、发展和留任优秀人才	管理层必须界定执行战略所必需的知识、技能和经验
		制定适当的绩效预期
		吸引、发展和留任合适的人员及战略合作伙伴
		安排好继任计划

第三节　内部控制评价的标准

内部控制评价的标准是指进行内部控制评价时遵循的范本。内部控制评价的标准分为一般标准和具体标准。

一、内部控制评价的一般标准

内部控制评价的一般标准，是指应用于内部控制评价的各个方面的标准，即内部控制制度整体运行应遵循和达到的目标，主要包括被评价企业内部控制的完整性、合理性及有效性。

1. 内部控制的完整性

内部控制的完整性包含两层含义：一是企业应根据生产经营的需要，制定全面的内部控制制度；二是企业应对生产经营活动的全过程自始至终进行控制。完整性控制是其他一般标准的基础。若企业内部控制连完整性都达不到，则内部控制的合理性与有效性就无从谈起。完整性标准要求对内部控制以不同方法进行评价时都能呈现出一种系统性，内部控制本身并不是一种单独的管理制度或者管理活动，也不是所有管理制度或管理活动的综合体。它实质上是一个发现问题、解决问题、发现新问题、解决新问题的循环往复的过程。

2.内部控制的合理性

内部控制的合理性同样也包含两层含义：一是指内部控制设计和执行的适用性；二是指内部控制设计和执行的经济性。合理性是对内部控制更深一层次的要求。如果片面追求内部控制的完整性而忽略了其适用性和经济性，势必给企业带来负面影响。这样就完全违背了企业实行内部控制的初衷，更加谈不上其有效性了。

合理性要求中的适用性是首要的。各行业、各企业都有其自身的特点，所以各企业应该根据自身的特点制定出适用的内部控制制度。完全照搬别人的控制制度是完全错误的。内部控制的适用性要以经济性为限制条件。内部控制的最终目的是提高企业的经济效益，减少资源浪费，实现企业可持续发展。

3.内部控制的有效性

内部控制的有效性也有两层含义：一是指企业的内部控制政策和措施应符合国家法律法规的相关规定，不能有与法律法规相抵触的地方；二是指内部控制制度应设计完整、合理，在企业生产过程中能够得到有效贯彻执行，并实现内部控制的目标。有效性以其完整性与合理性为基础，而内部控制的完整性和合理性则以其有效性为目的。在评价内部控制的有效性时，第一层含义（不与国家法律法规相抵触）是前提。只有满足了这一点，才能考虑其执行的效果。第二层含义对企业来说则是根本性的，也是企业追求的目标。如果只满足了合法、合规的前提，而在实践中根本不予执行或执行起来达不到预计效果，则内部控制对该企业来说就相当于不存在。

二、内部控制评价的具体标准

内部控制评价的具体标准是指应用于内部控制评价具体方面的标准。它是在一般标准指导下形成的，可分为要素标准和作业标准两个层级。内部控制具体标准是一般标准的体现，一般标准是具体标准的基础。只有先从操作性较强的具体标准入手，对具体内部控制的设计与运行有了认识之后，才能通过总结、升华，从整体上对企业内部控制的完整性、合理性和有效性作出判断。

1.内部控制要素评价标准

内部控制组成要素包括控制环境、风险评估、控制活动、信息与沟通、监督5个方面。每一个要素又分为更多的项目，例如，控制环境要素涵盖的项目就有诚信度、员工的能力、董事会和审计委员会、管理哲学和经营风格、组织结构、责任的分配与授权、人力资源政策与实务等。

2.内部控制作业层次评价标准

内部控制作业层次评价标准主要是控制活动要素的细化。控制活动是确保管理阶层的指令得以实现的政策和程序，旨在帮助企业针对风险采取必要的行动。控制活动是针对控制点而制定的。企业一般根据其生产经营活动的特点来设计控制活动，所以作业层级评价标准比内部控制要素评价标准更繁杂。

第四节　内部控制评价的程序和方法

一、内部控制评价的程序

内部控制评价的程序通常包括调查、测试、评价和报告4个步骤。

（一）调查

通过审阅企业的规章制度、组织结构设置，现场询问有关人员，以及评价人员的实地观察等方式，调查了解内部控制系统的详细情况。在调查过程中，应掌握的与内部控制相关的信息包括：

（1）调查了解企业规模、组织结构、发展目标，内部控制的要素内容、设计与实施等一般情况。

（2）重点调查了解企业是否对不相容职务进行了分离。例如，各类经济业务是否进行了适当的岗位设置和职责划分，经济活动是否执行了合理的授权审批程序，内审部门是否具有独立性。

（3）调查企业是否建立系统化、文件化的控制制度，是否采取标准化业务处理程序，全体员工是否按照科学的既定程序处理业务。

（4）调查了解财务会计部门是否按标准化处理程序处理业务，员工是否有严密的组织分工，是否建立合理的业务程序，是否建立完善的会计档案管理制度，是否实施恰当的稽核和核对制度。

通过对内部控制的调查了解，对其进行综合的、一般性的评价，确定内部控制的总体框架、各构成要素以及控制措施，了解各部门内部控制的实施情况，发现内部控制最薄弱的、最易发生问题的环节和部门，确定内部控制评价的关键点。在此基础上，将内部控制描述出来，如运用文字描述法、流程图等，并制订内部控制评价计划。

（二）测试

在调查了解内部控制制度的基础上，测试建立的内部控制制度是否正在发挥作用，是否被严格执行。内部控制测试包括健全性测试和符合性测试。

1.健全性测试

一般来说，健全的内部控制能预防错误和弊端的发生，即使错误和舞弊发生也容易及时发觉和纠正。内部控制的健全性包括两层含义：一方面是指企业根据自身的需要，建立全过程、全员、系统化的内部控制系统；另一方面，内部控制设计是否合理，能够为内部控制目标的实现提供合理的建议。

测试内部控制系统的健全性，总体上就是要考察企业建立的内部控制系统是否使单位内部的每个部门、人员、各项工作都在内部控制制度的管理之下，控制体系是否完整，控制措施是否衔接严密。就现实工作而言，健全性测试一般包括以下主要步骤：

第一，将调查了解到的内部控制的现状与事先确定的内部控制评价标准模式进行对比分析，以揭示企业是否已经制定了相应的科学、恰当的控制体系。

第二，当出现例外事项或内部控制失控时，企业是否及时采取了补偿性措施。当了解到内部控制缺陷没有补偿性措施或补偿性措施不能全部抵消其影响后，应该说明内部控制缺陷可能产生的错误和舞弊的性质、可能性及其金额，以及对整个内部控制的影响。

第三，在分析企业内部控制中所有控制缺陷及其潜在影响的基础上，评价人员即可对企业内控健全性程度作出评价。如果健全性测试结果显示，企业内部控制系统是健全的或基本健全的，能够保证控制目标的实现，评价人员即可以对内部控制系统予以信赖，并进一步测试其有效性。

2.符合性测试

内部控制的符合性有3层含义：其一是内部控制相关规定在实际中是否被一贯执行；其二是控制措施能否达到控制目的；其三是控制措施是否恰当、适用。符合性测试是获得评价证据以证实内部控制在实际中的合规性、有效性和适宜性。符合性测试一般包括以下3个步骤：

第一，询问并检查内部控制的运行情况。内部控制存在于企业的各个环节，通过对企业经济业务活动的运行情况进行询问和实地考察，可以观察到企业员工是否按照内部控制的规定和程序处理业务。

第二，根据健全性测试和询问检查的结果，制订抽样测试方案，包括样本规模、抽样方法、样本范围等。

第三，对相关的资料和凭证实施抽样后，对样本进行检查，测试经办人员是否按照规定的制度和程序处理业务，有无错弊。对有些业务，根据内部控制的规章和程序，重新做一遍后同记录相对照，测试经办人员是否按照规定执行。

（三）评价

在内部控制测试的基础上，对内部控制的合法性、完整性、合理性和有效性进行综合评价。合法性是指内部控制符合国家法律法规的相关规定，不能与法律法规相抵触。完整性是指企业根据生产经营的需要，制定全面的内部控制制度，并且对生产经营活动的全过程自始至终进行内部控制。合理性是指内部控制设计和执行既具有适用性，又符合经济性。有效性是指企业的内部控制政策和措施在企业生产过程中能够得到有效贯彻执行，为遵循法律法规、保证资产安全、财务报告真实可靠、提高经营效率和效果、实现发展战略提供合理保证。内部控制的合法性是前提。只有满足了合法性的要求，才能对其完整性、合理性和执行的有效性进行评价。有效性以完整性与合理性为基础，完整性和合理性则以有效性为目的。

（四）报告

对内部控制进行综合评价后，评价人员需要对内部控制的评价结果进行记录，与管理人员进行沟通，核对数据，确认事实，征求意见，提出进一步加强和完善内部控制的措施，形成评价报告，并将其传达给管理者。

评价人员编制的评价报告应包括以下内容：①企业内部控制制度设计和执行的基本情况，从合法性、完整性、合理性和有效性4个方面加以说明。从整体上对企业内部控制制度作基本概括，可以使阅读者对企业的情况有一个基本的了解。②指出企业内部控制中存在的重大缺陷。将发现的内部控制缺陷加以归类说明，指出重点问题、关键问题，并说明这些问题会给企业带来的影响。③提出企业改进内部控制的建议。评价人员应当就所提出的内部控制中的缺陷，根据其产生的不同原因及相关情况，提出合理的具有建设性和操作性的意见。

根据证监会和财务部颁布的相关规定，我国内部控制评价信息披露模式见表9-3。

表9-3 我国内部控制评价信息披露模式

披露主体	披露方式	企业类型	
		上市公司	非上市公司
企业管理层	对外披露	管理层声明和内部控制评价报告、招股说明书、定期报告	有特殊需要时对特定主体披露
	对内披露	内部报告	内部报告
注册会计师	对外披露	内部控制鉴证报告	受企业委托对特定主体披露内部控制鉴证报告
	对内披露	管理建议书	管理建议书
政府相关监管部门	对外披露	检查或审计结果公告、整改通知书、处罚决定书	检查或审计结果公告、整改通知书、处罚决定书
	对内披露	整改通知书、处罚决定书	整改通知书、处罚决定书

二、内部控制评价的方法

常用的内部控制评价方法包括：

1.文字描述法

文字描述法是指评价人员对内部控制的健全程度和执行情况用文字来描述的方法。文字描述，一般是按不同的业务循环，分别写明各项职务所完成的各项工作、办理业务时所需要办理的各种手续等，还应阐明各项工作的负责人、经办人员，以及由他们编写和记录的文件凭证等。

文字描述法的优点是比较灵活，可对被审计单位内部控制的各个环节作出比较深入和具体的描述，不受任何限制。其缺点是有时很难用简明易懂的语言来说明各个细节，因而使文字表述显得比较冗赘，而且可能由于评价人员经验不足而遗漏内部控制设计中的重要环节。因此，文字描述法比较适用于记录控制环境和一般控制方面的情况。

2.调查表法

调查表法是指评价人员使用内部控制调查表的形式，向企业经营管理人员或有关当事人提出若干问题，要求其书面答复，并根据问题的答案，了解其内部控制是否健全、完善的一种方法。采用调查表法，评价人员应该事先进行问卷设计，确定调查范围和目标，设计出所要调查的问题；然后将调查表发给企业有关人员，要求他们如实填写有关答案；最后，评价人员汇总调查表，据以评价企业的内部控制系统。

调查表分别对各个经营环节或主要业务的关键控制点所采取的措施，列出一系列征询问题，并为“是”“否”“不适用”“符合性测试”等答案设专栏。有时，调查表中还设有“备注”栏，借以说明问题答案的资料来源或补充解释。表9-4是存货内部控制调查表。

表9-4 **存货内部控制调查表**

调查内容	是	否	不适用	符合性测试	备注
1.仓储部门收到材料、产品、商品时，是否对其数量进行了清点，并同收货报告单进行了核对					
2.所有入库材料、产品、商品，是否填写了入库通知单					
3.存货实物记录同账户记录的职员是否分离					
4.永续盘存制下，仓储部门实物账是否与会计部门账务定期核对					
5.实地盘点存货时，是否有独立于保管、使用、记账职能的职员参加					
（略）					

调查表法的优点在于简便易行，评价人员能够获取明确的调查答案，可集中反映内部控制制度的缺点，引起审计人员的注意。其不足之处在于调查问题内容具有一定的局限性，分别按各经营环节或业务调查内部控制制度，缺乏整体评价，也难以说明有关问题的前因后果，难以了解到其他方面的有关信息。因此，它比较适合于了解内部控制系统中各项具体的控制点和控制措施。

3.流程图法

流程图法就是利用符号语言，把企业的组织机构、职责分工、权限范围、文件的编制与排序、各种业务处理流程等内部控制制度的内容，用一种系统程序图的形式反映出来。

流程图综合了企业业务活动中的实物流程、货币流程和信息流程，表明了企业职务分离、权责划分的状况，突出了控制点和关键控制点，便于清楚地识别内部控制系统中存在的缺陷，并且在下期进行内部控制评价时，只要根据修改后的内部控制制度的实际情况，稍加变动，就能更新整个流程图。因此，流程图法是评价人员据以分析、研究和评价企业内部控制系统的有效方式。但是，流程图的绘制难度较大，绘制工作较复杂，初学者不易掌握和使用，而且流程之外的控制措施，如实物控制等无法直接反映。因此，如果将流程图法与调查表法配合使用，将能更加全面、准确地反映企业的内部控制现状。

4.实地观察法

实地观察法是指身临被评价企业的工作现场，实地观察有关人员的实际工作情况，以察看其规定的控制措施是否得到严格执行的方法。评价人员在实施这一方法时，应尽可能不让被评价事项的有关人员事先察觉。这样才会取得比较理想的效果。该方法有一定的局限性，在评价实际工作中一般应结合其他技术方法一并进行。

5.证据检查法

证据检查法是评价人员抽取一定数量的账户、凭证等书面证据和其他有关证据，检查其是否存在控制措施线索，以判断内部控制是否得到有效贯彻执行的方法。企业的内部控制执行情况总要在资料文件等证据上表现出来，因此，抽取一定数量的书面证据，即可证明被评价企业制定的内部控制措施是否在实际工作中得到执行。例如，差旅费用的报销，内部控制规定必须由发生此项业务支出的部门负责人和财务部负责人批准并签字才能办理。评价人员即可检查费用支出凭证上是否有负责人的核准意见及签字，来判断企业实际工作中是否执行了批准控制手续。

6.穿行试验法

穿行试验法，是指评价人员在符合性测试评价中，抽取某项业务循环的几笔业务，按照内部控制规定的业务处理程序，从头到尾重新执行一遍，以检查这些经济业务在办理过程中是否执行了规定的控制措施，并通过对处理结果是否相符的对比，来判断各项控制措施能否有效发挥作用的技术方法。这种方法通常只针对特别重要的业务系统，以免造成不应有的失误。

【案例9-1】　　航天科技内部控制评价报告①

航天科技控股集团股份有限公司（以下简称“航天科技”）成立于1999年1月27日，由中国航天工业总公司作为主发起人与天通计算机应用技术中心、哈尔滨工业大学高新技术开发总公司、北京奥润办公设备技术公司、哈尔滨市通用机电技术研究所、哈尔滨通用焊接切割成套设备制造厂、哈尔滨亚科工贸有限责任公司等7家企业共同发起，以募集方式设立的股份有限公司。公司主要经营范围为：航天飞行器产品及发射服务，汽车和家用及工业电子产品、环保信息监测产品、微特电机等其他高新技术产品的研制，开发，生产，销售及技术咨询；技术服务、技术转让；经营本企业自产产品及技术的出口业务等。

航天科技自成立以来，一直非常重视管理制度的建设。公司先后制定了预算管理制度、绩效考核制度和内部控制制度。近年来，我国监管当局对企业内部控制日

① 航天科技控股集团股份有限公司.航天科技控股集团股份有限公司内部控制自我评价报告［N］.证券时报，2008-04-23.

益关注。在越来越严格的监管背景下，航天科技主动地顺应形势，求新求变。2008年，公司运用国内外先进内部控制理论，结合自身情况，对内部控制制度进行了综合评价。

一、航天科技内部控制制度健全性和有效性评价

（一）内部控制情况综述

按照《中华人民共和国公司法》《中华人民共和国证券法》等法律法规的要求，航天科技逐步建立健全了符合公司实际的组织制度和法人治理结构。股东大会、董事会、监事会分别按其职责行使决策权、执行权和监督权。权力机构、决策机构、监督机构与经理层之间权责分明、各司其职、相互制衡、科学决策、协调运作。公司坚持与控股股东之间在机构、人员、资产、财务、业务方面切实分开，能够独立运作，自主经营，符合中国证监会关于上市公司与控股股东之间“五分开”的要求。

公司遵循科学、规范、透明的基本原则，依据公司实际情况，按照权责明确、结构合理、权力与责任对等的原则，设置了内部经营管理机构，制定了《规章制度汇编》，建立起了一整套涵盖公司管理各个方面的规章制度及相应的业务流程，做到了有章可循、按章办事、相互配合、相互制约、环环相扣，有力地促进了公司的规范运作，保证了公司生产经营活动的有序进行。公司内部控制检查监督部门为公司审计部。审计部和内部审计人员独立行使职权，不受其他部门或者个人的干涉。其主要职责为对公司各项内部控制制度执行情况实施监督评价，对公司经营情况、财务情况及其他情况进行审计和监督。

公司坚持及时、充分的信息披露，对投资者在财务、管理、政策等各方面保持透明。注重加强公司与投资者和潜在投资者之间的信息沟通，促进上市公司与投资者之间的良性关系，在投资公众中建立了良好的诚信度。

（二）重要管理控制制度的实施情况

1.对控股子公司的管理控制

航天科技的子公司情况见表9-5。

表9-5 **航天科技子公司情况表**

控股比例	子公司名称
58.15%	北京航天益来电子科技有限公司
70%	哈尔滨航科文化艺术品有限公司
100%	哈尔滨博宏软件有限公司
51%	山东航天风华电子有限公司

公司对控股子公司采取派出董事、监事、经理等方式实施有效控制，促进子公司完善法人治理结构，不存在失控的风险。本年度内，公司各控股子公司规范运作，没有违规、违法现象发生，各控股子公司基本完成了各项经营指标。

2.关联交易的内部控制

按照证监会有关规定，结合自身业务的特点，公司制定了严格的关联交易内部

控制制度。

（1）明确关联交易的审批机制。划分公司股东大会、董事会对关联交易事项的审批权限，关联董事和关联股东在进行关联交易事项的表决时进行回避；独立董事对提交董事会审议的关联交易作事前认可，并在董事会决议后发表独立意见；公司董事会及时、准确、完整地发布关联交易公告。

2008年度公司发生的关联交易均按照控制程序执行，决策程序合法，交易价格公允，没有损害公司及其股东，特别是中小股东的利益。

（2）建立了防止大股东及其附属企业占用上市公司资金、侵害上市公司利益的长效机制。公司与关联方除经营性资金往来外，不存在大股东及其附属企业占用上市公司资金、侵害上市公司利益的情形。

3.对外投资的内部控制

公司章程和《公司重大投资决策程序》明确规定了重大投资的审批权限及决策程序，遵循合法、审慎、安全、有效的原则，控制投资风险，注重投资效益。2008年度公司重大投资活动均由董事会依据公司章程和《公司重大投资决策程序》履行相应的审批程序及信息披露义务。

4.对外担保的内部控制

公司已在《公司章程》中明确了股东大会、董事会关于对外担保事项的审批权限，以及违反审批权限和审议程序的责任追究机制，遵循合法、审慎、互利、安全的原则，严格控制担保风险。公司制定了《对外担保管理制度》，其中，对担保对象、担保的审查与审批、担保的权限、担保合同的订立及风险管理、担保的信息披露等作了详细的规定。本年度内，公司无对外担保事项。

5.信息披露的内部控制

公司按照《上市公司信息披露管理办法》，制定了《信息披露管理制度》，对重大事件的报告、传递、审核、披露程序作出了相应的规定，并得到了较好的落实。

为加强公司与投资者和潜在投资者之间的信息沟通，促进上市公司与投资者之间的良性关系，在投资公众中建立公司的诚信度，公司及时制定了《投资者关系管理制度》和《重大信息内部报告制度》，有利于完善公司治理结构，提高公司核心竞争力，有利于实现公司价值最大化和股东利益最大化。

同时，公司制定了相应的保密机制，没有发生信息泄漏事件或发现内幕交易行为。公司取得应披露信息后，主动披露意识较强。

（三）内部会计控制的实施情况

公司按照《中华人民共和国公司法》、《中华人民共和国证券法》、《中华人民共和国会计法》、新《企业会计准则》等法律法规及其补充规定的要求制定了会计核算制度和财务管理制度，并制定了明确的会计凭证、会计账簿和财务报告的处理程序；会计岗位的设置贯彻了“不相容岗位相互分离、相互制约”的原则；对重要的会计业务和电算化操作制定并执行了明确的授权规定，按期组织对账。公司在所有重大方面保持了与财务报表相关的规范、全面及有效的内部控制。

1.货币资金控制

货币资金控制包括货币资金管理制度、出纳岗位责任制度、授权批准制度、资金支出和费用报销制度、财务报销签字审批手续等。在资金管理方面未出现坐支现金、违规支付和账实不符的现象。

2.采购与付款控制

建立岗位责任制，明确相关岗位的职责、权限，确保不相容岗位相互分离、制约和监督。建立授权批准制度、材料领用制度、材料采购制度与存货管理制度。未出现违规采购和超计划储备的情形。

3.销售与收款控制

建立岗位责任制，明确相关岗位的职责、权限，确保不相容岗位相互分离、制约和监督。建立授权批准制度、收入确认制度、发货收款制度，加强对应收账款、应收票据的管理，确保及时足额收回款项。

4.固定资产和在建工程控制

对固定资产购置实行授权批准制度，严格履行审批程序，做到工程预算由管理使用单位初审，财务负责人复审签字后，方可付款。建立了固定资产管理制度、固定资产日常维护和定期检修的维护保养制度、在建工程的预算管理制度、工程项目的决算审查、竣工验收和考核管理制度，明确了有关部门和有关人员的责任。

5.成本费用控制

建立岗位责任制，明确相关岗位的职责、权限，确保不相容岗位相互分离、制约和监督。建立授权批准制度、成本费用预算制度和内部报告制度，加强对成本费用的控制和分析。

二、内部控制综合评价

公司结合自身的经营特点，建立了一套较为健全的内部控制制度并得到了有效执行，从而保证了公司各项经营活动的正常有序进行，基本达到了提高经营管理效率，保护公司资产安全完整，保证信息质量真实可靠，促进国家法律法规得到有效遵循和战略目标得以实现的目的。总体而言，公司的内部控制制度体现了完整性、合理性、有效性，符合中国证监会、深交所的相关要求。随着公司业务的进一步发展，外部环境的变化和管理要求的提高，公司内部控制还需不断加强和完善。

三、内部控制的改进方案

1.对控股子公司的管理控制应进一步加强

公司将制定一整套规范、完善的工作制度及相应的工作流程，对控股子公司实行对口管理，即各职能部门按照业务类别根据有关制度规定，按照管理流程进行对口管理。公司可定期或不定期地指派审计机构实施对子公司的内部审计监督。

2.加强公司产成品管理力度

公司加强了产成品管理力度，针对薄弱环节，修订和完善了相关内部控制制度及业务流程，对重要岗位进行了有效的职责划分，加强了财务部门对产成品管理的介入力度，做到账账、账实相符，强化了对产成品的控制权，保护了公司资产的安全完整。

【案例9-2】 亚新科内部控制评价标准体系[①]

一、亚新科企业概况

（一）亚新科工业技术有限公司

亚新科工业技术有限公司（以下简称“亚新科”）是一家总部设在北京的外资企业。公司从1993年开始进入中国运营，累计现金总投资额约为5亿美元。公司经过10多年的发展，目前在国内已拥有17家独资和控股合资企业，在美国有两家独资公司。公司员工总数达到2.5万人。公司是目前国内最大的专业汽车零部件制造集团之一。

亚新科的发展战略是以中国作为其发展的中心，面向国际市场。其经营战略目标是在其所有的产品领域内被公认为世界的领导者。这一发展战略与其他大型跨国公司在中国的投资项目完全不同。其他大型跨国公司通常只是将亚洲或中国作为其全球发展战略的一部分，如美国的通用汽车、德尔福汽车零部件公司等。因为这一重大差异，亚新科公司高层从1999年起确定了公司独特的经营战略，即建立一个真正的全球性公司。其独特之处在于它能够将中国与世界的精华融为一体，创建世界一流的汽车零部件公司。

亚新科作为一家纯外商投资企业，在其发展过程中，和众多外商一样，自1993年进入中国以来，由于不熟悉中国国情和当地文化历史背景而遇到许多挫折。1999年，公司股东和高层及时根据中国实际经营环境的变化，果断决定将公司从过去的纯投资型企业转变为基于技术领先的集团化经营管理型企业。公司积极采用各种现代企业管理手段，强化了对所属企业的经营管理的指导和服务，公司业绩稳步上升，发展前景光明。

（二）亚新科安徽子公司

亚新科安徽子公司是由亚新科工业技术公司在安徽宁国投资的外商独资企业，现有员工3 000余人，是亚新科零部件集团重要的成员之一。公司在总经理领导下分设行政人事部、财务部、销售部、信用管理部、采购部、物流部、信息工程部、投资部。行政人事部除了负责日常行政事务、招聘、考核、薪酬外，还负责公司内部控制管理、保安、法律事务等。信用管理部负责客户资信调查、日常销售业务信用审核等，其余部门的业务和一般生产企业基本相同。

亚新科安徽子公司下设模具厂、橡塑制品厂、炼胶厂和液压工具厂4个分厂。公司的主要产品是汽车、摩托车、家电、工业工程等行业配套用的橡塑件、模具、各式修车工具产品和五金产品。目前，密封件产品年生产能力已达4亿件，千斤顶产品达300万台。橡塑产品的生产均通过ISO 9002、QS 9000、VD A6.1、ISO/TS 16949质量管理体系的认证，并已通过ISO 14001环境管理体系的认证；液压千斤顶类产品的生产已通过ISO 9001：2000版质量管理体系的认证。亚新科安徽子公司

① 于增彪，麻蔚冰，王竞达.亚新科内控评价体系的构建［J］.新理财，2006（10）.

已经成为博世、日立、松下、三菱、德尔福、Dana、Honeywell、DRA、Maytag等世界一流公司的供应商，产品远销欧美、东南亚等国家和地区。这里将通过亚新科总部对亚新科安徽子公司的审计过程介绍亚新科的内部控制评分审计系统。

二、亚新科内部控制评价体系的设计思路

1999年，亚新科建立了一套完整的内部控制制度，即《亚新科集团内部控制管理程序》(AMP)，共3分册88个项目。每个项目基本上由5部分组成，即目的、要求、职责图、文件与记录、参考资料。

2002年，作为《亚新科集团内部控制管理程序》的配套项目，为了对企业内部控制制度和管理风险进行有效评价，以便量化反映各下属企业的实际内部控制管理情况，使内部控制制度更好地发挥功效，亚新科总部又建立了内部控制评价体系。该评价体系是根据企业的主要业务循环并结合内部控制5要素对经营风险防范的相关要求，依据国家相关的法律法规、亚新科集团内部控制管理程序（AMP）建立的。2004年，为了使内部控制评价体系更具操作性及直观性，亚新科总部对内部控制评价体系进行了进一步修订。其目的是保证2004年度内部控制审计活动能够更加科学和客观，进一步真实反映企业的实际内部控制管理状况，并使审计评分结果能够更加精确地反映各企业间的内部控制管理水平差异。

具体而言，亚新科的内部控制评价体系是通过建立一套内部控制审计评分系统来实施的，即通过一定的审计方法对内部控制项目进行审计，对每一个内部控制项目按5要素进行分类，将审计中发现的问题归到每一个内部控制项目，再按照一定的评分方法得出内部控制的总体得分情况，以反映企业内部控制管理水平和管理风险的情况。亚新科内部控制评价体系的设计方法如下：

（一）内部控制审计评价范围和内容

在进行内部控制审计时，亚新科根据本单位及下属企业实际的业务内容并结合内部控制管理对经营风险防范的相关要求，确定内部控制审计的评价范围是企业构建的全套内部控制制度，并将上文提及的88个内部控制项目按照大类划分为13个业务循环，即综合项目、环保与职工健康安全、内部控制、信用管理、财务报告、销售与收款、采购与付款、生产与物流、法律事务、IT安全、安全保卫、投资管理、人力资源。

内部控制审计评价的内容是对内部控制制度的执行有效性进行评价。针对这一目标，对每一个项目首先对内部控制的5要素（控制环境、风险评估、控制活动、信息与交流、监督）进行分解，然后再将每一个要素分解为具体的评分内容，采用具体的内部控制审计方法对其进行评价。具体而言，一个内部控制项目的审计评价内容主要包括该项管理业务的管理程序建设、人员培训、风险评估、实际风险控制活动的开展情况、文档资料的收集保管、与其他部门的交流等方面，力争全面涵盖该项业务中可能存在的主要风险控制点。

（二）内部控制审计评价标准和方法

在对内部控制制度进行评价时，确定适当的评价标准非常重要。实务中可以采用如下几种内部控制评价标准模式：第一种是COSO报告中的5个要素标准，即将内部控制项目按COSO 5个要素进行细分，再按照COSO中每一要素的必要条款确定评价标准；第二种是采用一般标准和具体标准作为评价标准，其中，一般标准主要指内部控制制度的完整、合理和有效性，而具体标准又可以划分为要素标准和作业标准；第三种是结果评价标准和过程评价标准，其中，结果评价标准主要是考核内部控制目标的达到程度，而过程评价标准主要指内部控制执行过程中的有效程度如何。亚新科在选用内部控制评价标准时，采用以COSO报告的5个要素所要求具备的基本条款作为评价标准。

在对内部控制项目进行审计时，以现场抽样调查为主，辅以访谈、计算核实、观察、检查等手段。实际工作时，将根据具体的审计项目和内容确定。

（三）内部控制审计评分标准

在确定内部控制审计评分标准和方法时，考虑到内部控制评价需要定期进行，并且与前期评价相关，亚新科首先确定整体内部控制审计评分由3个部分构成——基本项目、以前审计中发现问题纠正情况、外部审计师管理建议落实情况；然后，再按照每一部分的具体内容确定相应的评分标准和方法。

1.基本项目（该部分满分为70分）

基本项目内审评分是指内部控制审计人员依据内部控制审计项目评分和各项目权重加权得出的审计分，是评分审计的主体。由于内部控制审计项目中各个具体评分内容所包含的风险不同，对每一个具体评分内容，将根据其风险大小分为高、中、低3级。同时，为了体现不同风险等级问题分值的区别，使高风险问题在整个项目值中占较大比例，低风险问题占较小比例，给每个风险等级赋予了一个权重，分别设为5、3、1。权重间距越大，不同风险等级问题的区别会越明显。这样，每一个具体的评分内容的分数将根据该审计项目的总分及其风险等级来确定（按权重分配，当审计内容增加时，在总分内容一定的情况下，会自动减少每一项审计内容的分值分配）。

为有效凸显企业管理水平，将企业的每个具体评分项目所对应的业务完成程度分为5级（见表9-6）。

表9-6 **具体评分项目业务完成程度分级**

完成程度	具体含义
100%	全部完成（或做到）。程序非常完善，完全按程序实施
75%	完成（或做到）大部分，或基本完成（做到）。有程序，但不很完善，基本照程序实施
50%	完成（或做到）一部分。有一定的程序，但程序极不完善，也未完全按程序实施
20%	完成程度很低，大部分风险未能得到有效控制。没有书面程序，但有一定的习惯做法，完全凭习惯或主管领导指示办事；有少量的风险控制意识
0	完全未做，对与该业务相关的风险没有任何防范措施。没有书面程序，也没有具有控制意识的习惯做法，办事随意，各行其是，根本没有风险控制意识

每个审计项目的得分 = $\sum$ 该审计项目中每个评分项目的权重 × 完成程度

基本项目得分 = $\sum$ 审计项目分值 × 70%

2.以前审计中发现问题纠正情况（该部分满分为20分）

这是为了跟踪运营公司及时解决已经发现的内部控制薄弱环节情况而进行的评价，该项得分和内部控制薄弱环节跟踪改进完成程度直接相关。

第二部分项目得分=20%×已经改进完成的问题数÷上年审计师提出的薄弱问题数

3.外部审计师管理建议落实情况（该部分满分为10分）

该部分是指企业的外部审计师在进行年度审计后针对企业存在的管理风险提出的改进建议。这些管理建议是否得到了被审计企业的重视并被贯彻落实需要进行检查评价。

第三部分项目得分=10%×已经完成整改数÷上年度外部审计师提出的整改数

需要明确的一点是，基本项目得分、以前审计中发现问题纠正情况得分、外部审计师管理建议整改得分3个部分的得分分别占总分的70%、20%、10%。在按照上述做法得到每个部分的分值之后，3个部分得分总和即为各运营公司的内部控制得分。

（四）内部控制评价等级评定

在采用一定的内部控制审计方法和内部控制评分方法得到总体内部控制得分后，需要对企业的内部控制制度进行一个总体评价。亚新科内部控制评分审计采用的是百分制，审计等级按5级确定，见表9-7。

表9-7 **审计等级**

级别	分值	优良程度
第一级	90分以上	优
第二级	71~89分	良好
第三级	60~70分	合格但不足
第四级	40~59分	不合格
第五级	40分以下	差或极差

如果内部控制审计后得到的内部控制得分是90分以上，则可以认为该企业的内部控制执行有效性评价结果为优；如果得分是71~89分，则可以认为该企业的内部控制执行有效性评价结果为良好；其余结果可依此类推。

三、亚新科内部控制评分审计系统具体操作

以下以亚新科对亚新科安徽子公司进行的评分审计为例，说明其内部控制审计评分系统的具体操作过程。

（一）按照内部控制项目进行分类，确定每一个内部控制基本项目的分值

如前所述，亚新科的内部控制项目可以划分为13个业务循环，也可以称为基本项目。在内部控制评价体系的设计过程中，考虑到每个业务循环的风险等级和重要性不同，企业可以按照风险等级，赋予每个业务循环以不同权重。其具体权重划分见表9-8。

表 9-8 内部控制项目与权重表

内部控制制度项目	目标值（权重，%）
综合项目	5
环保与职工健康安全	5
内部控制	5
信用管理	5
财务报告	20
销售与收款	12
采购与付款	10
生产与物流	8
信息安全	5
法律事务	5
安全保卫	5
投资管理	10
人力资源	5
小计	100

（二）明确内部控制评价标准、评价方法和权重

对于内部控制基本项目的评价，按照COSO报告中的内部控制5要素（控制环境、风险评估、控制活动、信息与交流、监督）展开，再将每一要素按照关键控制点拆分成更为具体的内部控制评价指标或标准进行评价，明确其风险等级评价方法以及权重。下面以销售与收款项目评价为例，H代表高风险，M代表中等风险，L代表低风险（见表9-9）。

表 9-9 销售管理内部控制项目评价标准表

内部控制要素	内部控制评价项目	风险等级	评价方法	权重
控制环境	公司是否建立了与亚新科内部控制管理程序相一致的销售管理程序	M	询问检查	3
	是否对全体销售人员进行了必要的销售管理程序培训	M	询问检查	3
	公司是否与所有销售人员签订了保密协议书	M	询问检查	3
	是否有完整的驻外销售分机构管理程序	H	询问检查	5
风险评估	销售部是否对本部门存在的高风险领域进行了评估，对相应的高风险领域是否提出了相应的控制办法	H	询问检查	5

续表

内部控制要素	内部控制评价项目	风险等级	评价方法	权重
控制活动	公司是否定期编制各类销售计划	M	询问检查	3
	是否对所有重要客户定期进行信用调查	H	询问检查	5
	销售合同的签订是否经过评审并按授权获得相应的批准	M	询问检查	3
	销售人员是否定期与客户对账，对重要客户是否每月至少对账一次，对账差异是否得到及时处理	H	询问检查	5
	销售人员是否不准收取客户现金付款	H	询问检查	5
	销售部门是否不直接控制公司的外埠仓库	M	询问	3
	是否与财务、内部控制人员共同对寄存客户方的产品进行定期盘点	H	询问	5
	所有销售发货是否都经过信用部和财务部批准	M	询问检查	3
	发货单是否严格根据客户采购合同或采购订单签发	M	检查测试	3
	销售折扣和降价销售是否严格按照内部授权审批进行	H	检查	5
	销售人员是否严格按照有关规定登记工作日志	M	检查	3
	销售人员部分或全部收入是否与销售回款、销售额等有关指标挂钩	M	询问检查	3
	是否定期对销售人员进行利益冲突调查	M	询问检查	3
信息与沟通	销售资料的管理是否符合公司档案管理规定并及时归档	H	询问检查	5
	公司销售部是否定期与财务、物流等部门进行应收账款等的核对	H	询问检查	5
	销售退货是否有完整的记录	M	检查	3
	销售分支机构或销售分部掌握的公司客户档案是否及时得到更新并归入母公司客户档案内	M	询问检查	3
	销售人员是否按公司要求建立销售台账	M	询问检查	3
监督	内部控制部、财务部是否定期派人对销售部及驻外销售分支机构进行业务检查	H	询问检查	5
	公司是否对销售计划的准确性进行考核	L	检查	1
	公司内部控制经理和财务部是否按期对销售部及驻外销售机构的工作进行检查监督	M	询问检查	3

（三）计算综合得分

根据基本项目得分、以前评价中发现问题纠正情况得分、本次评价中发现的新问题及外部审计师管理建议整改得分3项，综合得出内部控制评分数值。得分及计算过程见表9-10、表9-11。

表9-10 亚新科安徽子公司内部控制审计——基本项目评分表

内部控制制度	目标值	实际值	比率（%）
综合项目	5	4.79	95.80
环保与职工健康安全	5	2.85	57.00
内部控制	5	5.00	100.00
信用管理	5	4.04	80.80
财务报告	20	18.73	93.65
销售与收款	12	10.53	87.75
采购与付款	10	9.13	91.30
生产与物流	8	7.01	87.63
信息安全	5	4.95	99.00
法律事务	5	3.88	77.60
安全保卫	5	4.30	86.00
投资管理	10	8.75	87.50
人力资源	5	4.90	98.00
小计	100	88.85	88.85

表9-11 亚新科安徽子公司内部控制审计综合评分表

序号	项目	权重（%）	得分
1	基本项目实际权重及得分	70	62.20
2	以前测试发现问题的纠正情况得分	20	13.01
3	外部审计师管理建议整改得分	10	5.62
小计		100	80.83

亚新科安徽子公司内部控制审计的最终得分为80.83，表明该公司内部控制执行有效性为良好。

四、亚新科内部控制评价体系的启示

亚新科内部控制评价体系是亚新科从自身实际需要出发对构建内部控制评价系统所作的积极尝试。在内部控制评价的内容、范围、方法以及如何设计和实施内部控制评分系统和等级评定方法等方面，为其他企业提供了可供借鉴且具有可操作性的范例。该评价体系固然还有不足之处，但总体而言，是“出于COSO而胜于COSO”，创造性地将COSO报告所提出的原理付诸实践，拓宽了内部控制制度的视角，丰富了我国内部控制制度的知识。在对亚新科内部控制评价体系研究的过程中，以下几点特别值得注意：

（一）正确界定内部控制评价的目标

从中西方内部控制评价的发展史中我们可以看出，原有的内部控制评价目标大都从审计角度出发考核企业所制定和执行的内部控制制度能否达到可靠性、合法合规性、经营效率和效果。在具体执行中，其更是关注于可靠性和合法合规性。经营效率和效果在内部控制评价中受到的关注历来较少。

COSO委员会在《企业风险管理整合框架》中将内部控制目标界定为4类——战略目标、经营目标、报告目标以及合规目标——已经远远超出以往的内部控制规范。企业也日益认识到构建内部控制体系不但是要满足监管部门对于信息提供和披露方面的需求，更重要的是，内部控制制度要有助于企业战略目标、企业经营的效果和效率的实现。应该说，内部控制制度的立足点之一是要通过制度化规范标准的构建，来规范企业员工的行为，加强行为理性，提高企业的经济效益。由此立论，内部控制评价的目标应该是从内部控制的目标出发，来对内部控制的设计和执行进行评价，考核内部控制所规定的目标实现与否。在具体界定内部控制评价目标时，不同的评价主体可能对内部控制评价的目标有不同的界定。例如，监管部门推动实施内部控制评价时，其可能更多地关注内部控制制度所达到的报告目标和合规目标，而企业自身进行的内部控制评价，其目标就不应局限于报告目标和合规目标，还应该包括内部控制对企业战略目标和经营目标实现的作用程度。

（二）内部控制评价体系应以风险管理理念为基准

COSO在《企业风险管理整合框架》中将风险明确定义为“对企业战略目标实现产生负面影响的事件”，而全面风险管理则是在8个要素的基础上建立的4项目标和一套由董事会、管理层和其他组织成员制定、实施并对该4项目标产生积极影响的程序。除此之外，该框架还引入了风险偏好、风险容忍度、风险对策、压力测试、情景分析等概念和方法，可以在概率统计的基础上，合理地确保企业的发展战略与风险偏好相一致，增长、风险与回报相联系，从而实现全面风险管理的4项目标。

在构建内部控制评价体系的过程中，应该以风险管理理念为基准。风险管理成为组织管理的关键所在。内部控制评价的重点应该是确认风险及测试管理风险的方法，在风险导向的内部控制评价中，分析、确认、揭示关键性的经营风险，在评价标准、指标和权重的选择上均要把握风险管理理念。这才是内部控制评价的焦点。

（三）内部控制评价体系应选取科学合理的标准

制定内部控制评价标准是进行内部控制评价的依据和前提。缺乏科学合理的评价标准而进行的内部控制评价，其结果可能无法真实反映企业内部控制的健全和有效与否。在对内部控制进行评价时，首先必须确定的是采用何种评价标准对内部控制整体乃至具体的内部控制项目进行评价。

考虑到内部控制的战略目标、经营目标和合法合规性目标，内部控制的评价标准可以选用结果评价标准和过程评价标准。结果评价标准就是要考核内部控制目标的实现程度，是基于内部控制目标而建立的一系列结果考核指标。过程评价标准的制定可以按照内部控制项目来进行，按照风险管理思想，根据风险管理框架中的8个要素来设定控制标准。

（四）规范内部控制评价的内容

自内部控制产生以来，内部控制的内容就一直饱受争议。从最初的内部牵制，发展到内部控制结构，再到COSO报告的整合框架以及后来的风险管理框架，内部控制的范围似乎有日益扩大的趋势。由此产生的一个问题便是，内部控制评价是限于会计相关控制，还是稍大扩展到内部控制的各个环节？

笔者认为，界定内部控制评价的内容应从评价主体和评价目标出发。如果内部控制评价是出于监管部门的硬性要求，由外部中介机构进行，考虑到我国注册会计师行业目前的执业水平，将内部控制评价范围限定在会计相关控制方面较为合理；而如果是企业自身对构建的内部控制制度作出评价，则应该考虑其构建内部控制制度的经营、会计和战略目标，评价的内容就不仅应该包括会计控制，而还应该包括公司治理、业务和流程控制等方面的内容。

主要参考文献

［1］COSO，Internal Control—Integrated Framework，1992.

［2］COCO，Guidance on Control，1995.

［3］COBIT Steering Committee and IT Governance Institute，COBIT Framework，2000.

［4］COSO，Enterprise Risk Management—Integrated Framework，2004.

［5］Public Company Accounting Oversight Board（PCAOB），Auditing Standard No.5—an Audit of Internal Control over Financial Reporting that is Integrated with an Audit of Financial Statements.

［6］Treadway委员会发起组织委员会（COSO）. 内部控制——整合框架（2013）［M］. 财政部会计司，译. 北京：中国财政经济出版社，2014.

［7］安东尼，戈文达拉扬. 管理控制系统［M］. 刘霄仑，译. 北京：人民邮电出版社，2011.

［8］池国华，樊子君. 内部控制学［M］. 北京：北京大学出版社，2013.

［9］上海国家会计学院. 内部控制与内部审计［M］. 北京：经济科学出版社，2012.

［10］刘永泽，池国华. 企业内部控制制度设计操作指南［M］. 大连：大连出版社，2011.

［11］方红星，等. 内部控制信息披露：影响因素与经济后果［M］. 大连：东北财经大学出版社，2012.

［12］蒋占华. 企业内部控制配套指引讲解及案例精析［M］. 北京：中国商业出版社，2011.

［13］郑洪涛.企业内部控制精要——整体框架、制度设计、测试评价［M］. 北京：中国财政经济出版社，2003.

［14］国际内部审计师协会. 内部审计实务标准［M］. 北京：中国时代经济出版社，2002.

［15］王立彦，徐浩萍，赵熙. 会计控制与信息系统［M］. 大连：东北财经大学出版社，2005.

［16］杨瑞龙. 企业共同治理的经济学分析［M］. 北京：经济科学出版社，

2001.

［17］张立辉，等. 内部控制与公司治理：战略的观点［M］. 北京：中国税务出版社，2005.

［18］COSO. 企业风险管理——整合框架［M］. 方红星，王宏，译.大连：东北财经大学出版社，2005.

［19］COSO.企业风险管理——应用技术［M］. 张宜霞，译.大连：东北财经大学出版社，2006.

［20］龚杰，方时雄. 企业内部控制：理论、方法与案例［M］. 杭州：浙江大学出版社，2006.

［21］张宜霞，舒惠好. 内部控制国际比较研究［M］. 北京：中国财政经济出版社，2006.

［22］张颖，郑洪涛. 企业内部控制［M］. 北京：机械工业出版社，2008.

［23］郑洪涛，张颖. 企业内部控制暨全面风险管理设计操作指南［M］. 北京：中国财政经济出版社，2008.

［24］李连华. 内部控制理论结构：控制效率的思想基础与政策建议［M］. 厦门：厦门大学出版社，2007.

［25］王海林. 价值链内部控制［M］. 北京：经济科学出版社，2007.

［26］卓志. 风险管理理论研究［M］. 北京：中国金融出版社，2006.

［27］程新生. 企业内部控制［M］. 北京：高等教育出版社，2008.

［28］国际内部控制协会. 国际注册内部控制师通用知识与技能指南［M］. 北京：中国财政经济出版社，2009.

［29］林斌，等. 目标导向的内部控制指数研究［J］. 会计研究，2014（8）：16-24.

［30］周守华，等. 2012年中国上市公司内部控制研究［J］. 会计研究，2013（7）：3-12.

［31］李心合. 内部控制研究的困惑与思考［J］. 会计研究，2013（6）：54-61.

［32］南京大学会计与财务研究院内部控制课题组. 内部控制：融入现代企业制度引发的思考［J］. 会计研究，2011（11）：47-51.

［33］南京大学会计与财务研究院内部控制课题组. 论中国企业内部控制评价制度的现实模式［J］. 会计研究，2010（6）：51-61.

［34］杨有红，李宇立. 内部控制缺陷的识别、认定与报告［J］. 会计研究，2011（3）：76-80.

［35］金彧昉，李若山，徐明磊. COSO报告下的内部控制新发展——从中航油事件看企业风险管理［J］. 会计研究，2005（2）：32-38 .

［36］张谏忠，吴轶伦. 内部控制自我评价在宝钢的运用［J］. 会计研究，2005（3）：11-17.

［37］杨雄胜. 内部控制理论研究新视野［J］. 会计研究，2005（7）：49-54.

［38］谢志华. 内部控制、公司治理、风险管理：关系与整合［J］. 会计研究，

2007（10）：38-45.

［39］闫飞雪．对构建我国企业内部控制评价体系的几点看法——基于CSA视角［J］．价值工程，2008（9）：105-108.

［40］宋京津．经济后果观下的内部控制信息披露问题——基于三大上市银行2001—2008年年报的思考［J］．审计与经济研究，2011（2）：56-62.

［41］刘玉廷．严格遵守会计准则 提供高质量财务报告 认真履行社会责任［J］．会计研究，2010（1）：4-8.

［42］张颖，郑洪涛．我国企业内部控制有效性及其影响因素的调查与分析［J］．审计研究，2010（1）：75-81.

［43］刘霄仑．风险控制理论的再思考：基于对COSO内部控制理念的分析［J］．会计研究，2010（3）：36-43.

［44］董美霞．全面内部控制评价体系述评——兼议《企业内部控制基本规范》及相关征求意见稿［J］．财会通讯，2008（12）：92-94.